서울역사 중점연구 12

# 서울 내 외국인 집단활동지의 역사

서울역사편찬원

## 발간사

2022년 현재 서울 내 일일 평균 생활인구는 약 1,000만 명으로, 이 가운데 장·단기 체류 외국인이 약 49만 명을 차지합니다. 이는 서울에서 활동하는 생활인구의 약 4.6%가 외국인인 것으로, 국제도시 서울의 위치를 보여주는 것이라고 할 수 있습니다. 서울은 2000년 역사 도시이자 일찍부터 수도로서의 위상을 지니고 있었기에, 다양한 외국인의 유입이 본격적으로 이루어진 개항기 이래로 그들이 활동이 가장 활발하게 이루어진 곳이었습니다. 그리고 이는 자연스럽게 국적·인종별 외국인들의 집단활동지를 형성으로 이어졌습니다.

서울역사편찬원에서는 이러한 측면에 주목하여 '근현대 서울 내 외국인 거류공간의 역사'에 초점을 맞춘 연구를 진행했습니다. 그리고 그 결과물로 이번에 《서울 내 외국인 집단활동지의 역사》를 발간하게 되었습니다. 특정 시기 혹은 특정 국적을 중심으로 살폈던 그간의 연구에서 벗어나 서울이라는 '공간'을 매개로 다양한 외국인의 역사를 통시적으로 다루어봄으로써 교류사 및 서울역사 연구 시각을 확대해보고자 하였습니다.

이 책은 총론과 각론에 해당하는 6편의 논문으로 구성되어 있습니다. 각론에서는 개항기부터 현재까지 서울 내 외국인 집단활동지 형성의 과정을 다양한 측면에서 검토하고 있습니다. 먼저 개항 이후 서울 서양인 거주공간이 정동에서 점차 서부지역으로 확대되는 과정을 연희전문학교의 모범촌 건설을 통해서 살펴보았습니다. 또한 일제강점기 가장 큰 비중을 차지한 일본인에 관해서는 그들의 거주공간을 집중적으로 분석해 보았습니다. 해방 이후의 외국인 집단 활동공간으로는 소공동 일대의 화교 거주지, 용산 미군기지 주변의 군·민의 생활공간을 다루었습니다. 현대의 외국인 집단활동지로 주목되는 공간으로는 동부이촌동의 '재팬타운'과 혜화동의 '리틀 마닐라'를 중심으로 그 형성 배경을 밝혀보았습니다.

서울 내 활동하고 있는 외국인들과 그들의 집단활동지는 다양하며 지금 이순간에도 확장되고 있는 만큼, 이 한 권의 책으로 다 이해하기는 어려울 것입니다. 다만 본 연구서의 발간을 토대로 향후 서울 내 외국인과 그들의 집단활동지에 대한 관심과 고찰을 통해 후속 연구들이 이어지기를 기대합니다.

끝으로 이 책이 나오기까지 수고를 아끼지 않은 집필자 선생님들과 서울역사편찬원의 연구원들, 그리고 심사자와 토론자 등 여러분의 도움에 깊이 감사드립니다. 앞으로도 새로운 서울 역사 발굴을 위해 많은 연구자와 시민 여러분의 관심을 부탁드립니다.

2022. 3.

서울역사편찬원장 이상배

차 례

총론

# 서울 내 외국인 집단활동지의 역사 연구

**박준형** 서울시립대학교 부교수

서울은 글로벌 도시이다. 2021년 9월 30일 현재 서울시 통계에 따르면 서울의 총 인구 수는 976만 5,869명으로, 그중 내국인이 954만 2,256명, 등록외국인이 22만 3,613명을 차지하고 있다. 2010년대 초까지만 해도 내국인만으로도 천만을 넘기고 있던 서울 인구가 꾸준한 감소 추세로 인해 2020년에는 결국 총 인구에서도 천만 이하를 기록하게 되었다. 그에 비해 등록외국인 인구는 보합 혹은 증가 추세를 유지하여 서울 총 인구에서 등록외국인이 차지하는 비율은 2013년 2.35%에서 2018년 2.82%까지 증가했다. 다만 2019년에 코로나19 팬데믹이 시작된 이후 상황의 호전을 보지 못하면서 등록외국인 인구도 감소하게 되었고 따라서 등록외국인 비율 또한 2.29%까지 떨어졌다.[1] 그러나 서울에 거주하는 '외국인 주민', 곧 한국 국적을 취득하지 않은 사람(외국인근로자, 결혼이민자, 유학생, 외국 국적 동포 등)과 한국 국적 취득자(혼인귀화자 등), 그리고 외국인 주민 자녀(한국 국적을 취득하지 않은 사람 중 결혼이민자

1 서울특별시, 〈2021년 3/4분기 서울특별시 주민등록인구통계〉, 2021 참고.

와 한국 국적 취득자의 자녀) 등까지 포함한 숫자의 비율은 2015년에 이미 대략 4.45%까지 증가했을 뿐만 아니라,[2] 무엇보다도 국내 체류외국인 수가 2019년에 250만 명을 돌파하여 전체 인구의 4.87%를 차지하기에 이르렀다.[3] 이러한 사실은 서울은 물론 대한민국이 이전에는 경험해 보지 못한 글로벌 환경에 직면해 있음을 말해 준다.

이처럼 변화된 환경은 결국 이전과는 다른 차원의 새로운 과제들을 우리 사회에 던져주고 있다. 예컨대 중국동포, 탈북민, 결혼이민여성, 귀화외국인의 증가로 '국민'과 '외국인'의 범주는 점차 애매해지고 있다. 그 점에서 현재의 당면 과제는 단순히 외국인을 어떻게 처우할 것인가에 그치는 것이 아니라, '나' 혹은 '우리'를 어떻게 규정할 것인가에 미치고 있다고 할 수 있다. 그러나 글로벌화의 진전이 자연스레 이러한 문제들을 해결해 주는 것은 아닌 것으로 보인다. 교통·통신 기술의 발달로 그 어느 때보다도 글로벌화된 현 세계에서 타 인종에 대한 혐오 범죄나 난민 수용을 둘러싼 논란들 또한 그 어느 때보다 빈발하고 있기 때문이다.

대한민국 정부수립 이후 한국사회는 남성 중심의 혈통주의적 국적 개념을 가지고 처음으로 '대한민국 국민'의 범주를 확정지었다. 이때 대한민국은 이제 갓 태어난 신생국가라고 할지라도 그 '국민'은 유구한 역사를 지닌 단일민족이라고 간주했다. 그리고 이러한 인식은 반세기가 지난, 더구나 외국인의 인권 보장 및 사회 통합을 목적으로 한 2006년의 국회 법안 심의 자리에서 다음과 같은 말로 다시 확인되기도 했다. 즉 "그동안 우리나라는 다른 민족하고 같이 살아본 경험이 없고 또 단일민족 신화

2 서울열린데이터광장(data.seoul.go.kr)의 서울통계서비스 제공 인구 데이터 참조.

3 법무부 사이트(www.moj.go.kr)의 출입국 통계 참조. 다만 앞서 언급한 바와 같이 2020년에는 팬데믹의 영향으로 체류외국인 숫자가 203만 6,075명으로 상당히 감소했다.

가 강해서 외국인이나 혼혈인에 대한 차별이 많았다."는 것이다.[4]

그러나 한국사회가 단일민족의식이 강하다고 해서 외국인과 함께 살아본 경험조차 없는 것은 아니다. 역사적으로 보았을 때 특히나 서울은 일찍부터 외국인과 섞여 사는 것이 허용된 '잡거지'였다. 1882년에 체결된 조청상민수륙무역장정에 의해 청국인의 서울 거주가 처음 허용되었고, 이어서 1883년의 조영수호통상조약에서 그 권리를 영국인에게도 부여하고 또 이후 조약을 체결한 국가들이 그를 다시 균점해 감에 따라, 결국 조선과 조약을 체결한 국가들의 국민들 모두가 서울에서 거주할 수 있는 권리를 획득하게 되었다. 이 시기 조약들을 가리켜 '불평등조약'이라고 부르는 것처럼, 이때의 '잡거'는 치외법권을 향유하는 외국인과의 불평등한 관계를 전제로 하고 있었다. 그러므로 서울에서의 '잡거'는 시급히 해결해야 할 과제였지 현재와 같이 글로벌화의 척도가 되지는 못했다. 그러나 그렇다고 해서 '잡거'의 경험 자체가 부정될 수는 없는 법이다. 1910년 일제에 의한 강제병합으로 인해 그와 같은 비대칭적 '잡거' 경험은 오히려 서울이 아니라 한반도 전체로 전면화되었으며, 광복 후에도 규모의 차이는 있더라도 화교나 미군의 존재가 국내 거주 외국인 역사의 명맥을 이어 갔다. 다시 말해서 경험이 없는 것이 아니라 잊혀졌을 따름이다.

외국인과 함께 살아온 경험의 망각은 현재의 당면 과제들을 낯선 것으로 만들어 버린다. 그러나 글로벌 도시 서울은 외국인에 대해서도 더 이상 낯선 존재가 아니라 이웃하는 존재로의 인식 변화를 요청하고 있다. '잡거'의 역사는 그러한 경험을 다시금 일깨워 줄 것이며, 그를 통해 글로벌화가 야기하는 현재의 과제들에 대해서도 경험 부족이라는 자기

4 〈제267회 국회 법제사법위원회 회의록〉 제6호, 4쪽.

변명적인 언사를 반복하지 않고 역사적 경험 위에 재사유할 수 있는 계기를 마련해 줄 것이라 생각한다. 이 책의 목적은 바로 여기에 있다.

근현대 역사 속 외국인에 대한 최근 연구 성과들은 위와 같은 문제의식을 어느 정도 공유하고 있다. 먼저 일본인의 경우 기존 연구들에서는 그저 한국의 '자주독립'을 침해한 '침략자'로 규정했을 따름이다. 국내 연구자들의 주된 관심은 일제의 침략과 지배에 대한 저항에 초점이 맞추어졌고, 따라서 일본인은 일본정부나 군부, 총독부 등과 별다른 구분 없이 한 데 묶여 취급되었다. 더구나 제국 일본의 해체와 함께 동아시아 지역에 국민국가체제가 들어서게 되면서 일본에서조차 재외일본인의 역사는 꺼내고 싶지 않은 기억이 되고 말았다.

그러나 1990년대에 들어 일본에서 제국사 연구가 유행하기 시작했고, 그 연장선상에서 2000년대 이후로는 재조일본인 연구도 활발해졌다. 이 연구들은 '침략자'라는 불특정 다수의 가면을 벗겨내고 일본 민중 개개인의 민낯을 드러내고자 했다는 점에서 이전의 연구 시각과는 큰 차이가 있다고 할 수 있다. 더구나 최근에는 관련 연구의 진전과 함께 재조일본인의 계층적, 지역적, 젠더적, 세대적 차이로까지 관심이 확대되고 있다.[5] 국내에서도 연구의 축적과 함께 《제국과 식민지 사이: 경계인으로서의 재조일본인》(이규수, 2018) 등의 단독저서는 물론 《일제의 식민지배와 재조일본인 엘리트》(최혜주 외, 2018) 《제국과 식민지의 주변인: 재조일본인의 역사적 전개》(이형식 편, 2013)와 같은 공동연구나, 《개화기·일제강점기(1876~1945) 재조일본인 정보사전》(고려대학교 글로벌 일본연구원 재조일본인 정보사전편찬위원회, 2018)과 같은 인물사전

5 이형식, 〈재조일본인 연구의 현황과 과제〉, 《제국과 식민지의 주변인: 재조일본인의 역사적 전개》, 보고사, 2013, 15~17쪽.

류까지 간행될 정도로 관련 연구가 진척을 보이고 있다.

서울의 재조일본인 연구와 관련해서 특기해 둘 것은 종래의 이중도시론을 전면적으로 비판한 김종근의 논의이다. 일제강점기 서울의 도시공간은 주로 청계천을 경계로 하여 북촌의 조선인과 남촌의 일본인 간의 거주 분리를 강조하는 이중도시론을 통해 설명되어 왔다. 그러나 김종근은 이중도시론이 애당초 각종 식민 담론 및 정책을 통해 구성된 것이었다고 지적하면서, 인구 자료 분석을 통해 서울 내 '잡거지'의 존재를 드러내는 동시에 그것이 시간의 경과와 함께 증가하는 추세를 보였다고 주장한다.[6] 이를 받아들이기 위해서는 인구 통계를 넘어 '잡거' 양상에 대한 보다 심도 깊은 연구들이 뒤따라야 할 테지만, 그 주장의 옳고 그름을 떠나 조선인과 일본인의 '잡거'에 대한 연구자들의 관심 증가를 보여주는 한 지표로서 주목할 만하다.

한편 일본인과 달리 중국인에 대한 시선은 간단하지 않은 문제들을 내포하고 있다. 1990년대 외국인 인구의 급증과 포스트모더니즘 이론의 유행을 배경으로, 한국사회 내 소수자에 대한 관심 또한 증가하게 되었다. 이때 한국화교는 한국사회 내에서 차별받는 대표적인 소수자 중 하나로 자리매김 되었는데, 2002년 6월 계간지 《당대비평》에 〈한국사회의 편견과 차별의 구조〉라는 연속기획 중 하나로 '화교'와 관련한 특집 논문들이 수록된 사실이 그를 대변해 준다.

그러나 현실 속 화교와 달리 역사 속 화교는 사실 일찍부터 주목을 받아 왔다. 다만 연구 시기는 한국화교의 역사가 시작되는 1880년대에 집중되었다. 이때 화교는 국가 권력의 피해자가 아니라 자국정부를 뒤에

6 김종근, 〈식민도시 경성의 이중도시론에 대한 비판적 고찰〉, 《서울학연구》 38, 2010.

업은 '침략자'의 모습으로 그려졌다. 여기에서 쟁점은 1880년대, 특히 1882년의 임오군란을 계기로 조선의 내정 간섭을 강화한 청조의 대외정책을 전통적인 조공책봉관계의 연장선상에서 봐야 할 것인가, 아니면 서구 열강과 같은 제국주의 노선으로의 전환으로 봐야 할 것인가에 있었다. 따라서 화교는 그 자체로서 연구자들의 관심을 끌었다기보다는 중국의 대조선정책의 성격을 해명하기 위한 수단에 지나지 않았다. 1990년대까지 청일전쟁 이후의 한청관계나 한국화교에 대한 연구가 큰 진척을 보지 못했던 이유는 청국이 청일전쟁에서 패함에 따라 더 이상 '침략자'로서 역할을 할 수 없게 된 사정과 무관하지 않다.

이와 같이 한국화교를 부르는 상반된 두 개의 방식, 곧 '소수자'와 '침략자'는 모두 한국의 근대 국민국가 수립과의 연관 속에서 명명되었다는 점에서 이란성 쌍둥이와 같다고 할 것이다. 말하자면 근대 국민국가 수립 이전의 화교는 '침략자'로서, 수립 이후의 그것은 '소수자'로서 호명되었던 것이다. 그러나 위와 같은 명명 방식은 어느 한쪽에 대한 강조와 다른 한쪽에 대한 무관심 속에서만 성립 가능한 것인 까닭에, 결과적으로는 한국화교라는 통시적 실체에 대한 접근을 어렵게 만들고 있다. 그리고 이와 같은 불분명한 인식이 지역 활성화라는 행정적 편의를 통해 소멸 직전의 '차이나타운'을 복원해 내고 있다.

최근 한국화교 연구는 침략과 저항의 이분법을 넘어선 실증연구를 중심으로 활황을 보이고 있다. 대표적으로 강진아, 王恩美, 石川亮太, 이정희 등의 연구 성과를 들 수 있는데,[7] 사회·경제사적 토대 위에 동아시

7 강진아, 《동순태호: 동아시아 화교 자본과 근대 조선》, 경북대학교 출판부, 2011; 王恩美 저·송승석 역, 《동아시아 현대사 속의 한국화교: 냉전체제와 조국 의식》, 학고방, 2013; 石川亮太, 《근대 동아시아 시장과 조선: 개항·화상·제국(近代アジア市場と朝鮮: 開港·華商·帝國)》, 京都大學學術出版會, 2016; 이정희, 《한반도화교

아 범주에서 한국화교를 조명하고 있다는 점이 공통된다. 특히 이정희는 화상으로서의 한국화교만이 아니라 화공, 화농으로까지 화교연구의 영역을 넓히는 데 크게 기여했다. 뿐만 아니라 최근《한반도화교사전》(인터북스, 2019)이 간행된 사실은 재조일본인 연구와 마찬가지로 한국화교 연구의 축적과 그에 기반한 학계의 자신감을 보여주는 것이라고 생각된다. 또한 국내 외국인 중 중국동포를 포함한 중국인의 비중이 절대적이라는 점을 고려할 때, 한국화교 연구의 방향성은 국내 외국인 일반에 대한 인식 문제에도 커다란 영향을 미치게 될 것으로 예상한다.

수적으로는 일본인과 중국인에 비할 바 아니지만, 주로 '문명'의 전파자로서 소환되는 서양인에 대한 연구 또한 간단히 언급해 두지 않을 수 없다. '서세동점'이라는 말이 상징하듯이 본래 서양은 동아시아의 전통적인 질서를 파괴하고 근대로의 이행을 강제한 주된 세력이기도 했다. 그러나 한국의 경우 서양에 의한 압박보다는 이웃국가인 중국과 일본에 의한 침탈이 더욱 직접적이었던 까닭에, 당시부터 이미 서양은 오히려 그를 견제해 줄 세력으로 기대되기도 했으며, 연구자들 또한 그 속에서 선교사들을 비롯한 '선한' 서양인들의 역할을 부각시키곤 했다.

한국을 방문한 서양인들의 기록 연구는 지속적으로 연구자들의 관심을 끌어 온 분야이다. 서양인들은 '문명'의 담지자를 자처했던 만큼 그들의 시선으로 기록한 내용들을 통해서는 '문명인'의 경험을 추체험하는 것이 가능해진다. 따라서 일찍부터 서양인의 기록들을 번역하는 작업이 이루어져 왔는데, 최근에도 한국문학번역원에서 '그들이 본 우리'라는 총서 시리즈를 통해 서양 고서들에 대한 번역 작업을 이어오고 있다.[8] 그

사》, 동아시아, 2018.

8 '그들이 본 우리' 총서는 2008년 살림에서 간행된《임진난의 기록: 루이스 프로이스

러나 '그들이 본 우리'라는 총서 제목이 말해주듯이 서양인들의 기록물을 통해서는 그들의 일방적인 시선을 확인할 수밖에 없으며, 그 때문에 그들이 한국인들에게는 어떻게 비추어졌고 한국인들과는 어떻게 상호작용을 했는가를 파악하기에는 한계가 있다. 이는 스쳐 지나가는 방문자의 시선이 아니라, 특정 지역에 뿌리를 내린 거주자로서의 활동에 대한 연구가 요구되는 부분이다.

이상과 같은 최근 연구 경향의 검토 위에 이 책에서 취하고자 하는 연구방법은 다음과 같다.

첫째, '혼종성'을 넘어 '잡거' 연구로의 전환을 시도하고자 한다. 전술한 바와 같이 침략과 저항의 이분법을 넘어서려는 시도는 더 이상 새로운 연구방법론이 아니다. 이 입장의 연구들은 민족주의적 견해를 비판하고 그에 대한 대안으로 '혼종성'을 제기하는 경우가 많다. 그러나 역사적 경로를 생략한 '혼종성'에 대한 강조는 단일민족 신화와는 또 다른, '혼종성' 자체를 당위로 삼는 새로운 신화를 창출할 가능성이 크다. 따라서 이 책에서는 '잡거'라는 개념을 통해 '혼종성'[='雜']을 사람들이 일상생활을 영위하는 구체적인 땅[='居']과 연결지음으로써 그 논의에 구체성을 부여하고자 한다. 이때 물어야 할 것은 일찍이 '잡거'를 경험했는가가 아니라 어떠한 '잡거'를 했는가, 곧 '잡거'의 구체적인 경로와 양상이다.

둘째, '잡거'의 현장으로서 '공간'에 주목할 것이다. 역사 서술의 방식

가 본 임진왜란》을 시작으로 《백두산으로 가는 길: 영국군 장교의 백두산 등정기》, 《조선의 소녀 옥분이: 선교사 구타펠이 만난 아름다운 영혼들》, 《격동의 동아시아를 걷다: 독일 외교관의 눈에 비친 19세기 조선, 중국, 일본》, 《세밀한 일러스트와 희귀 사진으로 본 근대 조선》, 《나의 서울 감옥 생활 1878: 프랑스 선교사 리델의 19세기 조선 체험기》 등이 차례로 간행되어 2020년 12월에 제28권에 해당하는 《러일전쟁》까지 나와 있다.

을 지리를 중심으로 하는 '속지주의적 역사'와 사람을 중심으로 하는 '속인주의적 역사'로 구분할 수 있다면, 후자는 초역사적인 민족사 서술에 적당하고 전자는 다민족적 제국사 서술에 보다 적합한 형태라고 말할 수 있을 것이다. 실제로 제국 일본의 팽창을 배경으로 탄생한 '만선사滿鮮史'의 창시자 시라토리 구라키치는 "역사의 기초는 지리에 있다"고 천명한 바 있다. '공간'에 대한 주목은 일견 '속지주의적 역사' 서술을 지향하는 것으로 볼 수도 있지만, 과거의 식민주의 역사학과 같이 지리결정론에 근거하여 특정 민족에 대한 정체성론이나 타율성론을 설파하고자 하는 것은 아니다. 오히려 지리와 민족의 강고한 결합을 분리함으로써, 역사 주체를 다변화하고 각각의 고유한 스토리를 발굴해 내고자 한다. 시라토리의 표현을 빌려 말하자면 "역사의 기초는 공간에 있다"고 재천명되어야 할 것이다. 이러한 방법을 통해 서울이라는 '공간'이 품고 있는 이야기들은 더욱 풍성해질 것이며, 다양한 주체들이 만들어 가는 새로운 미세 '공간'들로부터 미래의 변화 방향을 추측해 볼 수 있을 것이다.

셋째, '공간'의 비균질성을 전제로 할 것이다. 서울의 성장과 변화가 균질적으로 나타나지 않는 것처럼, 서울의 공간과 그를 매개로 한 인간관계도 균질적이지 않다. 글로벌 도시 서울의 한편에는 외국인들이 집주하는 공간들이 생겨나고 있지만, 다른 한편에서는 외국인 인구가 급증하는 1990년대 이전의 한국사회도 물론 존재하며, 또 다른 한편에서는 1945년 이전과 같은 비대칭적 '잡거' 상황이 재현되는 현장들도 확인할 수 있다. 여전히 국경 내 균질성을 담보하는 국민국가의 역할을 무시할 수 없음에도 불구하고, 위와 같이 '지체'라는 한 마디 말로는 표현하기 어려운 비균질적인 '공간'들이 산재하고 있는 것이 현실이다. 그런데 문제는 글로벌 도시 서울이 품고 있는 다양한 형태의 공간들 중에서 현재성 혹은 현재인들의 취향과 어울리지 않는 공간들은 그저 낙후되거나 낯선 장소로 치부되어 소멸을 선고당하기 쉽다는 것이다. 이 연구에서 주목하는 '공간'은 전술한 바와 같이 각각의 고유한 스토리를 가지고 있는 곳들이다. 이는 '공간'의 비균질성을 전제로 하는 것이며, 선택적 필요에 따라 비균질적인 '공간'들 사이의 차이 해소를 전망하기보다는 그 '공간'들을 구획하는 '경계'의 역사성을 부각시키고자 한다.

이 책은 시기와 대상을 달리 하는 6편의 글들로 구성되어 있다. 그 첫 번째는 이연경의 〈개항 이후 서울 서부지역의 서양인 거주지와 연희전문학교의 모범촌 건설〉이다. 이 글에서는 개항 이후 서양인 선교사들의 다양한 활동보다는 그들이 거주한 땅과 그 땅에 세워진 건축물에 더 많은 관심을 두고서 정동에서부터 시작된 거주공간의 확장 과정을 치밀하게 추적하고 있다. 선교사들은 외국 공사관들이 밀집하여 서양인 거류지의 모습이던 최초의 선교기지 정동을 벗어나 서대문 밖으로, 더 나아가 서울 밖 연희면까지 진출해 갔다. 이 과정은 '조선인 속으로'라고 할 수 있는 선교 전략의 변화와 서울의 도시 발전을 배경으로 한 것이었는데, 흥미로운 점은 선교사들이 초기에는 한옥을 사용하거나 절충식 한옥을 건립했으나, 이후로는 위생과 안전을 이유로 오히려 서양식 생활공간을 고집하게 되었다는 것이다. 그리고 그들이 이상적으로 생각한 마을의 모습을 연희전문학교 캠퍼스와 이상촌을 통해 확인할 수 있다고 말한다.

두 번째 양지혜의 〈일제강점기 서울의 일본인 거주 공간의 형성과 거주 양상〉은 일제강점기 일본인 거주지의 변화 과정을 일별하면서도 일본인 거주 공간의 이면으로까지 시선을 옮기고 있다. 기왕의 이중도시론에서는 앞서 언급한 바와 같이 북촌과 남촌의 분리를 강조해 왔지만, 그것은 고정되어 있던 것이 아니라 남촌의 외연 확장으로 인한 '접촉지대'의 확대 추세에 있었으며, 또 사실은 일본인 가정 내에서조차 조선인 하녀들과 '잡거'가 이루어지고 있었음을 지적한다. 그러나 '그들만의 리

그'라고 할 만한 서울 내 일본인 중상류층 사회가 존재했고 또 그 집 한구석에 조선인 하녀방이 별도로 설치되어 있던 사실이 말해주듯이, 조선인 하녀들은 일본인 가족들과 내밀한 일상을 공유하는 위치에 있었음에도 불구하고 일본인 가족에게는 가장 가까운 '타자'로 남을 수밖에 없었다고 강조한다.

세 번째 박준형의 〈해방 후 '신생국가' 대한민국의 나라 세우기와 소공동 일대 화교 거주지의 소멸〉은 한국사회가 이민족에 의한 지배로부터 벗어나 근대국민국가를 새롭게 건설해 가는 과정 속에서 해방 후 거의 유일하게 외국인 거주자로 남아 있던 화교를 어떻게 취급하고자 했는가를 소공동 일대 화교 거주지의 역사를 통해 해명하고자 했다. 19세기 말부터 이미 화교의 거주가 시작된 소공동 일대는 해방 후 화교들이 가장 많이 모여 사는 곳이 되었다. 그러나 '신생국가' 대한민국의 법제들은 화교들의 오랜 거주 역사를 인정하지 않았으며, 거주지 자체에 대해서도 그 목적과 면적을 제한해 버렸다. 더구나 1960년대 후반에 들어 '조국 근대화'라는 구호 속에 서울 도심부 재개발이 이루어지면서, 소공동 일대 화교 거주지는 '화교지구'로 구역화되었고 결국에는 지도에서 사라지게 되었다. 그 자리를 대신한 것은 재벌이었다. 결론적으로 이 글에서는 '소공지구'가 서울 도심부 재개발사업 제1호였다는 점에서 소공동 일대 화교 거주지의 소멸을 그 이후 가속화될 서울 도심의 '재벌촌'화를 예고하는 사건으로 자리매김하고 있다.

네 번째는 금보운의 〈용산 미군기지 주변 민·군 생활공간의 교차: 외인주택 건설과 미군의 거주 정책을 중심으로〉이다. 1953년 7월에 종결된 6·25전쟁은 진정한 '종전'이 되지 못했던 만큼 미군의 남한 주둔을 통해 군사적인 긴장을 이어갔다. 미군기지는 범죄를 일으킨 미군 병사가 기지 귀환 후 처벌을 면하는 일들이 반복되면서 흔히 치외법권적인 공간으로 인식되어 왔다. 그러나 이 글에서는 미군의 '주둔'이 '거주'를 동반하는 것이었고, 그 '거주' 공간은 기지 주변의 민간인들과 생활환경을 공유하면서 기지 밖으로까지 확장되어 갔다고 지적한다. 한국정부의 지원과 미국의 대한정책이 조응하는 지점에서 탄생한 이러한 '잡거'의 결과로, 서구식 생활양식이 민간에 전파되는 한편 지역 구성원이 미군과 연계하여 생계를 해결하는 등 민·군 사이에 생활공간의 교차가 이루어지게 되었다는 것이 이 글의 요지이다.

다섯 번째는 신재준의 〈한일 국교'정상화'와 일본인 집거지의 형성: 동부이촌동 '재팬타운'의 시작〉이다. 현재는 많이 퇴색되었다 할지라도 동부이촌동이라고 하면 먼저 '재팬타운'을 떠올리게 된다. 그러나 막상 '재팬타운'의 연원을 잘 알고 있는 사람은 드물다. 이 글에서는 한일협정이 체결되기 이전인 1960년대 초까지 거슬러 올라가 '재팬타운'의 기원을 묻는다. 또한 기본적인 통계 수치들을 복원해 가면서 결국에는 한일협정 체결 이전에도 재한일본인 처와 기자, 상사주재원 등 적지 않은 수의 일본인이 거주하고 있었다는 점, 그리고 동부이촌동에 '재팬타운'이라는 일본인 집거지가 형성되기 전에 일본인들은 다른 외국인들과 더불어 한남·이태원·이촌 일대에서 외국인 거주지를 형성하고 있었다는 점 등을 밝혀내고 있다.

마지막으로 여섯 번째 유슬기의 〈혜화동 외국인 커뮤니티의 어제와 오늘: '독일인 마을'과 '리틀 마닐라'를 중심으로〉에서는 1990년대 이후 글로벌화된 서울의 일면으로서 재한필리핀인들의 커뮤니티가 존재하는 혜화동의 '리틀 마닐라'에 주목했다. 다만 이 글에서는 혜화동성당을 매개로 한 필리핀인 커뮤니티의 현황을 조사하는 데서 그치지 않고, 외국인 커뮤니티의 형성을 가능케 한 장소성이 무엇인가를 묻고 있다. 그에 대한 답을 구하기 위해 100여 년 전 혜화동성당 자리에 있던 백동수도원과 그로부터 또다시 100여 년 전에 열리고 있던 반촌의 천주교 모임까지 연결되는 하나의 계보를 완성했으며, 그를 통해 낯선 문화에 대한 포용성과 개방성을 이 지역만의 장소성으로 제시했다.

이상에서 살펴본 바와 같이 6편의 글들은 서로 다른 주제를 다루고 있지만, 개항부터 현재에 이르기까지 서울 내 외국인의 역사를 통시적으로 살필 수 있게 배치되어 있다. 서울이라는 '공간'을 매개로 하여 확보된 이러한 통시적 시각은 인식의 수면 아래에 있던 망각된 기억을 복원하고 파편적으로 존재하던 역사들로부터 하나의 단속적 흐름을 구성해 냄으로써, 현재 시점에서 우리의 '잡거' 경험을 새롭게 논의할 여지를 마련해 줄 수 있으리라 기대한다.

제1장

# 개항 이후 서울 서부지역의 서양인 거주지와 연희전문학교의 모범촌 건설

이연경(인천대학교 지역인문정보융합연구소 연구교수)

## 1. 머리말

1882년 한성부에 청국인 거주가 허용된 이후 서양인들은 경운궁 부근 정동 일대에 자리를 잡고 자신들의 거류지를 형성해 갔다. '가구 거리' 혹은 '공사관 거리'라 불리던 현재의 정동길 주변으로는 영국공사관, 프랑스공사관, 러시아공사관, 독일공사관, 미국공사관 등 서양 각국의 공사관이 설치되었으며 학교와 병원, 교회 등이 자리 잡았다. 또한 이 일대에는 서양인들의 생활을 위한 상점과 호텔, 주택들이 들어서기도 하였다.

그러나 1904년 러일전쟁 이후 많은 수의 서양인들은 한국을 떠났으며, 1905년 을사조약 이후에는 서양 각국의 공사관들이 모두 폐쇄되기에 이르렀다. 한성부 내 일본인 세력은 점차 커졌으며 이들은 진고개를 넘어 정동 일대까지 진출하였다. 서양인들의 중심지는 여전히 정동이었지만, 점차 좀 더 지가가 저렴한 서대문 밖으로 확장해 나가기 시작하였다. 1906년 독일총영사관과 프랑스영사관은 각각 평동과 죽첨정 일대로 이전하였으며 서대문 밖에는 구세군학교, 영국성서공회, 감리교협성신학교 등 서양인 선교시설들이 자리 잡았다.

감리교협성신학교가 위치한 냉천동 일대에는 성서학교를 비롯하여 서양인 선교사 맨스필드 주택, 한성전기회사의 미국인 맥렐란 주택 등이 들어서면서 서대문밖에서 아현으로 이어지는 일대에는 서양인 생활공간이 다수 형성되었다. 또한 한양성곽을 따라 송월동 언덕 위에는 딜쿠샤와 감리교선교사사택, 독일선교사주택(홍난파 가옥) 등의 서양인 주택들이 지어졌다. 1930년대에 이르면 서대문정거장 부근과 의주로 주변의 필지들은 대부분 일본인들이 점유하였고, 금화장 등 일본인 문화주택지가 다수 건설되었지만 평지가 아닌 구릉지 주변으로는 여전히 서양인 기독교계 학교 뿐 아니라 서양인들의 주택들이 다수 자리 잡고 있었다. 한편 1915년 연희전문학교의 전신인 조선기독대학은 사대문 밖 신촌면의 수경원 부근 보안림 부지를 매입하였다. 연희전문학교는 1917년 마스터 플랜을 수립하였고 이후 본격적으로 교사校舍 뿐 아니라 교수와 직원, 학생들의 주택 및 기숙사를 신축함으로써 학습공간이자 생활공간으로서의 캠퍼스 공간을 조성하였다. 현재의 연세대학교 의과대학 부근으로는 모범촌이 계획되기도 하였다.

이처럼 정동에서 시작된 서양인 거주지는 점차 서대문 밖으로 확장·이동하며 감리교신학교, 연희전문학교, 이화전문학교 등 기독교계 학교들을 중심으로 확장되는 경향을 보였다. 기독교계 학교들은 내부에 기숙사를 비롯하여 교수 사택 등 거주 공간들도 다수 마련되었는데, 이는 곧 학교 공간이 학습공간인 동시에 생활공간이기도 함을 의미했다. 개항 이후 서양인 거주지의 확장은 개항 이후 서대문 밖의 개발이 이루어지면서 서울의 도시 영역이 점차 확장해 나가는 과정과 연계되는 것인 동시에 기독교 사학을 중심으로 한 신촌 일대의 개발과도 연계되는 것이었다.

## 2. 개항 이후 서울의 서양인 거주지

### 1) 정동의 서양인 거류지

서울에 외국인들이 본격적으로 거주하게 된 것은 1882년 이후의 일이었다. 1882년 임오군란 이후 청과 일본의 군대가 한성부로 들어오게 되었고, 1882년 〈조청상민수륙무역장정〉의 체결 이후에는 청국 상인들이 한성부에 본격적으로 거주하기 시작하였다.[1] 188 3년에는 영국과의

1 조선상민이 북경에서 교역에 종사하는 것을 규정에 따라 허용하는 한편 청국상민도

통상조약에서 한성개잔권漢城開棧權을 명문화함으로써, 공식적으로 외국 상인들의 한성 내 거주 통상이 허용되었고, 한성부 내에서 청국과 일본을 비롯한 서양 각국의 외국인들이 본격적으로 거주하기 시작하였다. 한성부에서 외국인들의 거주가 점차 늘어남에 따라 조선정부에서는 1885년 한성개잔을 철회하고 용산을 외국인거류지로 지정하고자 하였으나, 외국 상인들과 각국 사신들의 반대로 실행되지 못하였다.[2] 1885년에서 1889년까지 한성부 내에서의 외국인 토지 매입을 기록한 《각국가계各國家契》의 내용을 살펴보면 미국인과 프랑스인의 경우에는 서부西部 황화방皇華坊 취현동聚賢洞, 대정동大貞洞, 왜송동倭松洞 일대의 정동지역에, 일본인의 경우 남부南部 훈도방薰陶坊 이현泥峴(진고개) 일대에, 청국인의 경우 중부 장통방, 정선방, 남부 회현방, 서부 황화방 등 수표교와 남대문 일대를 비롯한 다소 다양한 지역에 분포하고 있었음을 알 수 있다.[3]

이처럼 한성부에서는 서양인들이 정동 일대, 일본인들이 진고개 일대, 청국인들이 수표교와 남대문 일대[4]에 거주함으로써 잡거지雜居地의 양상을 띠었다. 정동 일대에는 러시아를 비롯한 서구 열강들이 자리 잡고 한국 정부와 매우 밀접한 연관을 맺고 있었는데, 이들은 이 지역에 서양식 공사관들과 학교·교회 등을 건축하며 정동 지역의 도시 경관을 완전히 변화시켰다. 한편 서양인 선교사들에 의해 세워진 배재학당, 이화학당 등의 학교에서는 서양식 교육이 시작되고, 제중원과 시병원施病院, 보

또한 조선에 입국하여 양화진과 한성에 거래시설을 갖추어 상거래에 종사하는 것을 허용하였다(왕현종, 〈대한제국기 한성부의 토지·가옥 조사와 외국인 토지침탈 대책〉《서울학연구》 10, 1998, 4쪽).

2 《구한국외교문서》 8권, 淸案 1 문서번호 462호.

3 서울특별시 시사편찬위원회, 《(국역)한성부래거문(상)》, 1996, 221~263쪽.

4 京城府, 《京城府史》 第1卷, 1936, 524~525쪽.

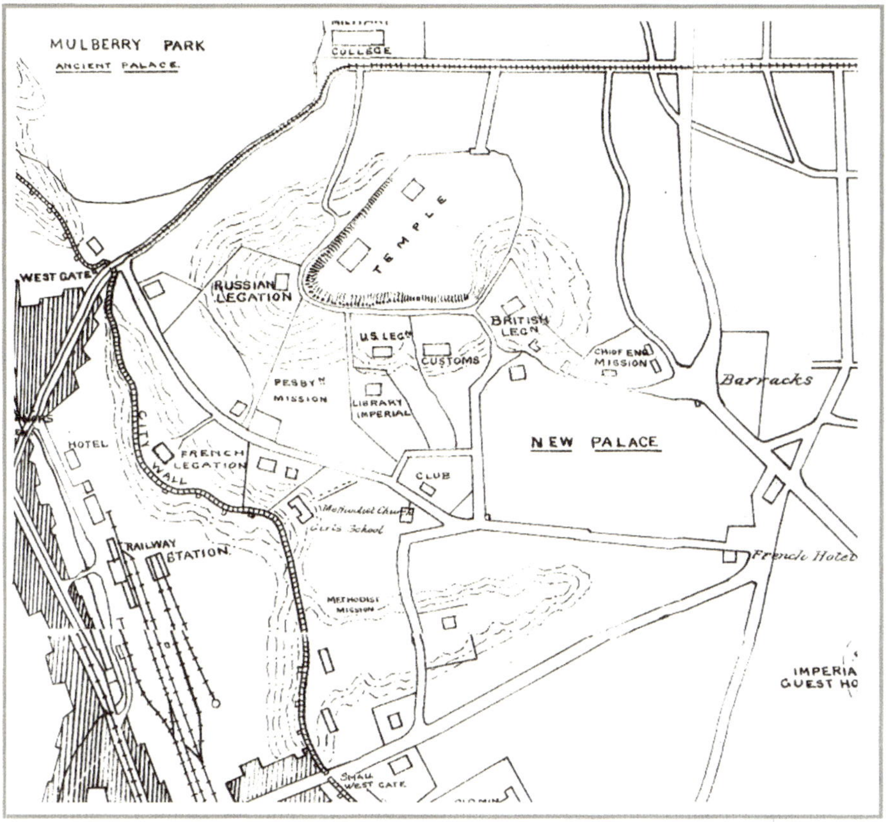


〈그림 1〉 1901년 정동지역 약도
출처: Colonel Browne의 《Seoul of Western Quarter》(김정동, 《고종황제가 사랑한 정동과 덕수궁》, 발언, 2004, 69쪽 재인용).

구여관普救女館 등에의 병원들에서는 서양식 의료가 조선인들을 대상으로 펼쳐졌다. 또한 서양인들이 모여 살았던 정동에는 호텔[5] 및 서양인들의 상점들이 들어서기도 하였다. 1901년경 정동 지도를 살펴보면 경운궁

5 정동에는 팔레 호텔, 임페리얼 호텔 등 외국인 여행자들을 위한 호텔들이 1900년대 초부터 서양인들에 의해 설치되어 운영되고 있었다.

주변으로 영국, 미국, 프랑스, 러시아 공사관을 비롯하여 감리교회와 배재학당 등이 위치하고 있음을 알 수 있다. 이 지도에서 눈에 띄는 건 대부분의 시설들이 한양도성 안에 위치하고 있는 것에 반해, 도성 밖 서대문정거장 동편에 호텔 표시가 있다는 점이다. 이 호텔은 1901년 4월 개업한 스테이션호텔(애스터하우스)로 1899년 경인선의 종점이 된 서대문정거장 바로 앞에 위치하고 있었다. 서대문정거장의 설치는 이후 서양인들이 서대문 밖으로 이전 거주하게 되는 원인 중 하나가 되었다.

정동 거류지 내에서는 자체적인 도로개수사업도 이루어졌다. 19세기 말 서울에서는 외국인들 및 개화파들에 의해 도로개수의 필요성이 제기되었는데, 그 중 가장 이른 시기에 도로개수사업이 진행된 곳은 바로 정동이었다. 1895년 1월 정동에 사는 외국인들이 정동길 도로개수를 위한 협의회를 구성하고 정동 거주자들에게 자체적으로 세금을 거두어 1월 29일부터 공사를 시작하였다. 이는 정동의 도로개수에 앞서 한성부 주도하에 도로를 침범한 가옥들의 철거가 이루어졌기 때문에 가능했던 것으로,[6] 1895년 8월에는 일본인 거류지에서도 일본인 거류민단 주도로 도로개수사업이 이루어졌다. 1895년의 도로개수사업을 통해 정동 공사관 거리는 넓어지고 개수되어 전반적인 환경이 개선되었다.[7]

이처럼 19세기 말 정동은 외국인의 비중이 높았으며, 정동 밖 지역과는 현저하게 구별되는 서양인 거주지역이었다. 이사벨라 비숍은 한국을 방문한 1898년 당시 정동에 대해 "정동은 외국 대사관과 영사관, 그리고 선교사들에게 할당된 구역이어서 여기에서는 거의 한국적인 외양을 볼

6 서울의 도로 위에 설치된 가가들은 철거되었다(Editorial Department, "Notes and Comments" *The Korean Repository*, Vol.2, Trilingual Press, 1895, p.39).

7 Daniel L.Gifford, "Education in the capital of Korea" *The Korean Repository*, Vol.3, Trilingual Press, 1896, p.286.

〈그림 2〉 1903년 카를로 로제티(Carlo Rossetti)가 촬영한 서대문과 서대문-서소문 사이 한양도성
출처: Carlo Rossetti의 《Corea e Coreani》.

수 없다. 예전의 정동에 거주했던 수많은 주민들(조선인들)은 정동 밖으로 다 이사하고 없다. 외국인 가게들이 늘어서 있는 넓은 도로들이 건설되었다."[8]라고 하고 있으며, 길모어는 "외국인들은 일반적으로 상류 계층으로부터 집을 구입했고 이 집들은 넓은 터를 갖고 있기 때문에 경비를 얼마 들이지 않고서도 부속으로 잔디밭과 화원 그리고 때로는 테니스 코트를 가진 쾌적한 주거지로 변형시킬 수 있다."[9]라고 언급하였다. 정동은 19세기 말 이미 조선인 마을과는 다른 서양인 거주지의 외양을 띄었으며, 서양인들의 생활에 불편하지 않은 환경을 구축하고 있었음을 확인할 수 있다.

서양인 선교사들이 설립한 조선인 교육을 위한 학교 교내에는 기숙사 공간 역시 마련되었다. 정동에 위치한 배재학당과 이화학당, 언더우드학당 등은 조선인들을 교육하기 위한 기관으로 조선인 학생들에게 거주 공간을 제공하였다. 언더우드학당 및 정동여학당은 한옥에서 시작한 고아원학교로 학생들은 이곳에서 머무르며 기독교 교육을 받았다. 1886년 설립된 이화학당에는 약 35명을 수용할 수 있는 한옥기숙사가 마련되

8 E.B.비숍 저, 이인화 옮김, 《한국과 그 이웃나라들》, 살림, 1994, 500쪽.
9 G.W.길모어 저, 신복룡 역주, 《서울풍물지》, 집문당, 1999, 205쪽(김정동, 《고종황제가 사랑한 정동과 덕수궁》, 발언, 2004, 144쪽에서 재인용).

었으며, 1897년에는 증가한 학생들을 수용하기 위해 이 한옥기숙사를 철거하고 2층 양옥 벽돌교사(메인홀)를 짓고 교사 및 120여 명의 학생을 수용하였다.[10] 1885년 8월 3일 미국 감리교 선교부가 설립하여 1886년 3월 정동 34번지에서 개교한 배재학당 내에는 1889년 건립된 붉은 벽돌 구조의 2층 기숙사가 마련되었다.

1882년 이후 서양인들의 거주가 시작된 정동에는 서양인들이 그들의 생활에 맞게 개조한 한옥들과 새롭게 서양식으로 건축한 공사관, 학교, 교회, 호텔, 상점 등이 어울리며 서양인 거주지만의 독특한 분위기가 형성되었다. 그러나 대한제국 황궁으로서의 경운궁 공사, 미국공사관의 연동으로 이전 시도,[11] 정동 밖 서양인 선교기지의 설치 및 청일전쟁 이후 일본인 거류지의 확장 등 내외부적인 이유가 복합적으로 작용하며 서양인 거주지는 정동 외부 지역으로 점차 이전·확장되었다.

### 2) 정동 외 선교기지의 설치

한국 내 선교는 1884월 일본에 있던 감리교 선교사인 매클레이가 주일미국공사 빙햄과 주한미국공사 푸트의 중재로 고종으로부터 교육과 의료 사업의 허가를 받음으로 시작되었다. 이후 의료선교사인 알렌과 헤론, 앨러즈, 교육선교사인 언더우드 등이 차례로 입국하면서 본격적인 의료와 교육 선교가 시작되었다. 이후 개신교 선교사들은 선교사주택과 학교, 병원이 있는 선교기지Mission Station를 중심으로 의료 및 교육을 위주로 선교활동을 전개하였다. 서울의 선교기지는 처음에는 정동 지역에 자리

10 이화여자대학교 출판부, 《이화100년사》, 1994, 61쪽, 237쪽.

11 고종의 경운궁 환궁 이후 미공사관은 종로 연동으로 이전이 추진되기도 하였으나 결국 시행되지는 않았다(서울특별시 시사편찬위원회, 《(국역)한성부래거문》(하), 1996, 124~125쪽; 김정동, 앞의 책, 2004, 128쪽).

잡았으나, 서울에서 선교활동을 하는 교파들이 점차 늘어나고, 교세가 확장됨에 따라 정동 이외 지역에 들어서기 시작하였다.

1884년 이후 한국에서 선교활동을 하기 시작한 개신교 교파는 미북장로회(1884), 미국감리회(1884), 호주장로회(1893), 영국성공회(1894), 미국남장로회(1896), 캐나다장로회(1897), 미국남감리회(1897), 미국제7일안식일야소재림교(1904), 동양선교회 홀리니스선교회(1907), 구세군(1908) 등이었다. 1892년 6월 미국 감리회와 북장로회 사이 처음으로 선교지역 분할협정이 이루어지면서 인구 5,000명 이상의 대도시나 개항장의 경우 각 교파간 공동 점유, 인구 5,000명 이하의 작은 도시는 분할 점유 원칙을 세웠다. 1909년에는 한반도 내 분할 협정이 마무리되었는데, 경기·충북·경북·황해·평남·평북 일부 지역은 북장로회가, 충남·전북·전남·제주는 남장로회가, 경남 전역은 호주장로회가, 함남·함북은 캐나다장로회가, 경기·충북·강원·황해·평남 일부 지역은 북감리회가, 경기·강원·함남 일부 지역은 남감리회가 담당하였다. 서울은 북장

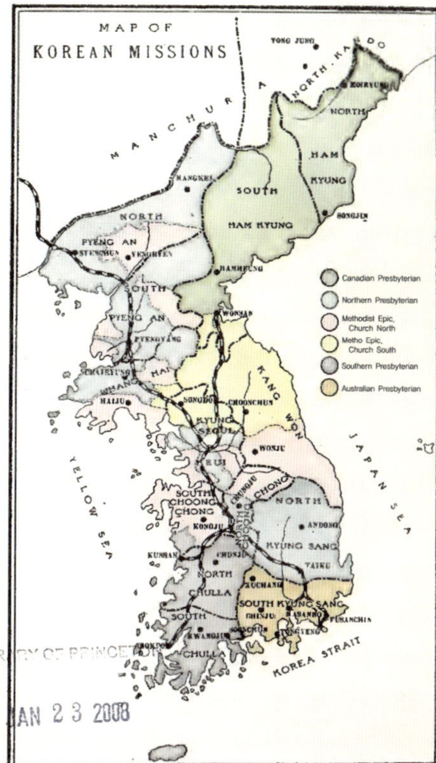



〈그림 3〉 교파별 선교지역 분할
출처: The Federal Council of Korea, *Korea, Handbook of Missions*, the Federal Council of Korea and the Interchurch World Movement of North America, 1920.

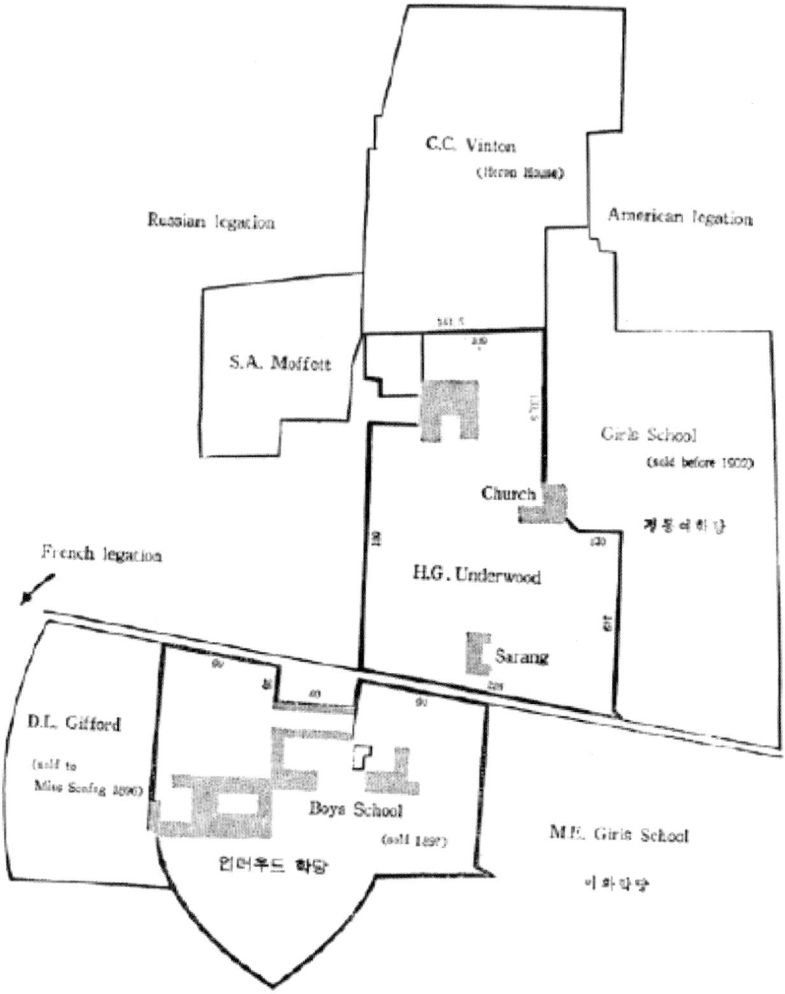


〈그림 4〉 정동지역의 북장로회 선교기지
출처: 경신사편찬위원회, 《경신사 1885-1991》, 경신중고등학교, 1991, 107쪽.

로회와 북감리회, 남감리회의 공동 점유지역으로 서울에는 북장로회와 북감리회, 남감리회의 선교기지가 모두 위치하였다. 1884년 알렌의 입경 이후 북장로회와 북감리회의 선교기지는 모두 정동에 세워졌으나, 이후 북장로회는 연지동으로 이전하였고 북감리회보다 10년 늦게 한국에서의 선교를 시작한 남감리회는 정동이 아닌 남송현에 자리 잡았다.

개항 초기 선교기지는 서양인들의 거주지인 정동에 국한되었다. 미북장로회의 의료선교사였던 알렌과 교육선교사였던 언더우드의 집은 정동 공사관거리에 자리 잡았으며, 언더우드가 설립한 언더우드학당과 앨러즈가 설립한 정동여학당 역시 부근에 자리 잡았다. 1886년 5월 개교한 남자고아원학교인 언더우드학당은 언더우드 저택의 길 건너편, 언더우드 소유의 정동 32번지의 한옥에서,[12] 1887년 6월 개교한 여자고아원학교인 정동여학당은 언더우드 주택 바로 동측 부지의 한옥에서 시작하였다. 이 학교들은 각각 이후 1905년 경신학교와 1909년 정신여학교로 발전하였다.

정동의 선교기지는 서양인들의 삶에 편안한 환경을 제공하였으나, 그 부지가 좁았고 서양인들이 집단적으로 거주함으로 조선인들과의 접촉이 쉽지 않은 지역이었다. 따라서 선교사들은 정동 이외 지역에 선교 전초기지를 마련할 필요를 느꼈다. 1892년 게일 선교사는 남편과 사별한 헤론 부인과 결혼하며 곤당골(소공동)에 신혼집을 마련하였는데, 신혼집의 사랑방 하나를 사람들에게 성경을 배우고 가르치는 장소로 제공하였다. 또한 의료 선교사였던 빈튼선교사의 경우 곤당골에 병원과 약제실 설치를 계획하기도 하였고, 도심 밖으로 병원과 주거지를 마련할 계획을 세우기도 하였다. 1892년에는 본격적으로 여학교 공간 확보를 위한 정동여학교의 이전이 논의되었다. 그 결과 1894년 11월 정동여학교는 연못골, 즉 연지동으로 이전하게 되었고 여학교 부지는 1897년 대한제국이 매입하여 그 자리에 왕실도서관인 중명전을 건립하였다.[13] 고종

12 김정동, 앞의 책, 2004, 146쪽.

13 서울역사박물관,《연지 · 효제》, 2019, 84~87쪽.

〈그림 5〉 연지동 북장로회 선교기지
출처: 서울역사박물관, 앞의 책, 2019, 90쪽.

은 알렌 공사를 통해 경운궁의 궁궐터 확장을 위해 북장로교 선교기지 매입을 요구하였으나, 언더우드를 비롯한 선교사들의 반발에 1900년까지 연기되었다. 1900년 이후 북장로회는 도성밖에 새로운 부지, 정동보다 더 넓은 부지를 제공받는 조건으로 대한제국 정부와 협상을 시작했고, 여러 번의 부지 선정 논의 끝에 1902년 최종적으로 연지동(연못골) 이전이 결정되었다. 북장로회 선교부는 정동 선교기지 부지를 6만 원에 매도하고, 연지동 선교기지 부지를 5만 원에 매입하였다.

연지동 선교기지는 도성의 동측, 종로 북쪽 언덕 위에 자리 잡고 있어 '선교사 언덕Missionary ridge'이라 불렀다. 선교기지의 면적은 연지동 및 근접한 효제동을 포함하여 2만 402평(대지 1만 9,136평, 전 1,266평)평의 규모였다. 이는 연지동 전체 면적의 60.4%에 이르는 규모였으며, 효제동의 경우에도 5.6%에 이르렀다. 연지동 언덕 선교기지에는 선교사 사택 7채와 경신학교, 정동여학교 그리고 교회가 자리 잡고 있었다. 또한 연지동 선교기지 내에는 남장로회 선교사들의 서울 주거지인 딕시Dixie도 자리 잡고 있었다. 남장로회는 관할구역이 호남지역이었기 때문에 대부분의 선교사들은 호남지역에 머물렀으나, 교파연합회의 일을 위해 서울에 머무르는 선교사들은 북장로회 내부에 딕시라는 이름의 주거지에 머물렀다. 한편 동대문 성벽 언덕에는 미감리회가 운영하는 여성병원이 자리 잡고 있었다.

남감리교는 윤치호의 요청과 중국 상해지역 선교사들의 이전 배치를 위해 1895년 10월 11일 헨드릭스 감독과 리드 박사가 동행하여 한국을 방문하였고, 고종을 만나 선교 허락을 받고 선교에 필요한 부동산을 구입하면서 한국 내 선교를 시작하였다. 1896년 8월 리드 박사는 가족과 함께 서울로 이사하였고, 1897년 1월에는 콜리어, 그 해 가을에는 남감리교 부인외국선교회 최초 대표자인 캠벨 부인과 중국인 양녀 도라 유, 1898년 5월에는 의사 하디 가족이 한국 선교부에 합류하여 초창기 남감리교 선교를 이끌었다. 처음 한국에 온 리드 박사는 현재의 한국은행 화폐박물관 자리에 위치한 한옥에 거처를 마련하였으며, 이곳에서 1897년 1월 예배를 드리기 시작하면서 남감리교의 선교본부로 사용하게 되었다. 캠벨 부인은 1897년 10월 내한 이후 남송현의 리드 선교사 주택에 머무르며 여성 선교 사업을 시작하였다. 캠벨 부인은 1898년 8월 서울 서북부 경복궁 건너편 자골(내자동)에 미국 침례교 계통 엘라딩기념선교회 선교부가 소유했던 가옥 몇 채를 매입하여 이사하고 이곳에서 여선교부를 시작하였다. 1902년 리드의 후임으로 온 무스는 남송현의 남감리교 선교부와 교회를 이전할 계획을 세우고 여선교부가 위치한 내자동 부근으로 이전을 물색하였다. 그러나 교회와 학교, 선교사 사택을 한꺼번에 지을 수 있는 넓은 부지의 확보가 어려워 교회와 학교는 서울 시내 쪽에, 선교사사택은 사직동에 4,000여 평의 부지를 확보하고 옮기기로 결정하였다. 1895년 구입한 남송현 부지는 1906년 11월 일본제일은행에 6만 6,424원에 매각하였으며, 이 돈으로 사직동 부지 뿐 아니라 송도, 원산, 춘천의 미션 컴파운드를 위한 부지 구입 및 주택 건설비용을 마련하였다.

1906년 남감리교회가 구입한 선교사 부지는 인왕산 언덕 사직동의 4,176평 땅이었는데, 바로 서측으로는 한양도성이 남북으로 지나고, 언덕 아래로는 서울 시내가 훤히 내려다 보였다. 부지 매입 이후 바로 주택

건설이 시작되어 1907～1908년경 3채의 선교사주택을 건축하여 1909년경에는 3동의 벽돌조 주택과 1동의 사무동 그리고 수 동의 창고가 마련되었다. 1914년경에는 벽돌조 건물 3동에 하인들의 거주를 위한 한옥 4채, 총 7채가 사직동 선교사촌 내에 위치하였다. 이후 1925년까지 한 채의 선교사주택이 추가적으로 건설된 것으로 추정된다. 1924～1925년에는 사직동 선교사촌의 확장이 시작되어, 주변의 국유지 등을 구입하여 총 6,837평을 소유하게 되었으나 1930년대 들어와서 선교 예산의 축소와 서울 내 거주하는 남감리교 선교사의 감소 등으로 인해 사직동 부지의 분필 이후 판매가 이루어져 1938년경 사직동 부지는 1,756여 평으로 크게 축소되었고, 기존의 주택을 대신하여 새로운 선교사 주택 3동이 건설되었다.[14]

내자동 75번지(현 서울지방경찰청 북쪽)에는 캠벨 선교사가 건립한 배화학당 이 자리잡았다. 배화학당은 1898년 10월 2일 설립된 여학교로 설립 당시에는 캐롤라이나 학당으로 불리다가 1903년부터 배화학당이라는 이름을 사용하였다. 1900년 봄에는 선교사 주택을 신축하였으며 기존의 한옥은 기숙사로 사용하였다. 한편 배화학당 내에서 1901년 예배당을 신축하여 시작된 자골교회는 교인의 증가로 1908년 4월 인근 도렴동으로 이전하고 1910년 예배당을 완공하였다. 배화학당 역시 학생수가 증가함에 따라 1913년 누하동 149번지를 매입하여 2층 벽돌조 교사(캐롤라이나관)와 선교사주택, 기숙사 3동을 신축하고 1915년 1월 9일 봉헌식을 거행하였다. 누하동 부지는 총 3,198.25평으로 인근 필운동 부지까지 합쳐 총 4,403평에 이르는 부지를 확보하였다. 1922～1924년에는 운동장의 확장과 캐롤라니아관(교사) 증축 및 캠벨기념관 신축을 위

14 서울특별시, 《사직동 선교사 주택 기초조사》, 2020, 31～61쪽.

〈그림 6〉 감리교 협성신학교 초창기 모습
출처: 감리교 신학대학 홈페이지.

〈그림 7〉 1915년경 감리교 협성신학교
출처: 감리교 신학대학 홈페이지.

하여 인근 부지들의 추가 매입이 이루어졌다. 1925년에는 배화학당의 교명을 배화여자고등보통학교로 승격, 개명하였으며 캠벨기념관을 신축하였다.[15]

한편 1907년 남감리회와 북감리회는 연합으로 감리교 협성신학교를 설치하고 1910년 냉천동 31번지의 전 규장각 부지 약 4,832평과[16] 한옥 6동을 구입하여 임시교사로 사용하며 이전하였다. 이후 현재 탁사기념관으로 사용하고 있는 3층 벽돌조 양옥건물인 기숙사와 역사박물관으로 사용하고 있는 2층 벽돌조 양옥건물인 선교사 주택 등을 건립하였으며, 1915년에는 캠벨 부인의 기부로 3층 양옥의 캠벨기념관을 건립하여 교수실과 교실로 사용하였다. 캠벨기념관은 1918년 화재로 전소되었으나 1921년 다시 지하1층, 지상4층 규모의 붉은 벽돌 양옥을 건립하였다. 감리교 협성신학교는 1925년 충정로3가 8번지에 위치하였던 감리교 협성여자 신학교와 통합하여 1931년부터는 4년제 남녀공학 전문학교인 감리교 신학교가 되었다.

한양도성 내에 속하는 연지동과 내자동, 사직동으로의 선교기지 이

15 문화재청, 《배화여고 캠벨관 기록화 조사보고서》, 2020, 47쪽.
16 1917년 지적목록에서 감리교가 소유한 냉천동 31번지의 면적이다.

전 및 도성 밖 냉천동의 감리교 신학교 건설은 서양인들이 19세기 말 서양인 거주지였던 정동을 벗어나 거주하게 되는 계기가 되었다. 사직동 선교기지를 제외한 나머지 지역은 모두 학교와 교회, 선교사 주택과 학생 기숙사가 같이 있는 유형으로, 기독교 교육을 받는 조선인 학생들은 기숙사에서 선교사들과 함께 생활하며 기독교인으로서의 생활양식 뿐 아니라 서양식 생활을 익혀 나갔다. 각 선교기지가 위치했던 장소에는 현재도 기독교계열 학교와 선교사 주택 등이 남아 그 흔적을 살펴볼 수 있다.

### 3) 서대문 밖으로의 주요 시설 이전

19세기 말 한국 내에서의 청·일·서양 각 국의 경쟁은 이들의 거류지에도 직접적으로 영향을 주어, 시기별 각 국의 세력에 따라 각 거류구역은 확장되기도 축소되기도 하였다. 특히 청일전쟁 이후에는 청국의 세력이 줄어들고 일본과 서양의 세력이 증대하였으며,[17] 러일전쟁 후에는 러시아를 비롯한 서양 각국이 한국에서 철수하게 됨에 따라[18] 정동 일대의 서양인 거류구역은 대폭 축소되고 일본인들의 거류구역은 확장되는 경향을 보였다. 한편 1900년 서대문정거장 설치 이후에는 이 일대가 서울의 관문 역할을 하게 됨에 따라 이 일대의 필지들을 서양인들이 다수 매입

17 1893년경 약 3,000여 명에 달했던 청국인은 청일전쟁이 일어남에 따라 대부분 귀국하였다가 전쟁이 끝나고 대부분이 다시 돌아왔다고 한다(조선총독부, 《朝鮮に於ける支那人》, 1924, 48쪽). 그러나 이후 한성부 내 청국인은 1897년 1,283명, 1898년 981명의 규모로 급격히 줄어들고 있음을 알 수 있다. 한편 같은 시기 일본인의 경우 1897년 1,758명, 1898년 1,734명으로 한성부 내 외국인 중 가장 많은 비율을 차지하고 있음을 알 수 있다(왕현종, 앞의 글, 1998, 28쪽).

18 러시아의 경우 1904년 2월 러일전쟁의 개전 후 파블로프 공사가 떠난 후 다시 돌아오지 않았으며, 영국, 독일, 프랑스 공사도 각각 1905년 11월, 12월 그리고 1906년 1월에 모두 철수하였다(손정목, 〈開港期 漢城 外國人居留의 過程과 實態〉《향토서울》 38, 1980, 65쪽).

하였고, 영사관을 비롯하여 종교 및 교육시설 등으로 사용하였다. 일제 강점 이후 서양인 소유의 필지들은 일본인 소유로 다수 변화하였다.[19]

러일전쟁 이후 1905~1906년 서양 각국의 공사관이 철수하고, 각 국의 영사관들이 서대문 밖에 설치되었다. 독일영사관은 1906년 평동 26번지에 위치한 콜브란H.Colbran[20]의 주택을 매입하여 사용하였으며, 1910년 10월 1일에는 프랑스영사관이 충정공 민영환의 소유 대지였던 합동 30번지로 이전하였다.

한편 한국 내 주요 교파였던 장로회와 북감리회, 남감리회 이외의 소수 교파들의 본부 역시 서대문 밖에 설치되었다. 구세군본영은 1908년 10월 평동 76번지 허가두 정령의 자택에 구세군 본영을 마련하고 선교활동을 시작하였다. 한 달 후인 11월 구세군본영은 서부 야주개로 이전하였으나,[21] 평동 76번지에는 구세군 사관학교가 1913년 11월 11일 개교하였다. 한편 1918년에는 구세군 사관학교 한 실에 고아 23명을 수용 보호하여 육아홈(구세군 서울후생원의 전신)의 시작이 되었다. 육아홈은 1922년 이후 아현으로 이전하였다고 되어 있으나, 《대경성부대관》에 따르면 남자육아홈은 아현에, 여자육아홈은 죽첨정에 위치하였다.[22]

1895년 한국지부를 설치한 영국성서공회는 송월동 32-6번지에 위치하였는데, 1906~1907년경 헤르만 산더의 사진에 영국성서공회 건물

19 이고운, 〈돈의문 밖 교남동 도시조직 변화에 관한 연구〉, 한국예술종합학교 석사학위논문, 2013, 32~75쪽 참조.

20 한성전기회사의 콜브란(H.Colbran)이 1900년 평동 26번지를 매입하여 건축한 건물을 1906년부터 독일영사관으로 사용하였다(김태영, 《한국근대도시주택》, 기문당, 2003, 204~205·212쪽).

21 《황성신문》 1908년 10월 25일.

22 1928년에는 정동1번지로 구세군 사관학교는 건물을 신축하고 이전하였는데, 현재도 정동의 구세군 사관학교 건물은 남아 있다.

〈그림 8〉 인왕산 산자락에서 영국성서공회가 있는 송월동 일대까지 이어지는 영역
출처: 국립민속박물관, 《독일인 헤르만 산더의 여행》, 2006, 170쪽.

이 촬영되어 있는 것으로 보아 그 이전에 건축된 것으로 파악된다. 1914년에는 휴 밀러 선교사가 이곳에 위치한 사택에 거주하였으며, 1936년에는 기독교회선교부Korean Christian Mission를 설립한 존 채이스 선교사가 이곳을 임대하였다가, 1939년 매입하여 선교부 건물로 사용하였는데, 지하실에는 조선인을 위한 성서훈련원Korean Bible Training Institute을 설립하고 신약성서기독교를 강의하였다. 헤르만 산더의 사진에서 보이듯, 1906~1907년경 이 일대는 영국성서공회 건물과 인근 서양식 건축물을 제외하고는 일부 기와집과 다수의 초가로 구성되어 있었다. 1900년대 초반 서양인들의 서대문 밖 거주는 매우 늘어 1913년 당시 죽첨정1정목과 평동 일대는 대규모 필지의 경우 국유지를 제외하고는 대부분 미국, 프랑스, 영국, 독일 등 서양인들이 소유할 정도였다.[23]

23 이고운은 이를 서대문역의 개통 등 신문로 주변이 교통의 중심지로서 급부상함에 따른 토지 투기현상으로 해석하였다(이고운, 앞의 글, 2013, 33쪽).

〈그림 9〉 일제강점기 서울의 주요 서양인 시설(필자 제작)

## 3. 일제강점기 서울 서부지역 도시변화와 연희전문학교의 모범촌 건설

### 1) 서대문 밖 도시 변화와 서양인 거주지

1914년 7월 경성시구개수 예정노선 15번인 경희궁 앞에서 독립문통(현재의 의주로)을 잇는 서대문통의 개수가 시작되었다. 이 도로개수공사를 통해 서대문통은 직선화되었고, 서대문은 1915년 전차 복선화에 따른 도로확장에 따라 철거되었다. 또한 1907년 남대문 북측 성벽 철거 이후 1908년 9월 서소문과 남대문 좌우 성벽이 철거되었고, 1914년과 1915년에는 서소문과 서대문이 각각 철거되며 주변의 성벽 역시 철거되었다. 또한 서대문사거리 주변으로는 관공서 및 병원 등 주요 시설들이 자리 잡았다. 한성부가 있던 자리에는 1914년 행정구역개편에 따라 고양군청이 설치되었으며, 서대문사거리에는 1923년 일본적십자조선본부 병원이 신축되었다. 또한 서대문사거리 주변으로는 1915년 서대문정거장의 설치와 함께 서대문 우편국이, 1921년에는 서대문경찰서가 신축되었다. 이처럼 도로확장과 한양도성의 철거, 주요시설의 이전은 서대문 외곽 일대의 도시 변화를 만들어냈다.

1900년대 초 서양인들이 서울의 서대문 밖 지역에 다수의 대형 필지를 소유하고 있었던 상황 역시 변화하였다. 1906년 설치되었던 독일총영사관은 1914년에 일본-독일의 외교관계가 단절됨에 따라 폐쇄되었으며, 1920년에는 조선식산은행에서 매입하여 합숙사(청운료清雲寮)가 되었다. 1913년 죽첨정1정목과 평동 일대 서양인들이 소유했던 대규모의 필지들은 1927년에는 일본인의 소유가 되었으며 이는 1920년대 이후 경성부의 인구증가로 인한 주택난과 지가 상승과 함께 이루어진 것이었다.[24]

서대문 주변의 도시 개발은 가속화되어 죽첨정 일대에서는 1928년 일본인 마스다 다이요시[増田大吉]가 개발한 금화장 문화주택지를 비롯하여 주택 개발이 활발하게 이루어졌다.[25] 1912년 경성시구개수계획에서는 교북동과 의주통을 잇는 19번 노선(현재의 의주로)이 계획되긴 하였으나 이는 1927년 말까지 시행되지 않은 상황이었다.[26] 실제로 이 구간의 도로개수공사가 시행된 것은 1932년 이후로 서대문 사거리에서 현재의 서대문형무소 일대인 현저동까지 12칸으로 도로를 확장하는 공사가 이루어졌다.[27] 1935년 10월 1일부터는 서대문~독립문 구간의 독립문 전차가 개통하며 1930년대 서대문 밖 의주로 주변은 크게 변화하였다.[28] 1933년 6월 24일 《동아일보》 기사 〈신록의 대경성부감기(11)〉에서는 서대문사거리 일대가 서쪽의 진고개라 할 만큼 복잡하고 번화하였음을 언급하고 있으며, 《朝鮮と建築》 1934년 12월호 〈최근조선건축계: 大京城市西部伸展現狀〉에서는 서대문 일대가 최근 발전하여 3만 명의 인구를 돌파하였으며, 금화장주택지 200호, 외국인 주택 뿐 아니라 그리고 22만 평의 연희장주택도 기초공사 중임을 언급하고 있다.

서대문 일대의 개발로 인해 죽첨정, 평동을 비롯한 서대문 밖 의주로 부근의 일본인 비중은 1930년대에 들어서며 점차 늘어 1925년 이후 10년간 일본인 인구는 죽첨정1정목의 경우 9%, 죽첨정2정목은 7.7%, 죽첨

24 이고운은 이와 같은 현상의 원인을 1919년 서대문역의 폐쇄와 신문로 일대 회사들의 설립으로 들고 있다(이고운, 앞의 글, 2013, 75쪽).

25 김주야, 〈石田潤一郎, 1920-1930년대에 개발된 金華莊주택지의 형성과 근대주택에 관한 연구〉 《서울학연구》 32, 2008, 152~153쪽.

26 서울역사편찬원, 《(국역)경성도시계획조사서》, 2016, 115쪽.

27 《소화7년도소속(의주통현저동간)경성시구개수공사개산계획변경인가의건(도면첨부) 1932》(국가기록원, 관리번호: CJA0013835).

28 《동아일보》 1935년 10월 2일.

정3정목은 8.1%, 평동은 3.8% 증가하는 양상을 보였다. 그러나 기타 인구에 속하는 서양인 인구는 큰 변동없이 유지되는 경향을 보였다.[29] 서양인 인구는 1920~1930년대에도 대부분 서울의 서남쪽에 분포하였던 것으로 파악된다. 서양인 거주지가 처음 만들어졌던 정동에는 여전히 가장 많은 서양인 인구가 있었으며, 남감리교회 선교사촌이 위치한 사직동과 감리교 협성신학교가 위치한 냉동, 캐나다 연합장로회 본부이자 선교사 주택이 위치한 죽첨정2정목과 동양성서공회가 위치한 죽첨정3정목, 세브란스의전이 위치한 남대문정5정목 등의 서양인 비중이 높게 나타났다.[30]

전체적인 인구 증가와 지가 상승으로 인해 사직동의 선교기지 역시 1938년 이후 그 면적이 1/3 이하로 줄어들었지만[31] 죽첨정2·3정목, 냉천정과 사직동, 송월동 등 언덕 위에는 여전히 서양인 소유의 기독교계 학교와 주택들이 다수 분포하였다. 감리교 협성신학교를 비롯하여 성서학원, 구세군성경학교 등을 비롯하여 감리교 신학교 내의 선교사주택들,

29 일제강점기 대만인이나 남양군도인이 일본인으로 분류되었는지, 기타로 분류되었는지 등은 정확하지 않으나 이들의 수는 소수였을 것으로 보고 이 연구에서는 기타를 서양인으로 가정하고 분석하였다.

30 1925년 경성의 전체 인구는 26만 1,610명으로 이중 조선인은 17만 8,470명, 일본인은 7만 8,116명, 중국인은 4,286명이었다. 외국인은 총 381명으로 전체 인구의 0.134%에 지나지 않았다. 10년 후인 1935년 경성의 전체 인구는 43만 7,404명으로 이중 조선인은 31만 642명, 일본인은 11만 9,040명, 만주국인은 56명, 중국인은 6,812명이었다. 외국인은 총 548명으로 전체 인구의 0.125%로 전체 인구수는 늘었지만 비중은 오히려 줄어든 경향을 보였다. 1925년 외국인이 거주 중인 정·동은 전체 160개 정·동 중 30개였으며, 1935년에는 전체 198개 중에 46개였다. 이 수치는 이준식, 〈일제강점기 경성부의 공간구조 변화와 인구변동; 1925~1935년의 민족별 거주지분리를 중심으로〉《향토서울》69, 2007, 318~320쪽의 〈표 5〉와 323~325쪽의 〈표 7〉을 바탕으로 작성했다.

31 서울특별시, 앞의 책, 2020, 74~79쪽.

현재는 서울한국기독교장로회총회 선교교육원 건물로 사용 중인 맨스필드 주택 그리고 행촌동 언덕 위의 앨버트 테일러가 건립한 딜쿠샤, 홍파동의 독일 선교사 주택(현재의 홍난파가옥), 사직동의 감리교 선교사 사택 등이 서대문 주변 언덕 위에 위치하였다.

한편 1919년에는 서대문역이 폐쇄되었고, 1915년 기공한 용산-수색 간 경의선 철도[32]는 1921년 남대문-신촌-수색을 잇는 선로를 완공하여 전체적으로 개통하였다.[33] 또한 1917년 연희전문학교가 연희면 신촌리로, 1935년에는 이화여자전문학교가 연희면 대현리로 이전하며 기독교 교육기관의 캠퍼스들이 경성부 외 인접면인 연희면 일대에 자리 잡았다. 남대문에서 신촌을 거쳐 수색을 잇는 철로의 부설과 캠퍼스의 건설 등은 당시로서는 경성부 외부 지역이었던 연희면 일대가 점차 도시화되는 결과를 가져왔다. 실제로 1916년 이후 12년간 연희면의 인구 증가는 인구 1,000명 대비 47명으로 6개 인접면 중 북면·숭인면에 이어 세 번째로 높았다. 경성부의 인구 증가가 18명인데 비해 연희면의 인구 증가수는 약 2.6배 높은 수준이었으며 특히 경성부와의 경계에 위치한 아현리와 아현북리, 신촌역이 위치한 대현리는 각각 100명, 81명, 62명으로 인접면 56리 중에서도 7번째, 13번째, 17번째로 높은 편이었다.[34] 연희면의 전체 인구는 1920년 7,091명 1925년 1만 2,079명, 1940년 1만 4,806명, 1935년 2만 646명으로 증가세를 보였으며, 1936년 4월 대경성구역확장안이 시행됨에 따라 경성부에 편입되었다.

32 《매일신보》 1918년 12월 4일.

33 《동아일보》 1921년 6월 12일.

34 서울역사편찬원, 앞의 책, 2016, 32~37쪽.

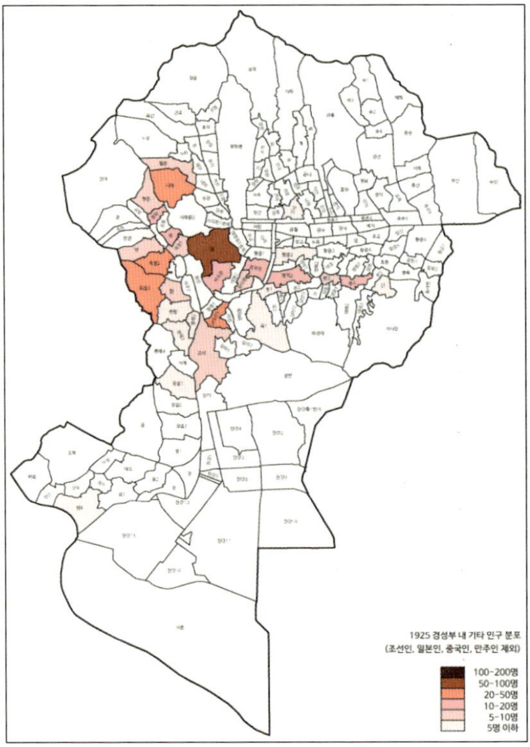


〈그림 10〉 1925년 경성부 내 기타 인구 분포
(〈표 1〉을 바탕으로 필자 작성)

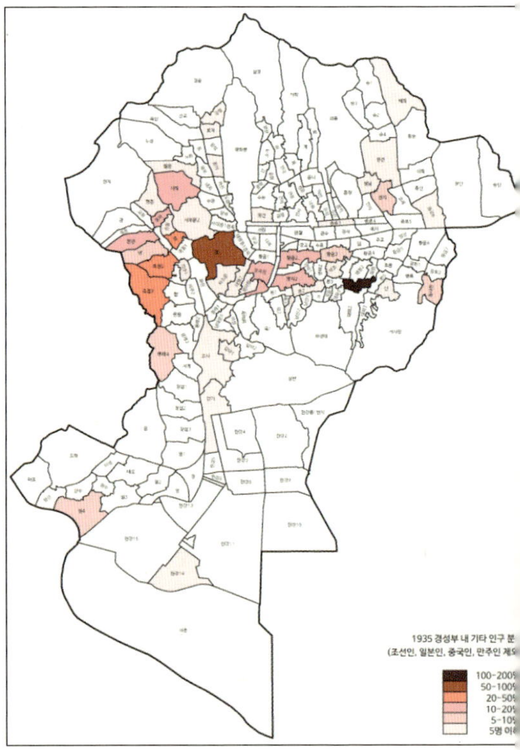

〈그림 11〉 1935년 경성부 내 기타 인구 분포
(〈표 2〉를 바탕으로 필자 작성)

〈표 1〉 1925년 당시 경성부의 인구분포

(단위: 명, %)

| 町洞名 | 조선인 | 일본인 | 만주국인 | 중국인 | 기타 | 합계 | 조선인비율 | 일본인비율 |
|---|---|---|---|---|---|---|---|---|
| 貞洞 | 634 | 176 | | 155 | 92 | 1,057 | 60 | 16.7 |
| 竹添町3丁目 | 4,161 | 295 | | 17 | 47 | 4,520 | 92.1 | 6.5 |
| 南大門通5丁目 | 646 | 713 | | 47 | 39 | 1,445 | 44.7 | 49.3 |
| 竹添町2丁目 | 1,214 | 413 | | 17 | 26 | 1,670 | 72.7 | 24.7 |
| 社稷洞 | 2,882 | 80 | | 5 | 22 | 2,989 | 96.4 | 2.7 |
| 明治町2丁目 | 494 | 1,438 | | 73 | 15 | 2,020 | 24.5 | 71.2 |
| 紅把洞 | 1,689 | 12 | | 0 | 14 | 1,715 | 98.5 | 0.7 |
| 西小門町 | 583 | 586 | | 668 | 13 | 1,850 | 31.5 | 31.7 |
| 長谷川町 | 151 | 544 | | 651 | 13 | 1,359 | 11.1 | 40 |
| 平洞 | 1,204 | 383 | | 1 | 13 | 1,601 | 75.2 | 23.9 |
| 本町4丁目 | 254 | 1,935 | | 46 | 12 | 2,247 | 11.3 | 86.1 |
| 杏村洞 | 2,037 | 28 | | 0 | 7 | 2,072 | 98.3 | 1.4 |
| 冷洞 | 1,622 | 139 | | 5 | 7 | 1,773 | 91.5 | 7.8 |
| 弼雲洞 | 2,717 | 60 | | 0 | 6 | 2,783 | 97.6 | 2.2 |
| 竹添町1丁目 | 629 | 219 | | 23 | 6 | 877 | 71.7 | 25 |
| 本町3丁目 | 216 | 1,384 | | 45 | 6 | 1,651 | 13.1 | 83.8 |
| 古市町 | 535 | 880 | | 24 | 6 | 1,445 | 37 | 60.9 |
| 北米倉町 | 785 | 610 | | 114 | 5 | 1,514 | 51.8 | 40.3 |
| 松月洞 | 1,286 | 58 | | 4 | 5 | 1,353 | 95 | 4.3 |
| 蛤洞 | 1,636 | 190 | | 0 | 5 | 1,831 | 89.4 | 10.4 |
| 仁寺洞 | 2,337 | 63 | | 10 | 4 | 2,414 | 96.8 | 2.6 |
| 黃金町2丁目 | 1,033 | 1,288 | | 34 | 3 | 2,358 | 43.8 | 54.6 |
| 新町 | 198 | 1,343 | | 15 | 3 | 1,559 | 12.7 | 86.1 |
| 青葉町1丁目 | 2,272 | 346 | | 12 | 3 | 2,633 | 86.3 | 13.1 |
| 旭町1丁目 | 406 | 2,472 | | 63 | 2 | 2,943 | 13.8 | 84 |
| 蓬萊町3丁目 | 1,366 | 272 | | 15 | 2 | 1,655 | 82.5 | 16.4 |
| 元町4丁目 | 971 | 153 | | 6 | 2 | 1,132 | 85.8 | 13.5 |
| 永樂町2丁目 | 242 | 959 | | 16 | 1 | 1,218 | 19.9 | 78.7 |
| 本町1丁目 | 210 | 898 | | 7 | 1 | 1,116 | 18.8 | 80.5 |
| 中林洞 | 3,188 | 171 | | 2 | 1 | 3,362 | 94.8 | 5.1 |

출처: 이준식, 앞의 글, 2007의 〈표 5〉를 바탕으로 재작성.

〈표 2〉 1935년 당시 경성부의 인구분포

(단위: 명, %)

| 町洞名 | 조선인 | 일본인 | 만주국인 | 중국인 | 기타 | 합계 | 조선인비율 | 일본인비율 |
|---|---|---|---|---|---|---|---|---|
| 本町4丁目 | 478 | 2,255 | 0 | 51 | 179 | 2,801 | 17.1 | 80.5 |
| 貞洞 | 718 | 178 | 4 | 84 | 63 | 1,047 | 68.6 | 17 |
| 竹添町2丁目 | 1,024 | 515 | 0 | 12 | 37 | 1,588 | 64.5 | 32.4 |
| 南大門通5丁目 | 849 | 764 | 2 | 33 | 31 | 1,679 | 50.6 | 45.5 |
| 竹添町3丁目 | 5,220 | 897 | 3 | 10 | 28 | 6,158 | 84.8 | 14.6 |
| 平洞 | 1,167 | 455 | 0 | 0 | 22 | 1,642 | 71.1 | 27.7 |
| 黃金町2丁目 | 1,519 | 1,265 | 0 | 38 | 19 | 2,842 | 53.4 | 44.5 |
| 明治町2丁目 | 884 | 1,715 | 1 | 88 | 18 | 2,706 | 32.7 | 63.4 |
| 南大門通3丁目 | 106 | 302 | 0 | 21 | 14 | 443 | 23.9 | 68.2 |
| 社稷洞 | 4,557 | 143 | 0 | 3 | 14 | 4,717 | 96.6 | 3 |
| 長谷川町 | 184 | 429 | 7 | 599 | 14 | 1,433 | 12.8 | 29.9 |
| 天然洞 | 1,373 | 39 | 0 | 10 | 13 | 1,435 | 95.7 | 2.7 |
| 紅把洞 | 2,477 | 12 | 0 | 0 | 10 | 2,499 | 99.1 | 0.5 |
| 蓮池洞 | 2,807 | 475 | 0 | 5 | 9 | 3,309 | 84.8 | 14.4 |
| 冷洞 | 2,249 | 220 | 0 | 0 | 8 | 2,477 | 90.8 | 8.9 |
| 黃金町3丁目 | 1,348 | 1,980 | 0 | 83 | 7 | 3,418 | 39.4 | 57.9 |
| 東四軒町 | 261 | 789 | 0 | 0 | 6 | 1,056 | 24.7 | 74.7 |
| 蓬萊町4丁目 | 7,920 | 340 | 3 | 14 | 5 | 8,282 | 95.6 | 4.1 |
| 元町4丁目 | 1,230 | 168 | 0 | 0 | 5 | 1,403 | 87.7 | 12 |
| 杏村洞 | 4,561 | 40 | 0 | 0 | 4 | 4,605 | 99 | 0.9 |
| 本町2丁目 | 601 | 1,901 | 1 | 39 | 3 | 2,545 | 23.6 | 74.7 |
| 北米倉町 | 675 | 1,012 | 0 | 122 | 3 | 1,812 | 37.3 | 55.8 |
| 弼雲洞 | 3,032 | 78 | 0 | 0 | 3 | 3,113 | 97.4 | 2.5 |
| 宮井洞 | 670 | 295 | 0 | 0 | 2 | 967 | 69.3 | 30.5 |
| 吉野町1丁目 | 858 | 1,494 | 0 | 12 | 2 | 2,366 | 36.3 | 63.1 |
| 西小門町 | 451 | 642 | 14 | 1,635 | 2 | 2,744 | 16.4 | 23.4 |
| 松月洞 | 1,237 | 148 | 0 | 0 | 2 | 1,387 | 89.2 | 10 |
| 新町 | 233 | 1,311 | 0 | 18 | 2 | 1,564 | 17.8 | 83.8 |
| 若草町 | 365 | 1,458 | 0 | 24 | 2 | 1,850 | 89.2 | 78.8 |
| 元町2丁目 | 437 | 2,202 | 0 | 31 | 2 | 2,672 | 16.4 | 82.4 |

| 町洞名 | 조선인 | 일본인 | 만주국인 | 중국인 | 기타 | 합계 | 조선인비율 | 일본인비율 |
|---|---|---|---|---|---|---|---|---|
| 竹添町1丁目 | 681 | 371 | 0 | 37 | 2 | 1,091 | 62.4 | 34 |
| 惠化洞 | 1,710 | 323 | 0 | 0 | 2 | 2,043 | 83.7 | 15.8 |
| 孝子洞 | 1,467 | 706 | 1 | 12 | 2 | 2,188 | 67 | 32.3 |
| 岡崎町 | 651 | 2,223 | 1 | 58 | 1 | 2,934 | 22.2 | 75.8 |
| 古市町 | 395 | 1,977 | 0 | 57 | 1 | 2,430 | 16.3 | 81.4 |
| 南山町1丁目 | 79 | 477 | 0 | 10 | 1 | 567 | 13.9 | 84.1 |
| 蓮建洞 | 1,855 | 989 | 0 | 29 | 1 | 2,875 | 64.5 | 34.4 |
| 西大門町2丁目 | 1,643 | 741 | 0 | 45 | 1 | 2,430 | 67.6 | 30.5 |
| 苑南洞 | 1,059 | 1,040 | 0 | 18 | 1 | 2,119 | 50 | 49.1 |
| 義州通1丁目 | 1,065 | 472 | 0 | 17 | 1 | 1,555 | 68.5 | 30.4 |
| 鍾路3丁目 | 1,261 | 15 | 0 | 77 | 1 | 1,354 | 93.1 | 1.1 |
| 鍾路6丁目 | 3,443 | 211 | 0 | 9 | 1 | 3,664 | 94 | 5.8 |
| 淸進洞 | 3,192 | 40 | 0 | 22 | 1 | 3,255 | 98.1 | 1.2 |
| 太平通2丁目 | 1,860 | 988 | 11 | 942 | 1 | 3,804 | 48.9 | 26 |
| 通義洞 | 1,849 | 471 | 0 | 14 | 1 | 2,335 | 79.2 | 20.2 |
| 漢江通16番地 | 255 | 2,630 | 0 | 13 | 1 | 2,899 | 8.8 | 90.7 |

출처: 이준식, 앞의 글, 2007의 〈표 7〉을 바탕으로 재작성.

## 2) 연희전문학교의 캠퍼스 건설

현재 연세대학교가 위치한 서울시 서대문구 신촌동은 조선시대에는 한성부 성외 연희방延禧坊에 속한 곳으로, 새터말 혹은 신촌리라 불렸다. 이 지역은 조선 초 연희궁延禧宮이 있었던 주변으로, 세종 때에는 이곳에 양잠을 위한 잠실을 설치하여 서잠실西蠶室이라 불렸다. 일제강점기인 1911년 4월 1일 경기도령 제 3호에 의해 5부 8면제를 실시하며 경성부 연희면 신촌리라 하였다가 1914년 3월 1일 경기도령 제 1호에 의해 경기도 고양군 연희면에 속하여 신촌리가 되었다.

연세대학교 캠퍼스 내부에는 영조의 후궁이자 사도세자의 생모인 영빈 이씨 묘소인 수경원綏慶園[35]이 있었으나 1917년 4월 정식으로 설립인

가를 받은 사립 연희전문학교Chosen Christian College가 같은 해 7월 신촌리에 위치한 이왕직李王職 및 탁지부 소유의 수경원 일대 국유림(보안림) 약 14만 7,360평을 2만 4,618원에 매입[36]함으로써 수경원을 둘러싼 일대에 연희전문학교 캠퍼스가 조성되었다. 당시 수경원 국유림 조사서를 살펴보면 수경원은 이왕직 소유, 바로 인근의 부지는 탁지부 소유였으며 주변의 국유림은 갑, 을, 병의 세 등급으로 나누어져 있었다. 각 부지는 1필당 각 48원, 30원, 12원으로 지가가 설정되었으며 갑은 부근 창천리, 신촌리, 세교리의 중급 밭의 평균 지가를, 을은 하급 지가를, 병은 신촌리 산야의 평균 지가를 각각 설정하여 토지가격을 설정하였다. 당시 수경원 국유림의 면적은 약 21만 8,400평에 이르렀는데, 이 중 연희전문학교가 매입한 부지는 이 중 약 67%에 해당하는 필지였다.

그렇다면 연희전문학교가 1910년대로서는 서울의 변두리였던 연희면에 자리를 잡게 된 이유는 무엇이었을까? 앞에서 설명한 바와 같이 수경원 일대 국유림의 대규모 부지를 매입 가능하였기 때문에 이곳에 연희전문학교가 자리 잡게 된 것이었다. 그러나 연희면 신촌리가 가지고 있는 입지적 특성, 즉 1915년 시작된 용산-수색 간 경의선 공사로 인해 향후 기차로 통행이 가능함과 마포로 등의 간선도로를 통해 자동차로 도심부까지 10여 분 걸려 이동할 수 있는 교통편의 등의 도시적 상황 역시 영향을 주었다. 또한 혼잡한 도심에서 벗어나 이상적인 대학촌을 조성할 수 있는 조용한 분위기와 캠퍼스 계획에서 필수적인 장래 증축 가능한 주변

35 처음에는 묘제에 맞게 조성되었으나 1899년 수경원으로 높여지며 홍살문, 정자각, 비각 등을 추가로 설치하여 원의 형식에 맞게 조성하였다. 이후 수경원은 1970년에 서오릉으로 이장되었으며, 현재 연세대학교 내부에는 정자각과 비각이 남아 있다.

36 《국유임야매각원허가의건-경기도고양군연희면신촌리. 연희리-사립연희전문학교》(국가기록원, 관리번호: CJA0010436).

부지의 확보 등이 이유가 되었을 것이다. 이는 연희전문학교 캠퍼스 건설이 시작되던 당시인 1920년 발간된 《Korea, Handbook of Missions》에서도 확인해 볼 수 있다. 이 책에서는 연희전문학교 캠퍼스가 자동차와 기차로 도심에서 쉽게 접근 가능한 지역으로, 극동지역에서 가장 이상적인 캠퍼스 부지라고 소개하였다.[37] 또한 1930년대 초 발간된 연희전문학교의 팜플렛에도 이상적인 캠퍼스 부지로서의 연희전문학교 부지 개발을 상세하게 설명하고 있다.

> 서울이라는 대도시의 정신없음과 나쁜 영향에서 어느 정도 떨어있는 동시에 대도시의 문화적 이점을 얻기에는 적합치 않으나 연희전문학교의 부지는 앞으로 다양한 가능성들을 담기에 충분히 큰 규모이다. 연희전문학교 부지는 농과대학을 발전시키고, 교각과 건물, 터널과 모든 종류의 건설에 관한 실제적인 공학 교육을 가능케할 수 있는 큰 부지를 소유하고 있다. 또한 아름다운 주변 경관을 가지고 있어 학생들의 정서 함양에 좋을 뿐 아니라 시적 상상력을 고양시켜줄 수 있고, 문화적 역량 역시 키워줄 수 있는 곳이다. 남쪽으로 탁 트인 경관을 가진 연희전문의 북쪽 언덕에는 단풍나무와 밤나무, 오크나무 등이 우거져 있으며 운동장과 주거지를 만들 수 있는 평지 역시 풍부하게 배치되고 있다. 현재 다양한 종류의 농업 교육이 가능한 논밭이 있는 최소 300에이커(약 36만 7,252평)의 땅을 구매할 계획을 가지고 있는데, 이미 4만 달러의 예산으로 1만 2,000여 그루의 큰 나무가 포함된 200에이커(약 24만 4,834평) 이상의 대지를 구매하였다.[38]

37 The Federal Council of Korea, *Korea, Handbook of Missions*, the Federal Council of Korea and the Interchurch World Movement of North America, 1920, p.40.

38 조선기독대학 팜플렛(Chosen Christian College)은 첫 페이지에 1930년까시의 현재 상황을 다루고 있다는 언급이 있어 적어도 1930년대 초에 작성된 것임을 알 수

이 내용을 통해 1930년대초 연희전문학교는 향후 농과대학과 공과대학의 실습을 위한 대지를 적어도 약 100에이커 더 매입하고자 하는 캠퍼스 확장 계획을 가지고 있었음을 알 수 있다. 실제로 1917년 이후 연희전문학교는 인근 부지 매입을 계속하여 1938년경 약 26만 8,838평의 캠퍼스 부지를 확보하게 되었다. 1917년의 수경원 국유림 지도와 1936년 연희전문 배치도를 비교해보면 수경원 국유림 부지 전부 및 탁지부 부지들을 모두 매입하였으며, 국유림 인접 부지까지 매입하여 확장한 것을 알 수 있다.

서양인 선교사들뿐 아니라 조선인들에게도 연희전문학교 캠퍼스는 이상적 서양촌이라는 인식을 심어주었던 것으로 보인다. 다음은 1922년 12월 《개벽》에 실린 기사의 일부이다.

> 西洋人이란 대체- 어떤 방면으로 보든지 장래성이 만켓다. 그리고 일하는 솜씨가 굴즛굴즛하겟다. 어느 곳을 가든 외따름하고 놉고 평평하고 景色조흔 곳이란 先占을 하것다. 금전의 힘도 이려니와 어쨋든 遠慮만흔 사람들이야…. 이곳도 한 적막한 산촌이드니만 於焉間 훌륭한 理想的 西洋村이 되얏구나. 山上山下 松林사이에 웃둑웃둑이 놉히 소슨 저- 양옥들 아이 부러워라 하고. 누가 보든지 이곳을 오면 이상적 서양촌이라 할 것입니다. 延禧專門은 잇는지 업는지 先見者가 아니고는 용이히 모르게 되얏습니다. 洞口 외에서는 校舍도 만이 보이고 등교 하교의 시간 외에는 학생도 아니 보이니까 초행인은 학교유무는 想感도 못할 것이외다. 그저 〈西洋村!〉할 뿐이외다.[39]

있다. 이 내용에는 캠퍼스 부지와 교내 교수사택과 기숙사, 모범촌, 건축 계획 등에 대한 상세한 내용과 사진 등이 실려 있어 당시 연희전문학교의 캠퍼스 상황에 대해 자세한 내용을 알 수 있다.

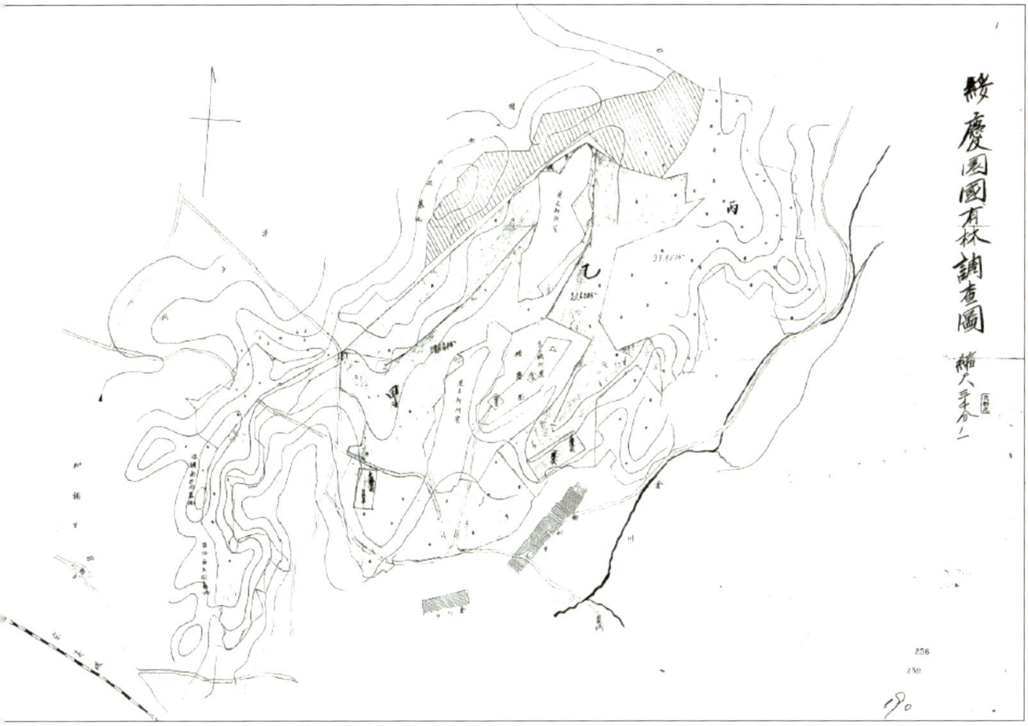


〈그림 12〉 수경원국유림조사도
출처: 국가기록원.

이 기사를 통해 당시 연희전문학교 캠퍼스가 위치한 신촌리는 산 아래 언덕 위에 서양식 건물들이 들어선 한적한 분위기였음을 알 수 있다. 이 글을 쓴 박달성은 당시 연희전문학교 캠퍼스의 건립 이후 적막한 산촌이었던 신촌리 일대가 이상적 서양촌이 되었다고 언급하고 있어 앞서 언급한 자료들과 공통점을 보인다.

이상적 서양촌으로 도심 밖 변두리에 건설된 연희전문학교 캠퍼스의 마스터 플랜은 머피앤다나 건축사무소Murphy & Dana Architects에서 1917년 12월 27일에 처음으로 작성하였다. 이 계획에 따르면 남북으로 뻗은 백양로를 중심으로 백양로의 북측에는 교사校舍들과 기숙사를 두었고, 백양

39 朴達成, 〈延禧에서 西營學府를 보고〉《개벽》30, 1922, 70쪽.

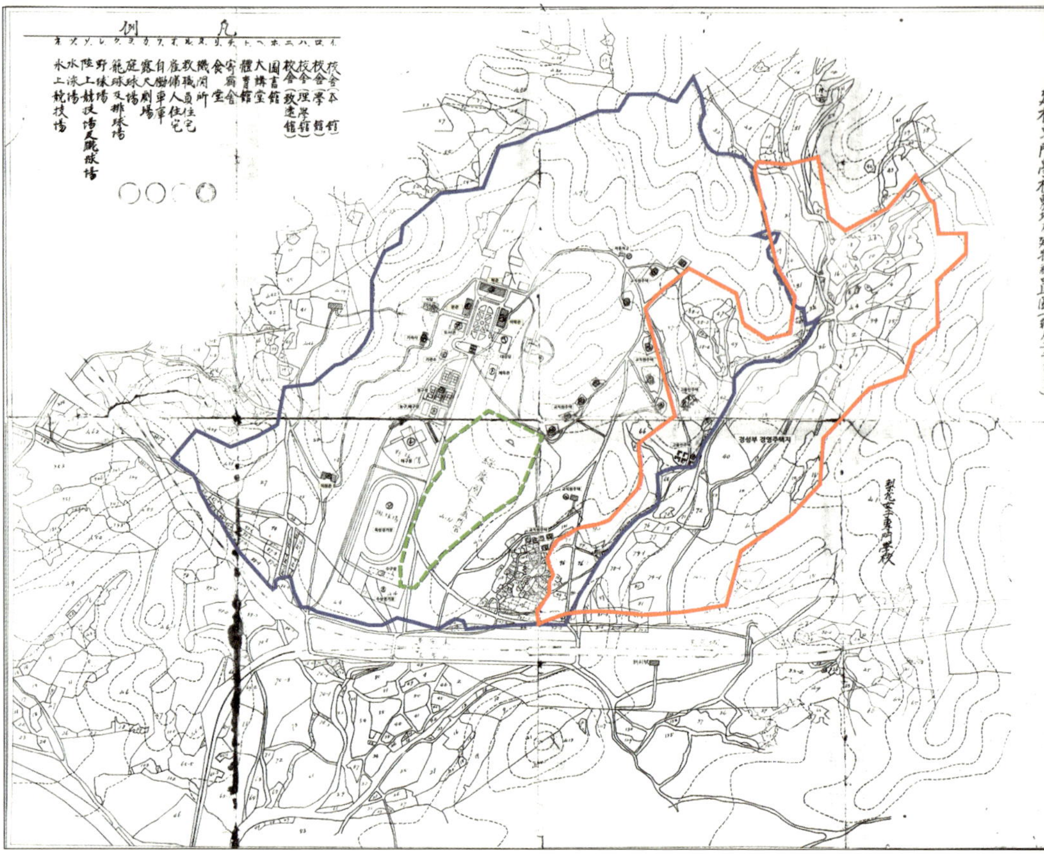

〈그림 13〉 1930년대 연희전문학교 부지 및 건물배치도의 부지소유현황
비고: 파란색선이 연희전문학교부지, 초록색선은 이왕직 소유지(수경원), 빨간색선은 경성부경영주택지
출처: 1936년 연희전문배치도 위 필자 표시

로를 중심으로 서측에는 운동장, 동측에는 수경원이 위치하였다. 운동장 너머 서측 구릉지로는 북쪽에서부터 학생 기숙사군과 미국인 교수사택군 그리고 조선인과 일본인 교수사택군이 길을 따라 배치되었다. 이 계획은 1918년 5월 헨리 머피의 한국 방문 이후 수정되었는데, 1919년의 수정안은 1917년 초창기 마스터 플랜에서와 마찬가지로 백양로의 서측에는 운동시설이, 동측에는 수경원이 자리 잡고 있으나, 가장 북측에는 계획되었던 기숙사동들 대신 교실건물들을 증축할 계획으로 변경하면서 전체적으로 백양로 북측은 교사校舍군으로 계획되었다. 1917년 계획

ː림 14〉 1917년 최초의 연교전문학교 마스터 플랜
처: 연세대학교 박물관

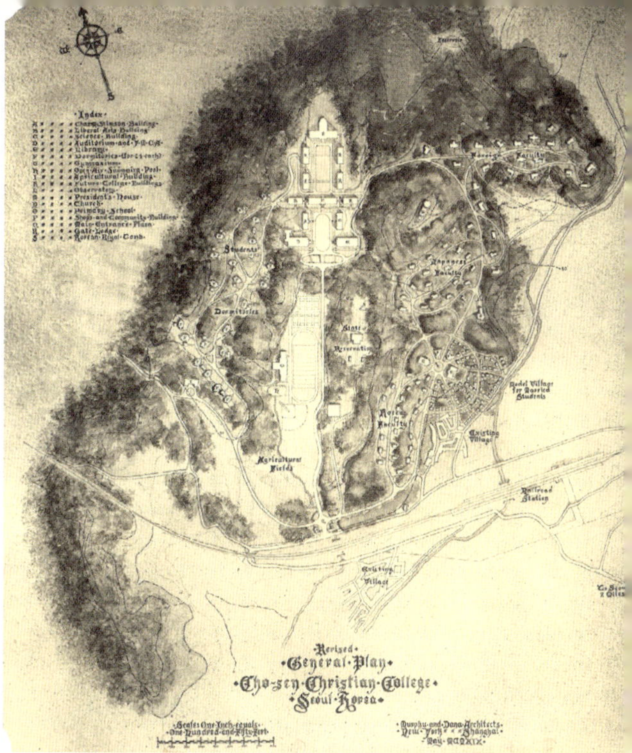


〈그림 15〉 1919년 수정된 연희전문학교 마스터 플랜
출처: 연세대학교 박물관

에 비해 수정된 계획은 남북방향으로 직선으로 쭉 뻗어 있었던 백양로가 동측으로 살짝 휘어졌으며, 전체적으로 수경원 동측 구릉지를 거주공간으로 적극 개발하고자 한 측면이 두드러진다. 1917년 계획에서 서측 구릉지에 기숙사를 비롯한 교수사택들이 언덕길을 따라 위치하고, 캠퍼스 밖 남쪽에는 기혼학생을 위한 주거공간이 계획되었던 것에 반해, 1919년 계획에서는 서쪽 구릉지 언덕길을 따라서는 학생 기숙사들이 연속적으로 배치되고 동쪽 구릉지 북쪽에서 남쪽으로 곡선을 그리며 내려오는 길을 따라 외국인 교수사택군, 일본인 교수사택군 그리고 기혼 학생들을 위한 모범촌Model Village와 조선인 교수사택군이 위치하고 있음을 볼 수 있다. 특히 기존의 마을이 위치한 주변으로 모범촌을 배치하고 있으며, 캠퍼스 정문의 바로 동측에는 농지를 두어 경작을 가능하게 했다는 점이 특

〈그림 16〉 연희전문학교 건립부지
출처: UMC Digital Galleries.

징적이다. 이 같은 캠퍼스 마스터 플랜의 변화는 설계자인 머피가 부지를 방문한 이후 만들어진 것으로, 실제 지형과 주변 상황 등을 반영한 것으로 판단된다.

그러나 1925년 연희전문학교의 배치도를 보면 이 계획 역시 수정되었던 것을 알 수 있다. 전체적인 배치, 즉 백양로 북측으로는 스팀슨관·언더우드관·이학관으로 이루어진 중심 교사군이 위치하고 그 뒤편으로는 향후 교실건물들을 증축할 계획을, 그 앞쪽으로는 교회와 도서관 건물을 증축할 계획을 가지고 있었다. 교사군 바로 동측으로는 학생 기숙사들과 식당을 배치하였고, 동측 언덕 위에는 교수사택들이 위치하고 있음을 알 수 있다. 전체 부지의 동남쪽에는 1919년 마스터 플랜 수정안에서 마찬가지로 모범촌이 위치하나 그 규모는 대폭 줄었음을 알 수 있다. 직선으로 뻗은 백양로 서측으로는 체육관과 수영장 대신 테니스 코트와 야구장, 운동장이 위치하고 있으며 그 서측의 평지로는 농지가 조성되었다. 이 배치도에서는 서측의 거주지 부분, 즉 교수사택들과 기숙사군들

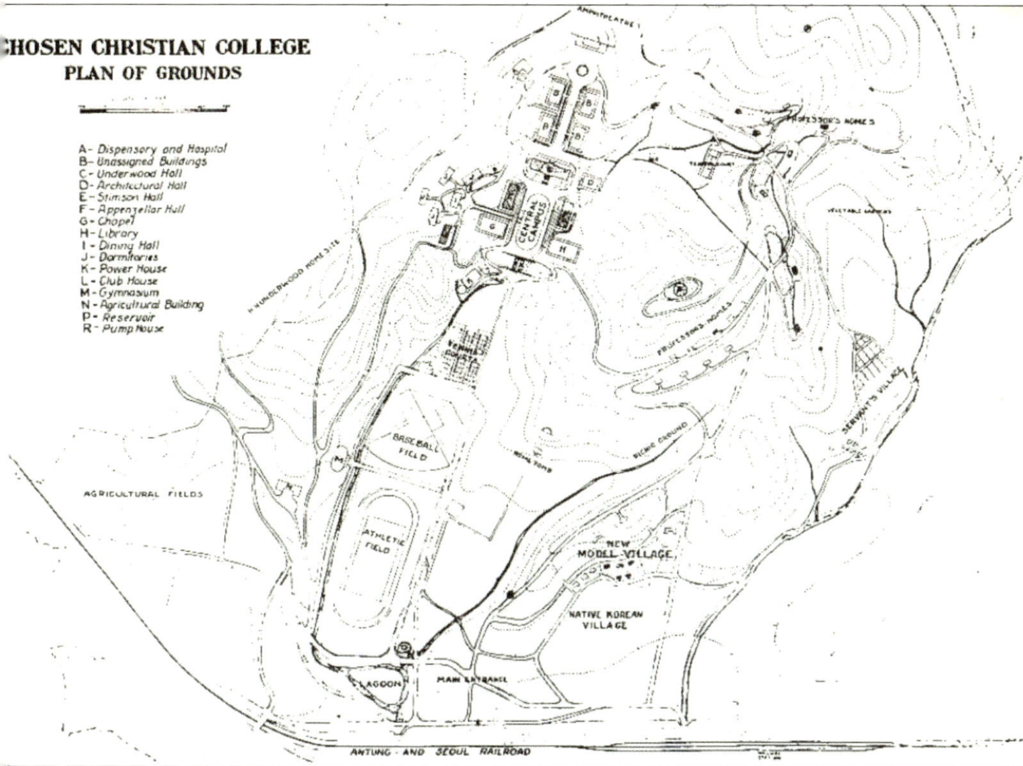


〈그림 17〉 1925년 수정된 마스터플랜
출처: Chosen Christian College, *Chosen Christian College Bulletin: 1931~1932*.

이 위치했던 부분이 대폭 축소됨으로써 캠퍼스의 중심 부분에는 기숙사가, 캠퍼스의 동측으로는 단독 주택들, 즉 교수 사택들과 직원 주택 그리고 기혼 학생들을 위한 주택들이 위치하고 있음을 알 수 있다. 당시 아직 건축이 이루어지지는 않았지만, 지도의 서측 언덕에는 '언더우드 주택 예정지Underwood Home Sites'라는 표시가 있어 서측 언덕에는 당시 교장이었던 언더우드의 주택이 들어설 계획이었음을 알 수 있다. 이와 같은 연희전문학교의 캠퍼스 마스터 플랜에서 알 수 있는 것은 캠퍼스의 상당한 공간이 교수와 직원 그리고 학생들의 거주 공간에 상당히 할애되어 있다는 것이다. 1930년대 연희전문학교의 부지는 약 26만 8,838평에 달하였으며, 석조 교사 3동, 목조 교사 1동, 석조 기숙사 1동, 교직원 사택(양관 17동,

와가 16동)을 갖추고 있어[40] 학습공간인 교사는 4개동인데 반해 생활공간인 기숙사와 사택이 34동이었음을 알 수 있다. 이는 연희전문학교가 경성부에서 2마일 정도 떨어진 변두리 지역에 위치하였기 때문이기도 하였으나, 학생들과 교사들이 한 공간에 머무르며 서양식 생활방식을 익히도록 하기 위함이기도 하였다. 연희전문학교의 설립 목표 및 교육 이념은 기독교로의 개종보다는 대부분이 조선인인 학생들의 삶을 향상시키기 위함에 초점이 맞춰져 있었기 때문이다.[41]

### 3) 연희전문학교의 거주공간: 모범촌model village을 중심으로

연희전문학교 캠퍼스 마스터 플랜의 초기부터 등장하는 특징적인 점이자 이전의 기독교 선교 사학들과 차이점을 보이는 것은 바로 모범촌의 등장이라 할 수 있다. 이전의 기독교계 학교들에서도 교수사택의 건립과 학생들의 기숙사는 특징적으로 나타나는 부분이라 할 수 있으나 모범촌의 등장은 연희전문학교가 지향하던 교육의 특징과 목표를 담고 있는 것이었다. 설립 당시 연희전문학교는 기독교인 뿐 아니라 비기독교인의 입학도 허가하며 교양교육을 실시하는 컬리지 수준의 학교로 우선 설립하되 향후 종합대학으로의 체제개편을 준비하였다.[42] 즉, 비기독교인

40 〈將來大學院建設을 目標 發展道程의 延禧傳文〉《朝光》 1938년 5월.

41 최재건, 〈Underwood 대학설립의 차별성 -延禧 창립을 중심으로-〉《역사신학 논총》 12, 2006, 196~243쪽.

42 일제강점기 대학교육기관은 1926년 설립된 경성제국대학이 유일했으며, 전문학교는 대학 수준의 고등교육을 제공하나, 학문과 이론보다는 실무적 기술을 주로 교육하는 교육기관이었다. 그러나 연희전문학교의 설립을 앞두고 선교사들을 비롯한기독교인들은 연희전문학교를 유니버시티(University, 종합대학)로 할 것이냐 칼리지(college)로 할 것이냐에 대한 논의를 하였으며, 결과적으로 연희전문학교는 선교의 적합성을 위해 교양교육(general education)를 실시하는 컬리지로 설립하기로 하였

ㅓ측 언덕 교수사택군

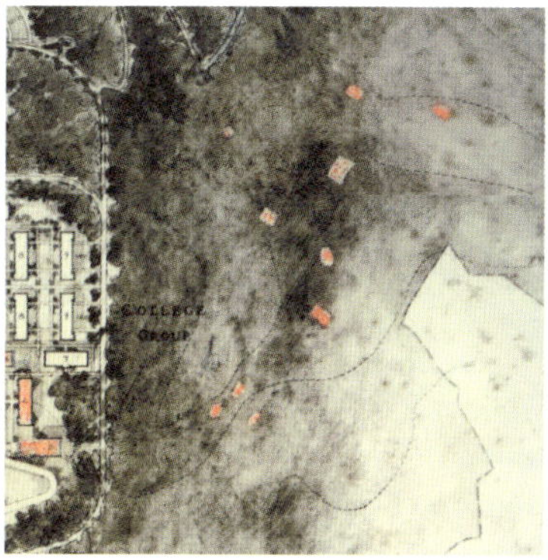


② 동측 언덕 교수사택군

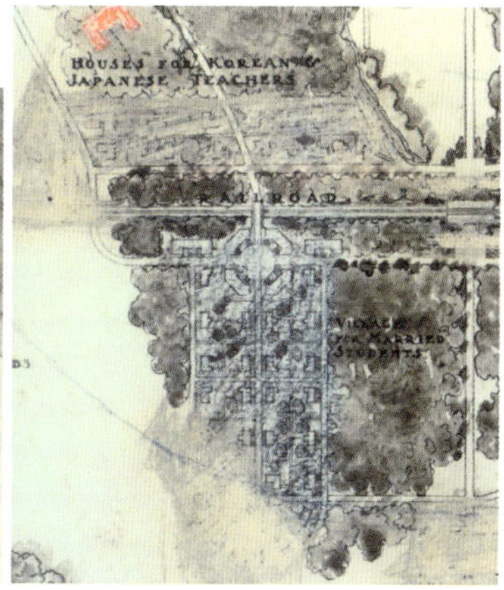


③ 기혼 학생들을 위한 마을 계획

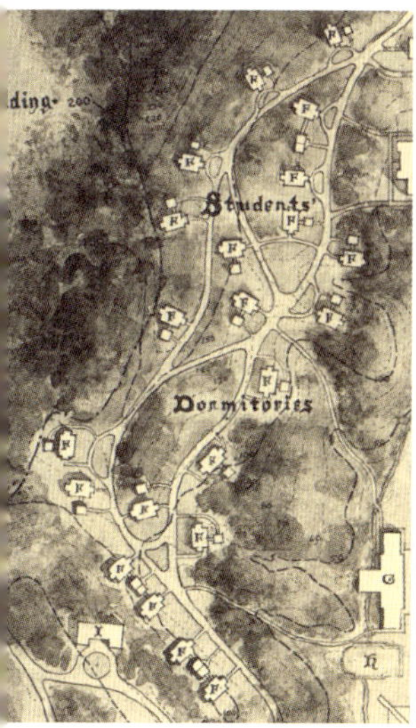


ㅓ측 기숙사군

⑤ 동측 언덕 교수사택군

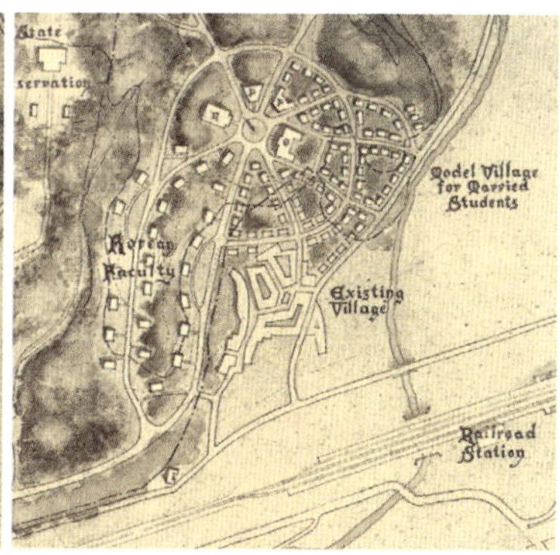


⑥ 동남측 기혼학생 모범촌과 조선인교수사택군

〈그림 18〉 1919년 마스터 플랜의 세부도

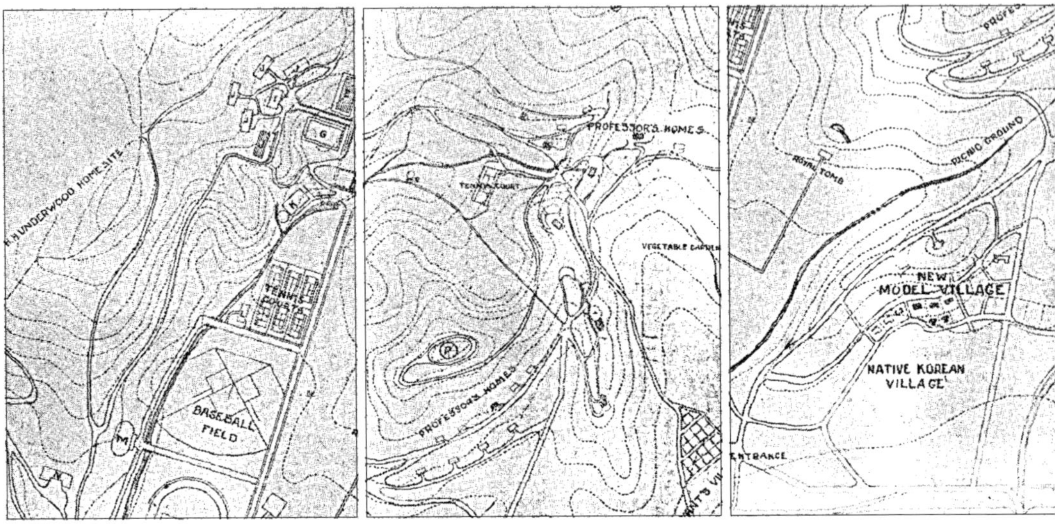


① 서측 기숙사군과 치원관(옛 기숙사) ② 동쪽 언덕 교수사택군 ③ 모범촌

〈그림 19〉 1925년 배치도의 세부도

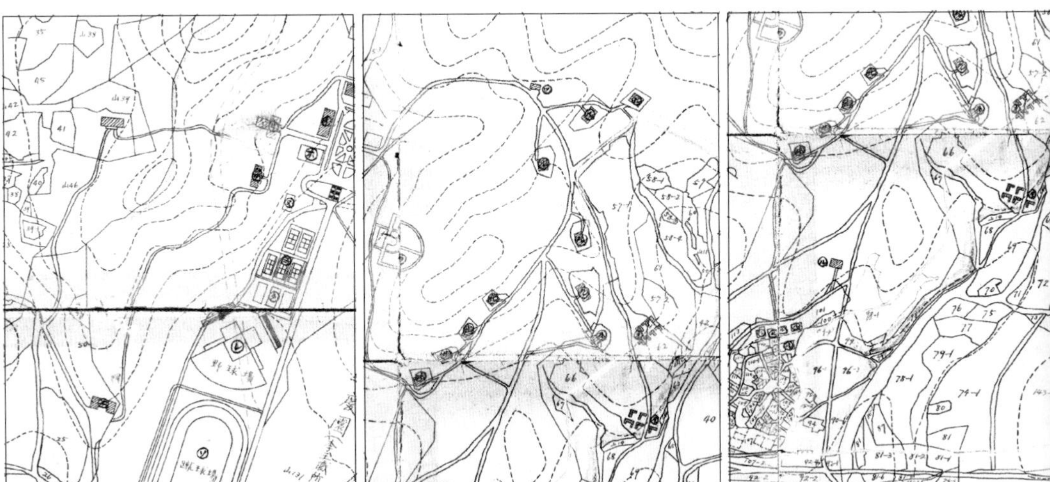

① 기숙사(チ)와 언더우드주택 ② 동측 언덕 위의 교직원주택(ル) ③ 교직원주택(ル)과 고용인주택(オ)

〈그림 20〉 1936년 배치도의 세부도

을 포함하는 세속적 교육을 실행하는 교육기관으로 기독교로의 개종보다는 대부분이 조선인인 학생들의 삶을 향상시키기 위한 교육기관으로서의 성격을 갖추고 있었다.[43] 이 같은 학교의 설립 목표 및 교육 이념은 신학 뿐 아니라 문과·상과·수물과·농과·응용화학과를 갖춘 교육제도 뿐 아니라 연희전문학교의 캠퍼스에서도 드러났다. 연희전문학교는 학습을 위한 공간 뿐 아니라 학생들과 교수들의 생활공간, 운동공간 및 농업실습공간 등에 캠퍼스의 상당 부분을 할애하여 생활공간으로서의 캠퍼스를 지향하였다. 또한 모범촌의 건설을 통해 조선인 학생들 뿐 아니라 학생 가족들의 생활과 교육을 위한 공간을 만듦으로써 조선인들의 전반적인 삶의 향상을 목적으로 하였다.

앞서 설명한 바와 같이 연희전문학교의 초기 계획에서는 캠퍼스 부지의 서측 숲속에 교수들의 주택과 기숙사가 분포하였으며, 캠퍼스 밖 서남쪽에 기혼 학생들을 위한 주거지가 위치하였다. 캠퍼스 밖 기혼학생들의 거주지는 원형 광장을 중심으로 남측으로 주택들이 배치되는 유형이었다. 그러나 1919년 수정안에서는 연희전문학교 부지가 전체적으로 축소되고 마스터 플랜이 변경되면서 교수들의 거주지와 기혼 학생들의 모범촌은 동측으로 이동하였다. 중앙 교사 서쪽에는 기숙사군이 위치하였으며 이는 1925년 마스터 플랜에까지 유지되었으나 기존에 동북측 언덕과 서측 언덕에 나누어 계획되었던 교수사택들은 동북측 언덕 위 언덕길을 따라 남측으로 이어지며 계획되었으며, 이는 1936년까지 계속 이어지는 형태였다. 한편 가장 큰 변화는 기혼학생 거주지 계획이었는데, 남

다(정선이, 〈1910년대 기독교계 고등교육의 특성 -숭실과 연희전문을 중심으로-〉 《교육사학연구》 19-2, 2009, 93~100쪽).

43 최재건, 앞의 글, 2006, 196~243쪽.

서측에 있던 대규모 기혼 학생 거주지는 모범촌이라는 이름으로 부지 동남측, 즉 수경원 동남측 조선인 마을 북쪽으로 이동하면서 중심에 있는 원형 광장 주변으로는 은행과 학교, 교회 등이 위치하고 방사형 도로 주변의 블록에는 주택들이 배치되는 형태로 계획되었다. 그러나 이 같은 방사선 형태의 모범촌 계획은 실제로는 실행되지 못하였으며, 1922년 가을에 완공될 예정이었던[44] 모범촌은 1930년대 초에도 5채에 머물렀다.

연희전문학교의 모범촌은 어린 나이에 결혼을 하는 조선인들의 관습을 고려하여 조선인 아내들과 아이들을 캠퍼스 내 공간에 마을을 이루고 살게 함으로써 조선인 학생들의 생활을 안정시키고, 아내에게도 교육을 제공하여 남편들에 어울리는 수준의 교양을 갖추게 하고자 계획되었다. 연희전문학교에서 1930년대 초 발간한 팜플렛에서는 다음과 같이 모범촌을 설명하고 있다.

> 조선인 교육의 어려움은 남학생들의 많은 수가 어린 나이에 결혼을 하게 되기 때문에 어린 아내들을 두고 혼자 대학에 오게 되어 몇 년 지낸 후에 집으로 돌아가면 교육받지 못한 무식한 아내들과의 교육격차로 인해 가정의 평정이 깨지는 상황이 있다. 모범촌에서는 기혼 학생들의 부인들에게 교육을 제공함으로써 남편들이 교육을 마쳤을 때 부인들이 실제적 동반자이자 조력자의 역할을 할 수 있도록 하고자 계획하였으며 아이들을 위한 초등학교 역시 계획에 포함되었다.

44 모범촌은 기혼 학생들을 위하여 1922년 가을에 만들어질 예정이었다. "개조된 한국식 가옥"을 기혼 학생들에게 제공하고, 그들의 부인과 자녀들에 대한 교육을 제공함으로써 기혼 학생들이 교육을 받을 수 있게 할 뿐 아니라, 그 부인들도 교육을 통해 좀 더 새롭고 높은 차원에서 진정한 친구가 될 수 있게 하도록 하고자 하였다("News from Many Lands" *The missionary review of the world*, vol.45, 1922, p.322).

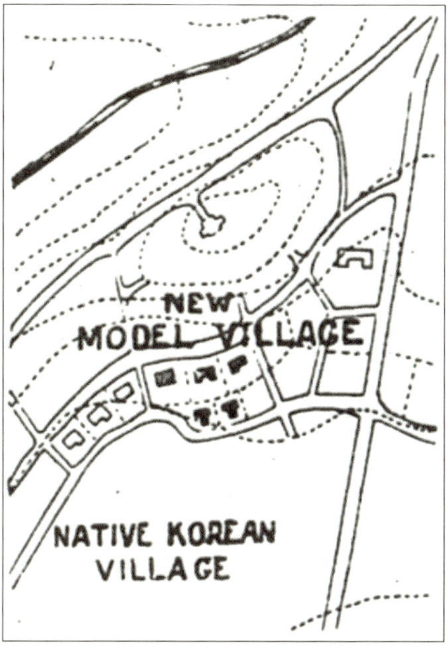

〈그림 21〉 조선기독대학 팜플렛 상의 모범촌 배치

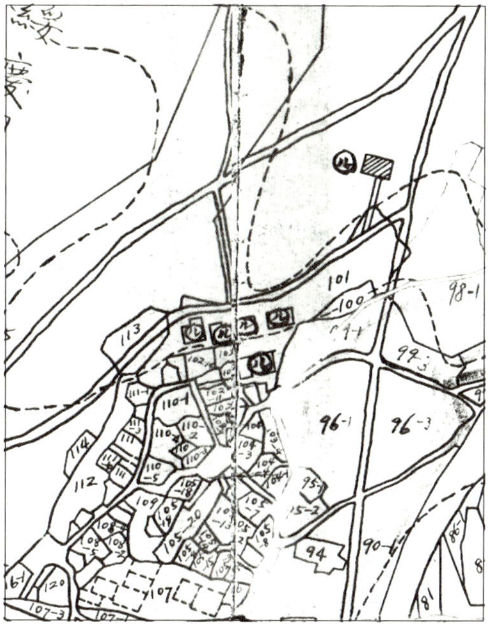
〈그림 22〉 1936년 배치도 상의 모범촌 현황

그런데 이 글에 따르면 이와 같은 모범촌의 직접적인 건설 목적 외에도 연희전문학교 모범촌을 통해 학생들에게 부가적인 가르침을 주고자 하였다. 이 글에서는 모범촌을 통해 학생들이 ① 배수가 잘 되고 깨끗하게 유지할 수 있는 거리를 건설하는 방법, ② 조선의 다양한 지역에서 한국적 상황에 적용할 수 있는 최고의 위생 방법, ③ 해충 등이 없고, 환기가 잘 되기 위한 집을 짓는 방법, ④ 기혼 학생들의 자녀가 배움을 얻을 수 있는 초등학교 건물을 계획하고 건설하는 방법, ⑤ 연희전문학교의 학생들이 졸업 후 다양한 분야로 진출했을 때 연희전문학교에서의 삶이 곧 그들 주변 이웃들의 삶과 연계시킬 수 있는 건축이 될 이상적인 조선인 교회Model Korean Church 건설 방법 등과 이 나라의 법에 맞게 도시와 마을에 적용될 지방 정부 등을 배울 수 있을 것이라 하였다.

이 팜플렛에서는 1930년 당시 모범촌의 주택은 5채에 불과하여 당

〈그림 23〉 모범촌과 모범촌 앞 조선인 마을
출처: 조선기독대학 팜플렛.

〈그림 24〉 모범촌의 조선인 주니어 교사(조수) 주택
출처: Pearl Digital Collections.

시 전체 가족들을 교육하여 평정이 유지되는 기독교 가정을 만들기 위해 즉시 좀 더 많은 집들과 조선인 교사들의 집을 지어야 하고 앞으로 은행과 시장, 상점들, 초등학교, 부인학교 등이 지어질 것이라 언급하고 있다.[45] 그러나 실제로 모범촌의 건설은 현실화되지 못하였으며, 5채의 주택 역시 조선인 조수들이 사용 중인 것으로 실제로 기혼 학생들의 주택으로 사용되지는 못하였던 것으로 판단된다. 1936년 배치도에서 확인할 수 있는 바 1936년경에도 모범촌의 주택들은 여전히 5채였으며, 이는 교직원 주택으로 사용하고 있음을 확인할 수 있다.

실제로 그 계획을 다 실현하지 못하였지만, 연희전문학교의 이상촌 건설계획은 그 자체로 의미가 있다. 연희전문학교 캠퍼스의 교수사택들은 인근에서 난 석재를 이용하여 1.5층 이상 규모의 방갈로 스타일로 건축되었고, 숲 속에 위치함으로써[46] 연지동 북장로회 선교기지에서와 마

45 조선기독대학 팜플렛(Chosen Christian College), 1930년대 초, 연세대학교 소장.
46 조선기독대학 팜플렛(Chosen Christian College), 1930년대 초, 연세대학교 소장.

〈그림 25〉 동측 능선을 따라 줄지어있는 교수사택의 모습
출처: 문화재청, 《서울 연세대학교 스팀슨관 정밀실측조사보고서》, 2013, 70쪽.

찬가지로 기존의 조선인 마을과는 이격된 자신들의 마을을 건설한 것이었다. 학생 기숙사의 경우 원래의 계획과는 달리 1922년 4월 핀슨홀 한 동 밖에 건설하지 못하였다. 하지만 이 역시 완전한 서양식 생활을 추구하는 기숙사로 교수사택과 마찬가지로 인근에서 가져온 석재로 지어진 다락층 포함 3층의 건물이었으며, 중앙 교사군의 서측 경사지 소나무숲 사이에 위치함으로써 역시나 마을에서는 이격된 거리에 위치하였다.[47] 그러나 이상촌은 조선인 마을 바로 뒤편에 위치하였으며, 소규모의 조적조 건물로 시멘트 석회 마감을 한 유형의 주택으로 지어졌다.[48] 이처럼 상대적으로 조선인 마을과 가까운 캠퍼스의 동남쪽에는 조선인들의 주택

47 이연경 · 김기주, 〈연세대학교 핀슨홀의 건축적 특징〉《건축역사연구》 28, 2019, 8~9쪽.

48 사진만으로는 정확한 주택의 유형이 판단되지 않으나, 조선기독대학 팜플렛에 실린 사진 및 1919년 발간된 Committee on the Forward Movement, Financial Object of the Forward Movement of Canadian Presbyterian Church에서 "조선식 주택"이라는 언급을 근거로 생각해 볼 때 절충식 주택으로 추정된다.

이 그리고 그 뒤편으로는 일본인과 조선인 교수들의 주택, 가장 높은 동북측 언덕에는 교장을 비롯한 서양인 교수 주택들이 위치함으로써 캠퍼스 내 거주지의 분리가 이루어졌으며, 각각의 성격에 따라 주택의 규모와 유형이 달라졌음을 알 수 있다.

한편 1930년대 초 발간된 조선기독대학 팜플렛에서 언급하고 있듯이, 이상촌의 계획 중에는 직·간접적으로 조선인 학생들에게 위생적인 시스템과 자치정부를 갖춘 마을 만들기를 교육하고자 하는 목적 역시 있었다. 연희전문학교의 캠퍼스에는 자체적인 상수도 시스템을 갖추고 있었으며, 1922년 12월 《개벽》의 기사에서 언급하고 있듯이 자동차가 다닐 수 있는 신작로가 마련되어 있어 경성부 밖 변두리에 만들어진 대학 도시로서의 성격을 갖추고 있었다.

> 장래 설비는 고사하고 현재로만도 朝鮮 一의 大學府입니다. 그리고 山前後 일원에 웃둑웃둑이 놉흔 집이 다- 선생의 주택이라 합니다. 助手, 給仕, 使喚까지도 다- 주택을 정하얏다 합니다. 新村後麓에 병열한 煉瓦洋屋 또 朝鮮式 瓦家가 즉 선생 이하의 학교관계자들의 주택이라 합니다.
> 黃金萬能이라드니 金이면 다- 되나 보외다. 山村樹林 중임을 불구하고 一大公園格을 作하얏는데 신작로가 縱橫하얏고 자동차가 뿡뿡거립니다.[49]

연희전문학교의 캠퍼스 조성은 조선총독부의 협조와 미국인들의 후원에 이루어진 것이었다. 연희전문학교 캠퍼스 부지는 언더우드가 조선총독부로부터 국유지를 매입하여 조성된 것이었으며, 연희전문학교 캠퍼스 내 토목공사는 조선총독부 토목기사인 사카이데 나루미[坂出鳴海]

49 朴達成, 앞의 글, 1922, 72쪽.

가 관여하였던 것으로 추정된다.[50] 한편 이상촌의 건설은 조선총독부에도 긍정적으로 평가되었으며,[51] 이상촌 내 조선인 주택들에 대한 후원은 미국 내에 발간되던 선교잡지를 통해 구체적으로 한 채에 500달러라는 금액 요청이 이루어지기도 하였다.[52]

이에 대해서 조선인들의 반응이 어떠하였는지에 대해서는 정확하게 알 수 없으나, 1922년 12월 《개벽》 제 30호에 연희전문학교 방문기를 쓴 박달성의 경우 연희전문학교의 대학촌 건설은 '조선인들의 정신과 육체의 서양인화'라 하며 비판적인 목소리를 내고 있다. 이는 개교 당시 연희전문학교의 교육 이념이 신학생 양성이 아닌 조선인 지도자의 육성이었으며, 이상촌의 건설 목표가 연희전문학교에서 교육받는 기혼 학생들의 가정 역시 기독교 가정으로 변화시키며 향후 다양한 분야로 진출했을 때를 준비하기 위함이라는 측면을 연결지어 생각해 볼 때 제기될 수 있는 비판이었다.

> 校地의 총평수는 25만여 평이라 하며 至于今 총경비가 60여만 원이라 합니다. 얼마나 광장합니까. 나는 입을 딱벌이고 혀만 내여 둘넛습니다. 넘

50 1920년 발간된 Christian Literature Society of Japan, *The Christian movement in the Japanese empire : including Korea and Formosa*, 1920에는 조선총독부 토목기사였던 사카이데(N.Sakaide)가 일본으로 돌아가서 연희전문학교 위원회에 변화가 있었음을 언급하며, 이 사람의 지식은 학교 발전(캠퍼스 개발)에 많은 도움이 되었다는 내용이 있다. 조선총독부 및 소속관서 직원록에서 확인해볼 때 이 사람은 사카이데 나루미로 확인된다(Christian Literature Society of Japan, *The Christian movement in the Japanese empire : including Korea and Formosa*, 1920, p.294).

51 John Franklin Goucher Papers, Chosen Christian College3 General Materials, 국사편찬위원회 전자사료관(사료철: AUS292_04_00C0001).

52 Presbyterian Church in Canada, *Committee on the Forward Movement*, Financial Object of the Forward Movement of Canadian Presbyterian Church, 1919, p.13.

우 지리한 듯 하야 그만 두려합니다. 서양인들의 내막 如何는 莫論하고 朝鮮人 교육을 위하야 그처럼 多大의 金錢 又는 노력을 희생함은 감사하다 아니할 수 업습니다. 그러나 그들의 내막에는 必有異心이란 疑訝는 終是 풀리지 안습니다. 세상에는 보수업는 일이 업습니다. 그들은 우리에게 무엇을 요구할는지 우리는 그들에게 무엇으로 報酬를 할는지 이야말로 東拓問題보다도 더- 중대해 보입니다. 배가 곱흐니까 어더 먹기는 감사하나 그 報復이야말로 計-窮합니다. 그들은 毋論- 宣教의 목적이니까 기독교를 밋는 것으로 보수라 하겟지요. 그러나 이것은 아닙니다. 밋는 것 뿐으로야 여간 조습니까. 다- 밋는 그 裏面에 우리의 정신 우리 육체까지도 西人化가 아니되면 그들이 만족타 아니할 것이외다. 朝鮮에 대한 外人의 세력은 이러합니다. 물질로 정신으로 方方谷谷 삿사치 遍滿되엇습니다. 아- 안팟기 빼빼 마른 나의 형제여. 生道- 장차 어떠합니까?[53]

## 4. 맺음말

이처럼 개항기부터 일제강점기에 이르기까지 서양인 거주지는 정동에서 시작되어 서대문 밖으로, 서대문 밖 냉천동과 죽첨정 일대에서 경성부 밖 연희면 일대로 확장되었다. 서양인 거주지는 일본인 거주지와 중첩되지 않으면서 상대적으로 지가가 저렴한 구릉지에 위치하였는데, 이는 서울의 근대도시화 과정에서 상대적으로 소외된 지역이기도 하면서 위생과 안전을 이유로 구릉지를 선호한 서양인들의 기호가 반영된 것이기도 하다. 지금도 서양인들이 설립한 학교와 그들의 생활공간이었던

53 朴達成, 앞의 글, 1922, 73쪽.

주택들은 다수 남아 있는데, 이들을 통해 개항 초 한옥을 사용하거나 절충식 한옥을 건립하였던 데에 반해 이후에는 완전한 서양식 건축물을 건립한 것을 알 수 있다. 이 역시 개항 초 지역민과의 동화를 위해 한국식 생활공간을 절충적으로 받아들이고자 한 것에서 위생과 안전의 이유로 서양식 생활공간을 고집하게 된 변화를 보여준다.

일제강점기에도 정동은 여전히 서양인이 가장 많이 거주하는 지역이었으나, 1900년대를 전후하여 서대문 밖 일대에 프랑스, 독일 영사관 등이 이전하고 선교기지들을 비롯한 기독교 관련 시설들이 설치되면서 서대문 밖으로 서양인 거주지가 확장되는 경향이 보였다. 그러나 1914년 이후 서대문 일대의 도로개수가 이루어지면서 이 일대의 도시 변화가 가속되었고, 이는 곧 인구 증가와 지가 상승으로 이어졌다. 서대문 사거리 일대는 일본인 인구가 증가하면서 서양인들의 비중이 줄어들었고, 1934년 이후의 의주로 도로개수 이후 서대문 일대의 변화는 가속화되었다. 한편 서울의 인구가 계속 증가하는 상황에서 인접면의 인구 역시 계속하여 증가하였는데, 연희면의 인구 역시 계속하여 증가하는 양상이었다. 1915년부터는 용산-수색간 경의선 공사가 시작되어 1921년 완공되었는데, 연희면 대현리에는 신촌역이 설치되어 도심과의 교통이 편리하게 되었다. 이처럼 연희면의 신촌역 부설과 인구 증가는 도시가 점차 확장되는 결과를 만들었으며, 1917년 연희면 신촌리에 자리잡은 연희전문학교는 이 일대를 대학촌으로 점차 변모시켰다.

1917년 설립된 연희전문학교는 밀도가 높은 서울을 벗어나 조선총독부가 소유하고 있었던 수경원 부근 국유림을 매입하여 조성되었다. 미국의 건축사무소에서 설계한 초창기 마스터 플랜은 1919년 건축가의 서울 방문 이후 지형에 맞춰 변형되었고, 변경된 마스터 플랜 역시 이후 예산 부족 등의 문제로 인하여 완성되지는 못하였지만, 본격적인 마스터 플랜에 의한 서양식 대학촌의 건설이라는 측면에서 의미가 있다. 또한 이곳에는 기존의 기독교계 학교들에는 교수사택과 기숙사 정도만 있었던 것에 반해, 다양한 민족별 교수 사택과 조교 및 직원 주택을 비롯하여 조선인 마을 부근의 이상촌을 마련하여 학생과 교직원 뿐 아니라 기혼 학생들의 가족들에까지 기독교 교육과 서양식 생활을 제공하고자 하였다는 차이점을 보인다. 이상촌의 건설은 5채의 주택 건설에 그쳤으며, 이곳에는 실제로 기혼 가정이 아닌 조선인 조수들이 거주하였다는 측면에서 그 목적을 완전하게 이루지는 못하였으나, 조선인 마을 인근에 위치하였으며 캠퍼스 내에는 농경지도 마련되어 일단의 목적은 이루었을 것으로 판단된다. 또한 연희전문학교 캠퍼스는 새로운 도로와 상수도 시스템 등을 구축하고, 거주공간별 다른 유형의 주택을 건설함으로써 서양식 대학촌의 모습을 이루었다. 연희전문학교 캠퍼스와 이상촌의 모습을 통해 서양인 선교사들이 이상향으로 삼았던 마을의 모습을 확인해 볼 수 있다.

개항 초기 서울의 정동에 집합적인 거류지를 이루고 살던 서양인들은 이후 정동 이외의 지역으로 점차 활동 공간을 넓혀 가다가 결국 서울의 외곽에 대학촌이라는 새로운 마을을 건설하는 모습을 보였으며, 거류 초기 한옥을 개조하여 사용하던 선교사들의 거주공간은 이후 위생과 안전의 이유로 완전히 서양식 가옥으로 변경되었다. 기독교계 학교에서 교육받던 조선인 학생들 역시 처음에는 한옥을 개조하거나 한옥으로 지어진 기숙사에 거주하였으나 점차 서양식 생활을 익힐 수 있는 서양식 중층 기숙사에서 거주하게 되었다. 연희전문학교 캠퍼스 내의 거주 공간 역시 기본적으로는 서양식 생활이 가능한 서양식 주택으로 건축되었으나, 서양인 교수사택과 학생 기숙사가 완전히 서양식으로 건축된 것에 비해, 이상촌의 주택들은 절충식으로 건축되며 조선인 마을과 가까이 배치되는 등의 차이를 보였다. 그러나 이상촌의 주택들 역시 지향하는 바는 서양식 생활을 익숙하게 하는 것으로 학생을 넘어 학생의 가정까지 서양화하고자 하는 의도가 담긴 것이었다. 본 연구는 정동에서 시작된 서양인 거주지와 서양인이 설립한 기독교 시설들이 점차 외부로 확장되는 과정을 통해 서울의 도시 확장 과정에서 서양인 거주지가 가지는 특징을 살펴보고자 하였다. 특히 기독교계 학교 공간을 교육시설로서 뿐 아니라 교수들과 학생들이 함께 살아가는 거주 공간으로 살펴보고자 하였다.

# 제2장

# 일제강점기 서울 내 일본인 거주공간의 형성과 거주양상

양지혜(동북아역사재단 연구위원)

## 1. 머리말

이 글은 일제강점기 서울에서 일본인 거주 공간의 형성 과정을 검토하고, '조선인'과의 관계 문제를 중심으로 이들 일본인 거주 공간의 문화적 특징을 살펴보고자 한다.

일제강점기 전 기간 동안 조선의 일본인 인구는 평균 2% 내외에 불과했다. 그러나 수도 서울[1]에서는 1930년 현재 약 10만 명의 일본인이 거주하고 있었으며, 이들은 도시 내 인구의 28%를 차지하며 서울의 공간과 사회에 큰 영향을 미쳤다.[2]

1882년 한양의 개시 이후 일제 말기에 이르기까지, 서울의 일본인 사회와 그 거주 공간의 특징에 대해서는 이미 많은 연구가 축적되어왔다. 특히 역사학을 통해서는 '남촌'과 '북촌'의 비교를 중심으로 도시 공간 내 민족별 격차를 둘러싼 여러 논의가 진행되었다.[3] 또한 건축학을 중심

---

1 이 글에서는 연구총서의 통일성을 위해 제목 및 본문에서 통시대적 명칭인 '서울'을 주로 사용했다. 다만, 일제강점기의 행정기관 또는 행정구역 등을 특정해야할 경우는 '경성(京城)'으로 표기했다.

2 일제강점기 조선의 일본인에 대해서는 1972년 가지무라 히데키의 연구를 기점으로 방대한 연구가 진행되어 왔다. 특히 2000년대 이후 관련 연구가 급격하게 증가하면서, 이들을 '침략의 첨병', '풀뿌리 침략자'로 정의해 왔던 연구 초기의 이분법적 시각에서 탈피할 수 있었다. 최근에는 서울의 일본인 상류층이 주도했던 각종 정치 · 경제적 로비운동에 주목한 일련의 연구가 발표되면서, 일제강점기 정치사 연구를 강화하고 있다. 재조선 일본인 관련 연구 중 로비운동에 주목한 대표적 연구로는 전성현, 《일제시기 조선상업회의소 연구》, 선인, 2011; 기유정, 〈일본인 식민사회의 정치활동과 조선주의에 관한 연구〉, 서울대학교 박사학위논문, 2011; 우치다 준, 한승동 역, 《제국의 브로커들》, 길, 2020을 참고할 수 있다.

3 대표적으로 다음의 연구를 참고할 수 있다. 손정목, 《일제강점기 도시화과정연구》, 일지사, 1999; 서현주, 〈경성지역의 민족별 거주지 분리의 추이: 1927년~1942년〉 《국사관논총》 94, 2000; 전우용, 〈종로(鍾路)와 본정(本町) - 식민도시 경성(京城)의

으로 거류지, 관사·사택, 문화주택 등 다양한 일본인 거주 공간의 형성 과정과 그 특징이 상세하게 규명될 수 있었다.[4]

이 글에서는 이러한 기존연구의 성취를 바탕으로 일제강점기 서울의 일본인 인구의 변동 양상과 거주 공간의 형성 양상을 정리할 것이다. 나아가 이를 토대로 이들 공간에서 일본인들이 조선인과 맺은 관계를 중심으로 서울의 식민자공동체에 대해 보다 깊이 있게 이해해 보고자 한다.[5]

근대 이후 '집'은 사적이고, 비공식적이며, 성적인 '친밀성'의 공간으로 정의되었다.[6] 그러나 향수와 정체성, 위안과 휴식을 상징하는 공간으로 집이 이상화될수록, 동시에 사회적 규범과 각 주체의 욕망 사이에서 집을 둘러싼 문화적 갈등은 늘어날 수밖에 없었다. 특히 식민지에서 지배민족인 '식민자'의 집은 젠더규범과 민족규범이 만나는 경계면에 놓여 있었다. 가장 내밀한 공간인 동시에 가장 정치적인 공간으로 자리했던 것이다.[7] 이 글에서는 일제하 서울의 상류층 식민자 가정에서 누가 '주체'

두 얼굴 -〉《역사와현실》 40, 2001; 이준식, 〈일제강점기 경성부의 공간구조 변화와 인구변동〉《향토서울》 69, 2007; 김종근, 〈식민도시 京城의 이중도시론에 대한 비판적 고찰〉《서울학연구》 38, 2010.

4 대표적으로 다음의 연구를 참고할 수 있다. 김명숙, 〈일제시기 경성부 소재 총독부 관사에 관한 연구〉, 서울대학교 석사학위논문, 2004; 김주야, 〈조선도시경영주식회사의 주거지계획과 문화주택에 관한 연구〉《주거환경》 6-1, 2008; 김주야·石田潤一郞, 〈1920~1930년대에 개발된 금화장 주택지의 형성과 근대주택에 관한 연구〉《서울학연구》 32, 2008; 이연경, 《한성부의 작은 일본, 진고개 혹은 本町》, 시공문화사, 2015; 이경아, 《경성의 주택지: 인구 폭증시대 경성의 주택지 개발》, 집, 2019.

5 원고의 심사 과정에서 '조선인과 일본인의 관계' 보다는, 일제강점기 서울의 '일본인 사회' 자체에 초점을 맞출 필요성이 제기되었다. 이 글에서는 반영하지 못했으나, 추후의 과제를 기약한다.

6 도린 매시, 정현주 역, 《공간, 장소, 젠더》, 서울대학교출판문화원, 2015, 55~60쪽 참고.

이고 누가 '타자'였으며, 주체와 타자는 이 '친밀한' 공간 속에서 어떻게 길들여지고 배제되었는가를 살펴볼 것이다. 이를 통해 일제하 서울의 일본인 사회를 둘러싼 물리적 경관을 주목했던 연구에서 한 발 나아가, 그 문화적 특징과 이에 따른 사회적 영향을 논의해 보고자 한다.[8]

이를 위해 먼저 조선총독부 통계연보, 국세조사보고, 지리지와 같은 관찬사료 및 기존 연구를 토대로 일제하 서울의 일본인 사회의 공간적 특징을 조망해 볼 것이다. 이어서 일제하에 발간된 신문·잡지 등의 공적매체를 비롯해, 해방 후 집필된 구술인터뷰나 향우회지·동창회지 등의 개인기록을 바탕으로 그 문화적 특징을 살펴보고자 한다.[9]

---

7 Ann Laura Stoler, "Genealogies of the Intimate: Movements in Colonial Studies" *Carnal Knowledge and Imperial Power: Race and the Intimate in Colonial Rule*, University of California Press, 2002, p.9.

8 최근 여러 연구를 통해 식민자 내부의 계층별 다양성에 대한 주목이 이루어지고 있다. 특히 일제하 서울과 관련해서는 최근 1920년대 일본인 기자의 밑바닥 사회 체험기를 바탕으로 한 르포집이 번역된 바 있다. 또한 차지·차가인운동과 같은 하층민의 사회운동에 대한 분석이 이루어졌으며, 신사참배행렬 및 박람회장 등에 등장한 장삼이사에 대한 치밀한 문화사적 연구가 진행되었다. 서울의 식민자 내부의 다양성에 대해서는 다음의 연구들을 참고할 수 있다. 아카마 기후, 서호철 역, 《대지를 보라: 1920년대 경성의 밑바닥 탐방》, 아모르문디, 2016; 염복규, 《서울의 기원 경성의 탄생 : 1910-1945 도시계획으로 본 경성의 역사》, 이데아, 2016; 토드 헨리, 김백영 외 역, 《서울, 권력도시》, 산처럼, 2020; 이명학, 〈조선총독부 주거정책의 민족·계층적 편향과 주거권운동의 대두〉, 고려대학교 박사학위논문, 2021.

9 최근 재조선 일본인과 관련해 향우회지 또는 동창회지, 나아가 일기와 같은 개인기록을 주목하는 논의가 다양하게 진행되고 있다. 이 글에서는 자료의 한계로 주로 신문·잡지와 같은 공적매체나 기존연구를 재인용하는 수준에 그쳤다. 이 글에서 참고한 대표적 연구는 다음과 같다. 다바타 가야, 〈식민지 조선에서 살았던 일본 여성들의 삶과 식민주의 경험에 관한 연구〉, 이화여자대학교 석사학위논문, 1995; 차은정, 〈재조귀환자의 "후루사토"[故郷]와 기억의 정치학〉, 서울대학교 박사학위논문, 2014; 박준형, 〈용산 지역 일본인 사회의 형성과 변천〉 《서울과역사》 98, 2018; 広瀬玲子, 《帝国に生きた少女たち:京城第一公立高等女学校生の植民地経験》, 大月

## 2. 일본인 거주공간의 형성

### 1) 일본인 인구의 증가

서울의 인구 통계가 집계된 1911년부터 1943년까지의 30여 년간 서울의 인구 규모는 29만 명에서 100만 명대로 급격한 성장을 보였다. 특히 그 변화가 극적이었던 해는 1914년과 1936년이었다. 1914년에는 조선총독부의 행정구역 개편에 따라 부제府制가 실시되면서 기존에 29만 명대였던 인구 규모가 23만 명대로 18% 이상 감소했다. 이후 20~30만 명대를 유지하던 인구는 1936년 부역府域 확장에 따라 일약 60만 명대로 증가하며 68%의 증가세를 기록했다.

같은 기간 서울의 일본인 인구 역시 1911년 4만 6,000여 명에서 1936년 현재 12만 6,000여 명으로 크게 늘었다. 서울 인구의 24~28%에 해당할 만큼 높은 비중을 차지했던 것이다. 이 비중은 1936년 부역 확장을 계기로 비로소 축소되었다. 인접 농촌의 조선인 인구가 다수 유입되면서 서울의 인구에서 이들 일본인이 차지하는 비중이 19~15% 규모로 감소한 것이다. 그럼에도 그 절대 인구수는 꾸준히 증가했다. 1936년 12만 6,000여 명이던 일본인의 인구는 1942년 16만 7,000여 명에 달했다.

이러한 일본인 인구의 구성을 성별·직업별로 보다 구체적으로 살펴보면 〈도표 2〉·〈표 1〉과 같다. 병합 이전까지 서울의 일본인 사회는 돈을 벌기 위해 단신으로 이주한 남성 인구를 중심으로 구성되었다. 일례로 1895년 한성의 일본인 거류민 1,839명의 인구를 살펴보면, 남성 인구는 1,114명으로 남성 1.6명 당 여성 1명의 비율을 보였다.[10] 이러한 성비

書店, 2019.

10 이연경, 앞의 책, 2015, 106~107쪽.

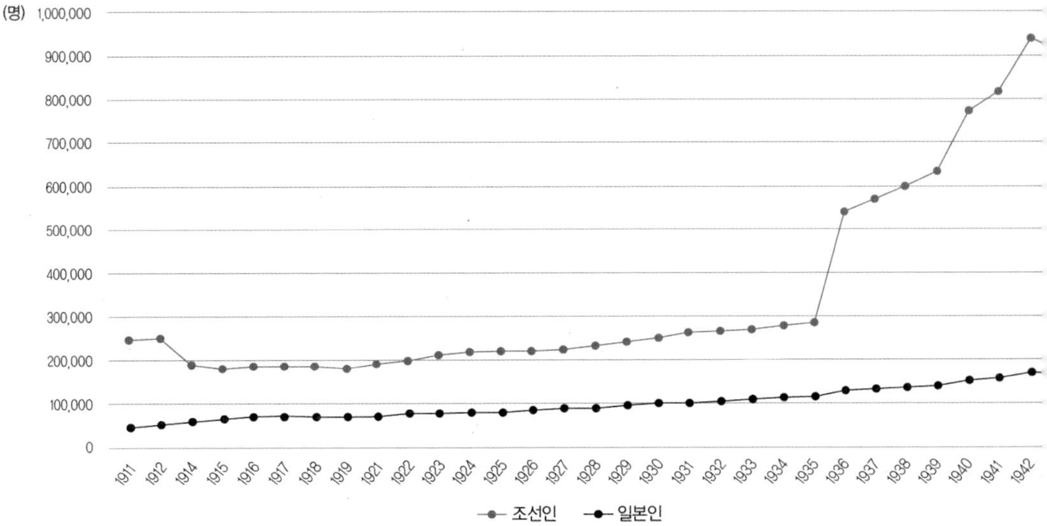


〈도표 1〉 일제하 서울의 민족별 인구 변화
출처: 조선총독부, 《조선총독부통계연보》, 각년판(상세 수치는 〈부표〉 참고).

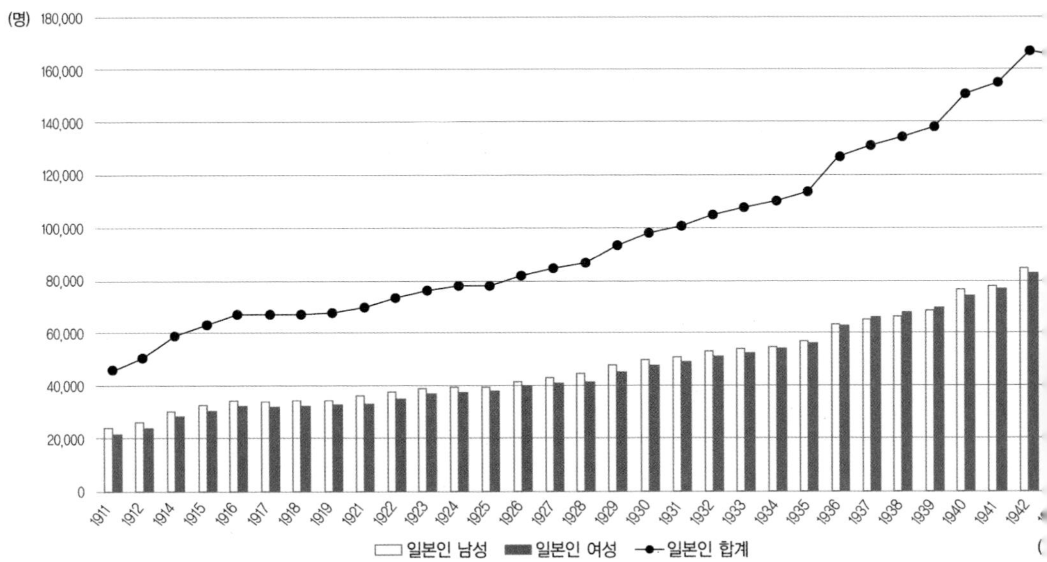


〈도표 2〉 일제하 서울의 일본인 인구 변화
출처: 조선총독부, 《조선총독부통계연보》, 각년판(상세 수치는 〈부표〉 참고).

불균형 구도는 병합 이후 여성을 포함한 가족 단위 이주가 늘어나며 점차 완화되었다. 〈도표 2〉에 따르면 1911년 남성 1.2명 당 여성 1명이었던 비율은 1934년 처음으로 동률로 변화했으며, 이후 전시체제기 병력 동원의 영향으로 1938년과 1943년 남성 1명 당 여성 1.04명으로 변화할 만큼 여성 인구의 비율이 일시적으로 다소 높아지기도 했다. 대체로 1934년 이후는 남녀 동률을 유지한 것으로 볼 수 있다.

이어서 직업별 구성을 살펴보면, 서울의 일본인 사회는 공무·자유업과 상업 인구가 그 주축을 이루었다. 〈표 1〉과 같이 1911년 당시 서울의 일본인 인구 중 2,134명이 '관리'였는데, 이는 서울의 일본인 전체 인구 중 12%에 해당했다. 1930년에도 남성 인구를 중심으로 보면, 공무·자유업 인구는 1만 7,784명으로 전체의 25%를 차지할 만큼 높은 비중을 차지했다. 이어서 상업 인구를 살펴보면, 1911년에는 1,478명으로 서울 일본인 전체 인구의 9%에 해당했다. 1930년에는 남녀 합계 1만 4,303명으로 전체의 11%를 차지할 만큼 높은 비중에 속했다. 기타 업종의 경우 병합 초기였던 1911년에는 고원과 하녀처럼 관리나 그 가족을 공적·사적으로 보조하는 직종, 목수나 일용노동자처럼 도시나 주택의 건설업에 종사하는 직종, 예기藝妓처럼 접대업에 종사하는 자들이 수위를 차지했다. 반면 1930년에는 남성의 경우 공업 종사자가 8,712명으로 상업 종사자와 유사한 규모로 증가하면서, 서울의 공업이 발달하는 추세를 반영했다. 한편 여성의 경우 전체 6만 3,391명 중 무업자無業者가 5만 2,244명으로 82%를 차지해, 병합 이후에는 절대 다수의 여성 인구가 주부 또는 자녀로서 남성 유업자의 세대원으로 포함되었음을 보여준다.

〈표 1〉 1911년(좌)과 1930년(우) 서울의 직업별 일본인 인구 구성

(단위: 명, %)

| 구분 | 인원 |
|---|---|
| 관리 | 2,134(12) |
| 상점원 | 1,478(9) |
| 고원 | 1,269(7) |
| 하녀 | 993(6) |
| 목수 | 961(6) |
| 회사원 | 739(4) |
| 직공 | 609(4) |
| 일용노동자 | 496(3) |
| 2종 예기 | 347(2) |
| 농업 | 337(2) |
| 기타 | 7,918(45) |
| 합계 | 17,281(100) |

(단위: 명, %)

| 구분 | 남성 | 여성 |
|---|---|---|
| 공무 · 자유업 | 17,784(25) | 2,417(4) |
| 상업 | 9,093(13) | 5,210(8) |
| 공업 | 8,712(12) | 696(1) |
| 교통업 | 3,171(4) | 622(1) |
| 농업 | 1,816(3) | 807(1) |
| 기타 유업자 | 1,381(2) | 159(0) |
| 가사사용인 | 58(0) | 1,233(2) |
| 광업 | 127(0) | 1(0) |
| 수산업 | 47(0) | 2(0) |
| 무업자 | 30,283(42) | 52,244(82) |
| 합계 | 72,472(100) | 63,391(100) |

출처: 서울역사편찬원, 《국역 경성발달사》, 2017, 408쪽; 조선총독부, 《조선국세조사보고》 4, 1930, 196~197쪽.

### 2) 일본인 거주 공간의 확대

서울에서 일본인의 집단 거주는 1880년 일본공사관의 개설과 함께 시작되었다.[11] 공사관 주변으로 모여든 일본인들은 공사관의 이전과 신축경로를 따라 자신들의 사회를 형성해 갔다. 특히 1885년 3월에는 고시 제4호로 서울 내 일본인의 거주와 통상이 허락되면서, 서울에서의 일본인 거류가 공식적으로 전개되었다.[12] 이때 이들의 주요 집거지가 된 청계천 이남의 남산 일대는 원래 '남촌南村'이라 불리던 곳으로, 조선시대 양반

11 이하, 이 문단의 서술은 이연경, 앞의 책, 2015의 1장 〈한성부의 '작은 일본' 일본인 거류지의 형성과 변화〉를 참고했다.

12 박준형, 〈개항기 서울의 도시 재편 계획〉 《서울도시계획사》, 서울역사편찬원, 2021, 145~147쪽 참고.

이나 하급 관리들이 주로 거주하던 지역이었다. 이 지역은 한성조약의 체결 이후 일본공사관과 영사관이 설치되며, 진고개와 주동 일대를 중심으로 '일본인 거류지'로 조성되었다. 청일전쟁의 결과 일본인 거류민이 2배 이상 급증하면서 기존 거류지의 서쪽 방면 즉, 한성부의 중심 지역인 남대문로 일대로 그 규모가 확장되었다. 이어서 러일전쟁 이후에는 기존 거류지의 동쪽 방면으로의 팽창과 함께 성외 지역인 용산 일대에 철도와 병영이 들어서면서 그 일대가 제2의 일본인 거류지로 본격적으로 성장했다.

병합 이전 남촌과 용산을 중심으로 형성되었던 일본인 거주 공간은 병합 이후 사방으로 보다 확대되었다. 그 대체적인 변화 양상을 조선국세조사 결과를 바탕으로 작성된 다음의 〈그림 1〉을 토대로 살펴볼 수 있다.

〈그림 1〉은 1925년과 1935년 서울의 각 정町·동洞·통通별 인구 분포를 민족별 점유율에 따라 구분한 것이다.[13] 해당 행정구역 내 하나의 민족이 차지하는 점유율이 85% 이상일 경우를 '독거지'로, 이하일 경우를 '잡거지'로 분류하고 있다.[14] 여기에 따르면 1925년 현재 한국인 독거지는

13 일제강점기 서울의 행정구역 단위는 3차례에 걸쳐 크게 변경되었다. 1914년 府制 시행 당초에는 서울의 행정구역을 186개의 町과 洞으로 구분했다. 이때 일본인이 많이 거주하는 지역은 町으로, 한국인들이 전통적으로 거주해온 지역은 洞으로 명명해 행정구역 명치에 민족별 구분을 반영했다. 이후 1936년 경성부의 부역 확장 과정에서 정·동·통·정목으로 구분했던 하부행정구역 명칭을 町으로 통일했다. 한편, 1943년부터는 區制를 처음 도입해 서울을 7개 구로 구분했다(서현주, 〈경성부의 조직과 행정〉《서울2천년사》 26, 서울역사편찬원, 2015, 33·37·55쪽 참고). 이 글에서는 편의상 1914~1936년까지의 정·동·통별 구분을 기준으로 내용을 서술했다.

14 이러한 구분은 일제강점기 서울의 민족별 인구분포를 거시적으로 살펴보기에는 매우 유용하다. 다만, 다음과 같은 몇 가지 한계를 갖는다. 첫째, 독거지와 잡거지의 구분기준이 임의적이라는 점이다. 이 구분에 따르면 하나의 민족의 점유율이 85% 이하인 지역을 잡거지로, 그 이상을 독거지로 분류하였다. 그러나 이때 기준이 되는

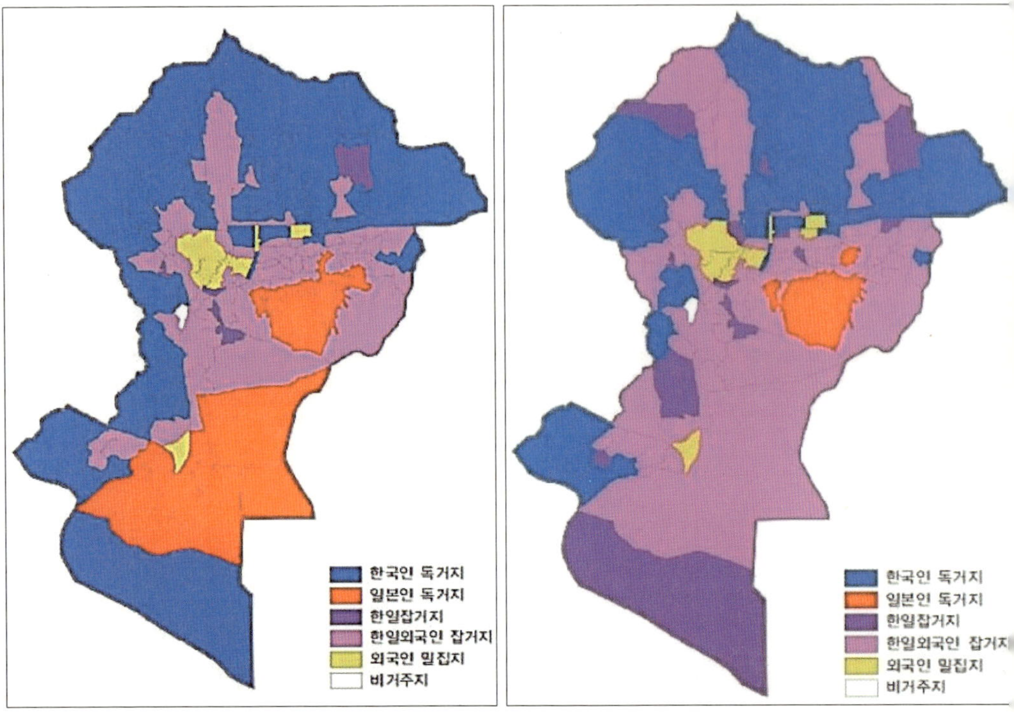


〈그림 1〉 1925년(좌)과 1935년(우) 서울의 민족별 인구분포

비고①: '독거지'는 한 민족의 비율이 해당 정·동·통 인구의 85% 이상인 경우를, '잡거지'는 85% 이하인 경우를, '비거주지'는 전체 인구가 10명 이하인 경우를 의미한다.

비고②: 출전의 원자료인 《조선국세조사보고》(1925·1930)의 각 정·동·통별 민족별 인구 수치는 이준식, 〈일제강점기 경성부의 공간구조 변화와 인구변동〉 《향토서울》 69, 2007에 상세하다.

출처: 김종근, 〈인구증가와 주민구성〉 《서울2천년사》 26, 서울역사편찬원, 2015, 237·240쪽.

서울 전체 면적 중 53%에 해당했다. 현저·청운·삼청·가회동 일대의 북부 지역과 마포·도화동 및 죽첨3·금정 일대의 서부 지역, 이촌동 일대

85%는 임의적인 수치라는 점을 부정하기 어렵다. 둘째, 정·동·통 이하의 하위 단위 지역의 상황은 파악할 수 없다. 정·동·통 하부의 일상적인 '생활권', 즉 마을이나 거리의 삶의 양상은 보여주지 못한다. 그럼에도 현재까지 발표된 서울의 민족별 인구분포 연구 중 가장 가시적이라는 점에서 이 글에서는 이 구분을 그대로 차용했다. 향후 더 구체적인 '생활상'을 반영할 수 있는 연구를 기약한다.

의 남부 지역이었다. 이를 제외한 일대 즉, 광화문통부터 한강통에 이르는 나머지 전역이 일본인의 독거지 또는 일본인과 타민족의 잡거지에 해당했다. 바꿔 말하면, 병합 이전까지는 남촌과 용산 일대를 중심으로 했던 일본인 거주 공간이 광화문 및 서대문 방향으로 북진하면서 그 규모를 확장해 나간 것을 알 수 있다.

이어서 1935년의 변화상을 살펴보면, 1935년에는 한국인의 독거지가 서울 전체 면적의 43%로 줄어들었다. 이를 대신해 일본인이 포함된 잡거지가 크게 늘어나, 북부의 청운·옥인동 일대, 동부의 혜화·동숭동 일대, 서부의 죽첨3·금정 일대, 남부의 이촌동 일대가 한국인 독거지에서 일본인을 포함하는 잡거지로 변화했다. 한편 1925년과 비교해 일본인 독거지 역시 줄어들었다. 본5·신정 등 남촌 일대의 일부 지역과 한강 1~16통 일대의 용산 전역이 일본인 독거지에서 조선인, 일본인, 외국인의 잡거지로 변화한 것이다.

이처럼 병합 이후 서울에서 한국인과 일본인 사이의 '접촉지대'는 계속해서 확대되어 나갔다. 여기에는 크게 3가지 원인이 작용했다. 첫째, 관사·사택의 건설에 따른 일본인 집주 지역의 확대이다. 먼저 〈그림 2〉를 통해 일제하 서울에서 관사·사택이 건설된 양상을 살펴볼 수 있다.

일제하에서 서울의 관사·사택 위치는 점차 북진하는 경향을 보였다. 병합 이전까지 조선총독부 및 그 산하 기관의 관사와 조선은행 등 기업의 사택은 주로 왜성대·대화정 등 남촌을 중심으로 조성되었다. 총독부 산하 일부 관사만이 서대문정에 자리하는 상황이었다. 그러나 1926년 10월 광화문 북단에 조선총독부 청사와 경성부 청사가 준공되면서 북부의 청운·통의동 및 광화문통 방면이 관사촌으로 전환되었다. 또한 1920년대 말부터 1940년대까지 동부의 동숭·이화동 일대에 경성제국대학 관사가 건립되면서 인근 지역에 일본인의 진출이 두드러지게 나타났

① 병합 이전 건설된 관사·사택

② 1911~1927년 건설된 관사·사택

③ 1928~1945년 건설된 관사·사택

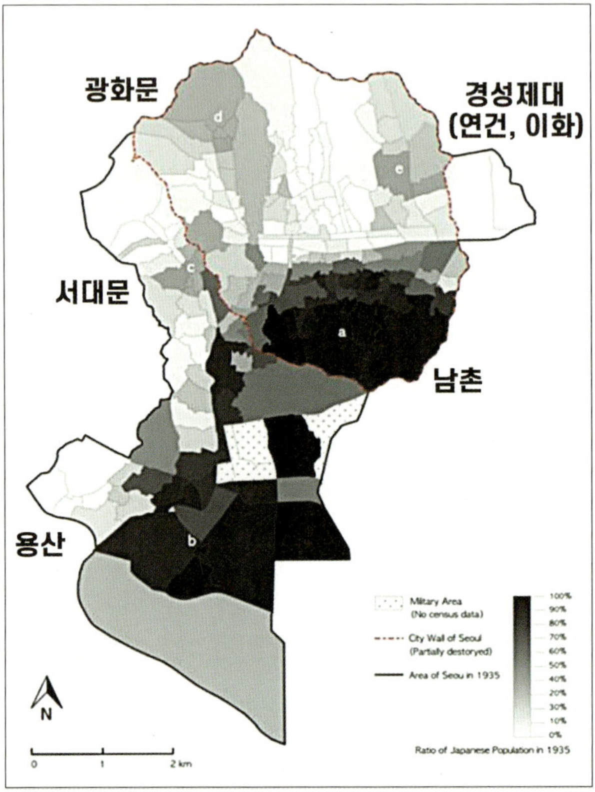


④ 1935년 일본인 집주지역

〈그림 2〉 일제하 서울의 관사·사택과 일본인 집주지

비고: 원본 그림에 건물·장소명을 필자가 표기.

출처: ①~③ 김명숙, 앞의 글, 2004, 47쪽; ④ Yeonkyung Lee, "Taipei and Seoul's Modern Urbanization under Japanese Colonial Rule" *Sustainability*, 2020.12, p.9.

다.[15] 그에 따라 〈그림 2-④〉처럼, 1935년 현재 일본인 집주 지역은 남촌과 용산 등 거류지로 발달한 지역 외에도, 광화문, 서대문, 연건·이화동과 같은 관사·사택 밀집 지대를 중심으로 변화된 것을 확인할 수 있다.

둘째, 일본인 상점 및 가정 내 조선인 입주 사용인의 증가이다. 이는 기존에 일본인 독거지로 분류된 지역이 일본인과 조선인의 혼거지로 변화된 배경을 보여준다. 먼저 남산·본·신·대화·영락정 등지가 거류지로 개설된 이래로 일본인 집주 지역이었던 남촌 일대는 1927년 이후 조선인의 1세대 당 인구가 많은 지역으로 변화했다. 구체적으로 살펴보면, 남산정2정목 105명, 남산정1정목 53명, 수정 53명, 본정2정목 52명, 본정1정목 39명, 욱정 27명, 대화정1정목 20명, 본정3정목 13명 등으로, 1세대 당 조선인 인구가 적게는 10명 이상, 많게는 100명 이상에 달할 만큼 많았다.[16] 이는 일반적인 '가족' 단위의 세대구성 양상이라기보다는 조선인들이 상점 및 공장 부설 기숙사·합숙소 등의 집합숙소에 거주 중이거나, 상점·가정 등에 입주 사용인으로 고용된 상황임을 보여준다. 특히, 여성의 경우 1920년대 중반 이후 일본인 또는 조선인 가정에 하녀로 채용된 자가 1929년 현재 1만 6,000여 명,[17] 1940년 현재 4만 8,051명에 달할 만큼 크게 늘어났다.[18] 아래에서 재론하는 것처럼, 이는 조선인 가정에 비해 급여가 높았던 일본인 가정으로 조선인 여성 사용인의 채용이 증가하면서[19] 일본인 집주 지역에서 이들 인구가 상당한 규모를 차지할

15 서현주, 앞의 글, 2000, 249~250쪽 참고.

16 서현주, 앞의 글, 2000, 256쪽 참고.

17 〈月六圓의 勞銀바다 六千婦女가 진고개로〉《조선일보》 1929년 11월 27일.

18 〈식모도 구직난: 둘 수도 안 둘 수도 없는 두통거리〉《매일신보》 1940년 5월 3일.

19 당시 하녀 채용에서 일본인 가정으로의 선호가 나타난 현상에 대해서는 이아리, 〈일제하 '가사사용인'의 등장과 그 존재 양상〉《한국사론》 60, 2014와 서지영, 〈식민지

만큼 늘어난 것으로 추정할 수 있다.

셋째, 고급 주택지의 개발에 따른 일본인 거주 공간의 확대이다. 1920년대 이후 일본에서 전원주택 개념이 유입되면서, 서울에서도 "공기 좋고 채광과 통풍에 유리한 건강한 주택지", "이상적인 전원주택지", "근대 문화도시", "건강 장수촌" 등의 광고 문구를 달고 고급 주택지의 개발이 본격화되었다. 〈그림 3〉은 일제하에 개발된 서울의 고급 주택지 가운데 일본인 거주 비중이 높았던 4개 지역을 표시한 내역이다.[20]

〈표 2〉 일제하 서울의 일본인 집주 고급 주택지 규모

| 지역 | 주택지명 | 개발규모 |
|---|---|---|
| 충정로 | 금화원 | 미상 |
| 흑석동 | 명수대 | 1차 33,000평 |
| | | 2차 45,000평 |
| | | 3차 80,000평 |
| 후암동 | 학강 | 1차 7,560평 |
| | | 2차 8,667평 |
| | | 3차 2,555평 |
| | 미요시주택지 | 약 4,500평 |
| | 신정대 | 미상 |
| 신당동 | 경성문화촌 | 30,000평 |
| | 소화원 | 2,1000평 |
| | 무학정 | 1차 5,600평 |
| | | 2차 5,100평 |
| | | 3차 8,900평 |
| | 송구주택지 | 20,000평 |
| | 박문대 | 80,000평 |
| | 송운대 | 미상 |
| | 앵구주택지 | 1차 23,529평 |
| | | 2차 9,954평 |
| | | 3차 40,000평 |

조선, 하녀들의 공간과 친밀성의 함의들〉《두 조선의 여성》, 혜안, 2016을 참고.

20 이하 고급 주택지 개발에 대해서는 이경아, 앞의 책, 2019를 참고.

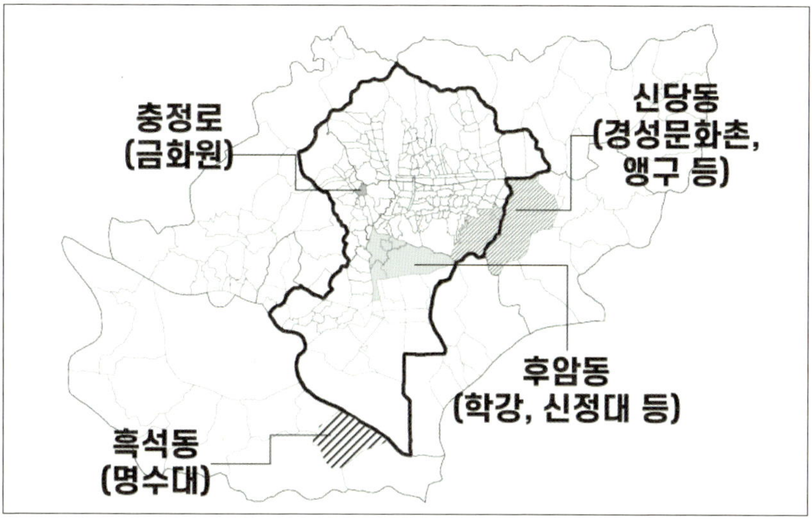


〈그림 3〉 일제하 서울의 일본인 집주 고급 주택지 분포

도시 중심부부터 외곽지역 순서로 살펴보면, 먼저 현재의 후암동 일대는 본래 한적한 농촌이었지만 1920년대 이후 경성의 3대 문화주택지 중 하나로 변화되었다. 이 지역은 1920년대 초반 조선은행 사택지가 형성된 이래, 1930년대까지 학강[鶴ケ岡], 삼호화三好和, 삼판통三坂通, 신락원神樂園, 신정대神井臺, 일출구[日の出ケ丘] 등 다양한 브랜드의 주택지가 개발되었다. 이 지역은 주로 중상류층 일본인들에게 인기가 많았던 것으로 알려져 있다. 일례로 학강 주택지에는 경성남산공립심상소학교 교장, 혜화보통학교 교사, 경성제국대학 교수, 총독부 관료, 의사, 회사 사장, 기자 등의 엘리트들이 거주한 것으로 조사된 바 있다. 이어서 현재의 충정로에 건설된 금화원金華園 주택지는 1928년부터 3차에 걸쳐 분양되었다. 연료선광연구원, 적십자 등 각 기관에서 근무하는 임원이나 공무원, 의사, 교수, 교사 등이 거주했다. 다음으로 현재의 신당동 일대는 소화원昭和園, 경성문화촌京城文化村, 남산장전고대南山莊前高臺, 앵구[櫻ケ丘]주택지 등 이른바

'교외 주택지'가 개발되었다. 마지막으로 현재의 흑석동 일대에 개발된 명수대明水臺주택지는 장수촌, 별장주택지, 학원도시 등의 일본 본토에서 유행하는 최신식 이미지를 표방하는 한편, 투자 목적으로 토지를 구입할 것을 홍보해 토지 투기 열풍을 불러오기도 했다. 이 지역은 1932년부터 분양을 시작한 이래 조선인의 분양이 늘어나면서, 1940년대에는 일본인 가구보다 조선인 가구의 수가 더 많아진 바 있다.

이처럼 1920년대 이래 관사와 사택의 북진, 일본인 가정 내 조선인 고용인의 고용 증가, 경성 외곽의 고급 주택지 개발이라는 흐름 속에서 서울의 일본인 거주 공간은 그 영역을 계속 넓혀나갔다. 그럼에도 불구하고 정·동과 같은 행정구역 단위의 거시적인 인구 통계나, 이를 토대로 제작한 지도를 살펴보는 것만으로는 이들 일본인 거주 공간의 문화적 특징을 제대로 살펴볼 수 없다. 아래에서는 이러한 인구·공간에 대한 이해를 바탕으로, 일제하 서울의 일본인과 조선인과의 관계 및 일본인 사회의 내부문화를 검토하고 이를 통해 이들 거주 공간의 문화적 특징을 알아보고자 한다.

## 3. 일본인 거주공간의 안과 밖

### 1) 토막민, 보이지 않는 이웃

일반적으로 도시개발에는 '원 거주민의 퇴거'라는 사회적 과제가 동반된다. 일제하 서울 도심에서 시작된 일본인 거주 공간 개발이 도심 외곽으로 점차 확대되면서, 도시 곳곳에서 원 거주민의 퇴거를 둘러싼 갈등이 거듭되었다. 특히 중상류층 주거지를 위한 문화주택지 개발은 많은 문제를 초래했다.

개발업자 측에서는 도심에 비해 땅값이 저렴하면서도, 대단지이면서, 도심으로의 접근성을 확보하되, 자연 속에서 위생과 풍치를 향유할 수 있는 지역을 문화주택지의 개발 대상 지역으로 선호했다. 이 과정에서 이들은 도심 외곽에 위치한 총독부 또는 경성부 소유의 공유림이나 공동묘지 등을 가장 유망한 지역으로 주목했다. 문제는 이들 지역에 터전을 잡고 있던 원 거주민의 다수가 소위 '토막민'으로 불리던 빈민이라는 점이었다.[21]

토막土幕은 "지면을 파서 그 단면을 벽으로 삼거나 혹은 땅 위에 기둥을 세우고 거적 등으로 벽을 삼고 양철이나 판자로 지붕을 만든 원시 주택"을 이르는 말로, 일제하에서 처음으로 나타난 주거 형태였다.[22] 병합 이후 식민지 지주제의 실패와 잦은 재해 속에 살길을 찾지 못한 농촌의 빈민들이 일자리를 찾아 도시화가 급격하게 진행 중이던 서울로 모여들었는데, 이 과정에서 도심 외곽의 공동묘지나 공유림으로 몰려든 빈민들이 군락을 이루면서 서울 각지에 '토막촌'이 형성된 것이다.

1910년대까지 이들 토막촌은 관청의 눈에 띄는 존재가 아니었다. 일례로 1914년 당시 동대문경찰서 관할 구역 내에서 3~4호의 불량주택만 파악되었을 뿐이었다.[23] 그러나 1920년대 이후 서울의 도시개발이 본격

21 일제하 서울의 토막민에 대해서는 이미 많은 연구가 진행되었다. 여기에서는 이들 여러 연구 중 일본인을 위한 고급 거주 공간의 개발이 토막민 또는 토막을 개량해서 사는 불량주택 거주민에게 미친 영향을 상술한 이명학의 연구를 주로 참고했다. 강만길, 《일제시대 빈민생활사연구》, 창작사, 1987; 손정목, 앞의 책, 1996; 곽건홍, 〈일제하의 빈민: 토막민, 화전민〉《역사비평》 46, 1999; 염복규, 〈도시계획의 두 얼굴, 빈민의 구제와 배제〉 앞의 책, 2016; 박정희, 〈일제강점기 문학에 고지된 '철거명령'〉《인문논총》 76-2, 2019; 이명학, 앞의 글, 2021.

22 京城帝國大學衛生調査部, 박현숙 역, 《토막민의 생활과 위생(1942)》, 민속원, 2010, 79~80쪽.

화되면서 이들 토막촌에 사는 토막민들은 사회적인 문제집단으로 포착되기 시작했다. 신속한 개발을 통해 더 많은 이윤을 차지하기를 원했던 개발업자들은 이들 토막민을 공유지를 점거하는 무뢰한이자, 집단행동을 일삼는 불법적인 존재로 취급했다. 행정관청 역시 이들을 통제 불능의 '암癌'적인 존재로 인식했다.[24] 반면 토막민들은 개발업자와 행정관청 측이 이윤·위생·미관 등을 내세우는 데 맞서 '생존권'을 주장하며 집합행동을 통해 그 터전을 지키고자 했다.[25] 광희문 밖의 신당동은 일제하 서울에서 개발업자, 행정관청, 토막민 사이의 갈등이 가장 첨예하게 벌어진 접전지였기에 주목할 만하다.

앞서 살펴본 것처럼 신당동 일대는 1920년대 이후 대표적인 고급주택지 중 하나로 개발되면서 서울의 일본인 중상류층이 선호하는 근대적인 문화주택지로 변모했다. 이 지역은 〈그림 4〉를 통해 확인할 수 있는 것처럼, 원래 얕은 구릉을 둘러싸고 공동묘지(〈그림 4-①·⑤〉 참고)와 공유림이 위치한 지역이었다. 개발업자들은 이 지역을 서울 도심으로의 접근성이 좋고, 조용하고 깨끗한 환경 속에서 전원생활을 즐길 수 있으며, 장충단공원 등에 인접해 여유로운 교외생활에 적합한 곳으로 선전하며, 이 일대에서 고급주택지 개발을 추진했다.[26] 특히, 이러한 흐름을 주도한 것은 동양척식주식회사의 자회사 조선도시경영회사였다. 이 회사는 신당동이 홍수의 우려가 없고 전차와 도로가 구비되어 있다는 점에 주

23 이명학, 〈일제시기 철거반대운동의 추이와 조직화 양상〉《한국독립운동사연구》 74, 2021, 262쪽 참고.

24 京城帝國大學衛生調查部, 박현숙 역, 앞의 책, 2010, 79~80쪽.

25 일제하 조선에서 토막민을 포함한 불량주택 거주민들을 대상으로 한 철거 시도와 이들 주민들의 철거반대운동에 대해서는 이명학, 앞의 글, 2021에 상세하다.

26 이경아, 앞의 책, 2019, 190~222쪽.

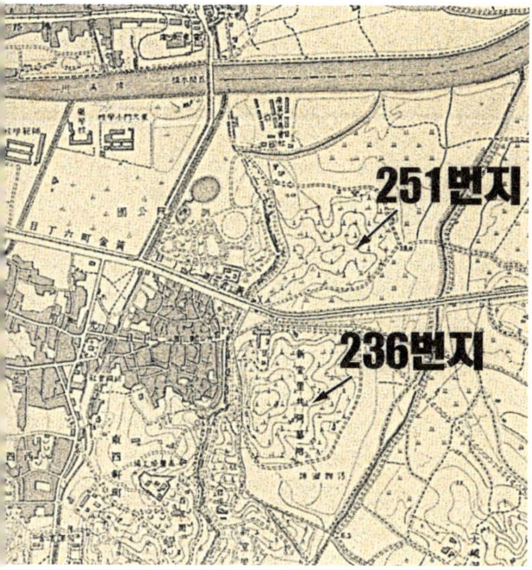


922년 신당리(개발 전)

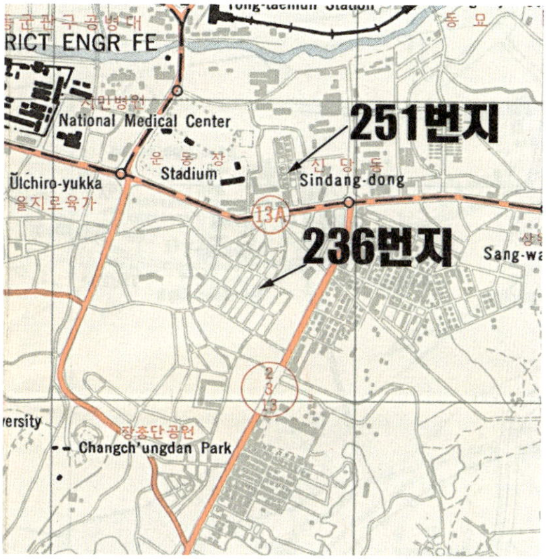


② 1950년 신당리(개발 후)

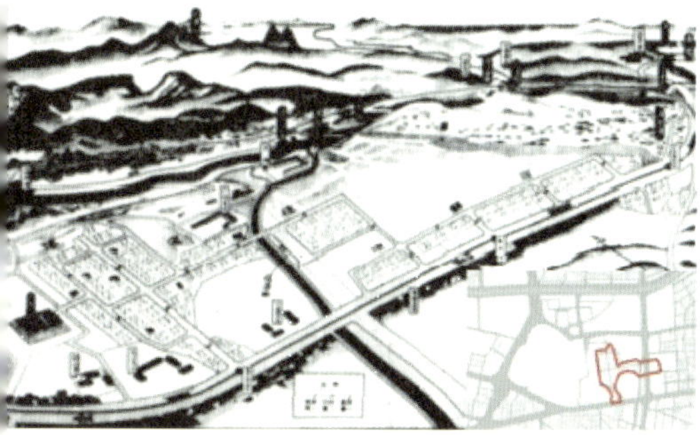

당리 251번지 용곡점포주택지 분양안내도

④ 신당리 236번지 앵구주택지 안내도

당리 236번지 개발 이전(공동묘지)

⑥ 신당리 236번지 개발 이후(앵구주택지)

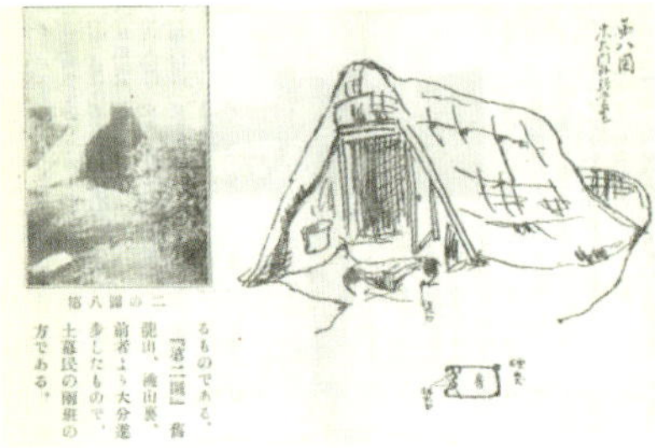

⑦ 신당리 토막 스케치

⑧ 신당리 236번지 토막 철거 반대 대회

⑨ 신당리 236번지 토막
거 현장

〈그림 4〉 일제하 신당리의 문화주택 개발과 토막

비고: 신당리 내 상세 번지는 1936년 제작된 〈대경성전도〉(서울역사박물관)의 번지 표기를 참고했다.

출처: ① 일본육군측량부, 〈조선지형도〉, 1922(서울역사박물관); ② 〈서울시가지도〉, 1950(서울역사박물관); ③ 서울역사박물관, 《동대문시장: 불이 꺼지지 않는 패션아이콘》, 2011, 45쪽; ④ 청계천박물관, 《장충단에서 이간수문으로 흐르는 물길, 남소문동천》, 2018, 62쪽; ⑤ 서울역사박물관, 《성 베네딕도 상트 오틸리엔 수도원 소장 서울사진》, 2014, 44쪽; ⑥ 東洋拓殖, 《東洋拓殖株式会社三十年誌》, 東洋拓殖株式会社, 1939; ⑦ 朝鮮建築會, 《朝鮮と建築》 9-10, 1930, 13쪽; ⑧ 〈嚴寒압두고 撤去要求 三千住民은 어듸로〉 《매일신보》 1933년 11월 11일; ⑨ 〈買收準備中의 新堂里土幕差押〉 《조선일보》 1933년 12월 17일.

목했다. 그 결과, 공유림 등을 매집하면서 1932년을 기준으로 이미 이 일대에 50만 평의 토지를 가지고,[27] 이를 기반으로 1932년에는 제1기 앵구주택지(〈그림 4-④〉 참고), 1934년에는 장충단주택지, 1935년에는 용곡점포주택지(〈그림 4-③〉 참고), 1936~7년에는 제2·3기 앵구주택지, 1938년에는 앵구임간주택지, 1944년에는 안암주택지와 왕십리주택지의 조성을 추진했다.[28]

신당동 내에서 이러한 고급주택지 개발과 관련해 개발업자와 토막민 사이에 특히 많은 갈등이 초래된 곳은 신당리 236번지와 251번지 일대였다(〈그림 4-①〉 참고). 공동묘지가 위치한 신당리 236번지 일대는 원래 경성부 소유의 부유지府有地였다. 경성부는 묘지와 화장장의 신설을

27 이경아, 앞의 책, 2019, 201쪽.

28 이경아, 앞의 책, 2019, 202쪽; 이명학, 앞의 글, 2021, 163쪽 참고.

비롯해 여러 사업의 원리금을 마련하기 위해, 1928년 이 일대의 부유지 14만 5,897평을 평당 3원 20전에 일본 간사이[關西] 지역 재계의 거두였던 시마 도쿠조[島德藏]에게 매각하는 가계약을 체결했다. 이후 가계약 조건이었던 '도로 축조' 문제가 원인이 되어 경성부윤, 경성부회, 시마 도쿠조와 그의 대리인 방규환方奎煥 사이에 장기간 갈등이 거듭되어, 이 계약은 쉽사리 이행되지 못했다. 결국 1931년 1월 경성부에서 도로 축조를 완료하면서 최종 성사되었다. 이 일대는 1931년 8월 약 700호의 주택 건설 계획을 내걸고 개인에게 분양되었는데, 그 가격은 평당 8~25원으로 1928년 매각 당시 가격에서 최대 약 8배 이상으로 폭등한 수준이었다.[29] 이 과정에서 이 일대에 거주하던 토막민의 퇴거 문제가 큰 갈등을 일으키게 되었다.

앞서 언급한 것처럼 1920년대 이후 서울 곳곳에는 토막촌이 조성되었다. 특히 신당동 일대는 근처의 쓰레기 매립장에서 고물을 수집해 내다 팔 수 있었기 때문에[30] 단기간 내에 빠른 속도로 토막이 형성되어 문제를 키웠다. 그 규모를 구체적으로 확인해 보면, 문제가 된 신당리 236번지에는 1925년 4월 당시 18호(남자 32명, 여자 26명)에 불과했던 토막이,[31] 1927년에는 69호,[32] 1928년 9월에는 204호(821명)로 급증했다(〈그림 4-⑦〉 참고).[33] 이들 토막민의 퇴거 문제는 경성부와 시마 도쿠조 사이

29 신당리 236번지를 둘러싼 경성부윤과 경성부회, 시마 도쿠조 사이의 논의에 대해서는 김동명, 〈식민지 조선에서의 부협의회의 정치적 전개: 1929년 경성부 '신당리토지문제'를 중심으로〉《한일관계사연구》 43, 2012를 참고.

30 이명학, 앞의 글, 2021, 315쪽 참고.

31 〈日收入百餘圓으로 近千日가延命하는〉《조선일보》 1925년 4월 3일.

32 〈府內土幕土窟居住調〉《경성휘보》 72, 1927, 13쪽.

33 〈東大門管內가 首位를 占領, 문제 중에 있는 신당리 일부〉《매일신보》 1928년 9월 21일.

에 계약이 체결된 1928년 당시부터 논의되기 시작해, 계약이 모두 완료된 1933년 이후까지도 계속되었다. 이 과정에서 토지 소유자인 시마 도쿠조의 대리인 방규환은 토막민을 상대로 강압적인 방식으로 퇴거를 강행했다. 1930년에는 아직 퇴거가 이루어지지 않은 곳에 인부를 보내 매몰공사를 추진하다 경찰로부터 "비인도적인 처사"라는 이유로 공사 중지 명령을 받았으며,[34] 1933년 11월에는 변호사를 통해 가옥철거통지서를 발송한 후 12월에 집달리와 인부를 대동한 철거를 추진하기도 했다.[35] 여기에 대해 방규환은 다음과 같은 입장을 밝혔다.

> 나는 그 토지에 사는 구차한 사람들에게 동정을 표하야 실상은 작년 가을에 철퇴시킬 것이로되 겨울이 임박하얏섯슴으로 봄까지 유예를 주엇습니다. 그간 세 번이나 재촉을 하얏지오. 그들의 정경이 가긍은 하나 내가 권리를 주장하는 것이 아니라 팔자고 산 토지라 소유자의 생각도 하야 주어야 되지 안켓습니까. 나는 좀 그들을 위하야 총독부를 비롯하야 당국에 대하야 적당한 이주지를 택하야 달라고 요구하기까지 하얏습니다. 또 그 토지에 사는 가옥의 철퇴는 당국에서 행하야 줌이 가당한데 모른 체 하니 불가불 내가 하게 된 것이오.[36]

즉 재산권 행사는 당연한 권리이며, 총독부를 비롯한 행정관청 측에서 협조하지 않으니 자신이 직접 나서 토막의 철거를 추진할 수밖에 없다는 입장이었다. 여기에 대해 토막민 측에서는 원래 원가가 낮았던 공유

34 〈新堂里土幕村에 警察部長이出動〉《조선일보》 1930년 3월 26일.

35 〈買收準備中의 新堂里土幕差押〉《조선일보》 1933년 12월 17일.

36 〈所有權도 移轉안코 土幕民에 撤退强迫, 新堂里 土地問題 再燃〉《동아일보》 1930년 3월 25일.

림을 일본인 개인에게 매각해 폭리를 거두게 하는 것은 부당하며, "우리는 갈 곳이 업스니 그 땅을 원가대로 우리에게 팔아달나."라고 호소했다.[37] 결국 본격적인 철거가 추진된 1933년부터는 4차에 걸쳐 토막민의 주민대회가 개최되어(〈그림 4-⑧·⑨〉 참고), 평당 15원으로 6년간 연부로 토지 대금을 상환하기로 하고 이 일대를 토막민 측이 매입한다는 협정을 체결했다.[38] 매각 원가의 5배에 달하는 금액이었다. 그럼에도 이후 이 일대는 조선도시경영회사가 운영한 앵구주택지 단지로 포함된 것으로 조사되었으며,[39] 해방 직후인 1950년 지도를 통해서도 가로 공사가 완료된 것을 확인할 수 있다(〈그림 4-②〉 참고). 결국 토막민은 퇴거되고 개발이 추진된 것이다.

한편 신당리 251번지에서는 1935년 이후 주택지 개발과 토막민 사이에 또 다른 첨예한 갈등이 벌어졌다. 이 지역은 소화공과학교昭和工科學校와 용곡여자학교龍谷女子學校 뒤편의 구릉지로 원래 조선총독부 소유의 국유림이었다. 1932년 4월 동양척식회사가 그 소유권을 불하받으면서 회사의 대리인 전홍식全弘植이 토지 관리를 담당하게 되었다. 그는 이후 이 일대 토막 200여 호로부터 소작료를 받는 외에도, 이들에게 주재소 부장의 전근 기념 비석 설립 기부금, 순경 막사 설립 기부금 등을 받아 임의로 편취하거나, 계장契長을 맡아 동네의 대표자 역할을 자처하면서도 관청에서 무료로 받은 파리약을 개당 10전씩 주민에게 되파는 등 기행을 일삼아서 토막민의 원성을 샀다.[40] 그는 1935년 회사 측이 주택지 건설 계획을

37 〈모혀드는土幕民 驅逐方法을講究〉《조선일보》 1931년 4월 28일.

38 〈新堂里土幕問題 地主要求대로落着〉《조선일보》 1933년 12월 20일.

39 청계천박물관, 《장충단에서 이간수문으로 흐르는 물길, 남소문동천》, 2018, 60~61쪽 지도 참고; 이경아, 앞의 책, 2019, 205쪽 참고.

40 〈無智한土幕民을 弄絡騙財한惡德漢〉《조선일보》 1935년 5월 25일.

① 금화장주택지 토막민이 수용된 향상대

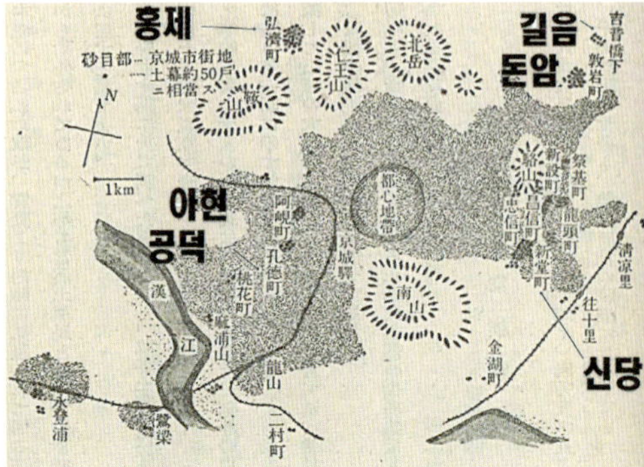


② 1940년 서울의 토막 분포도

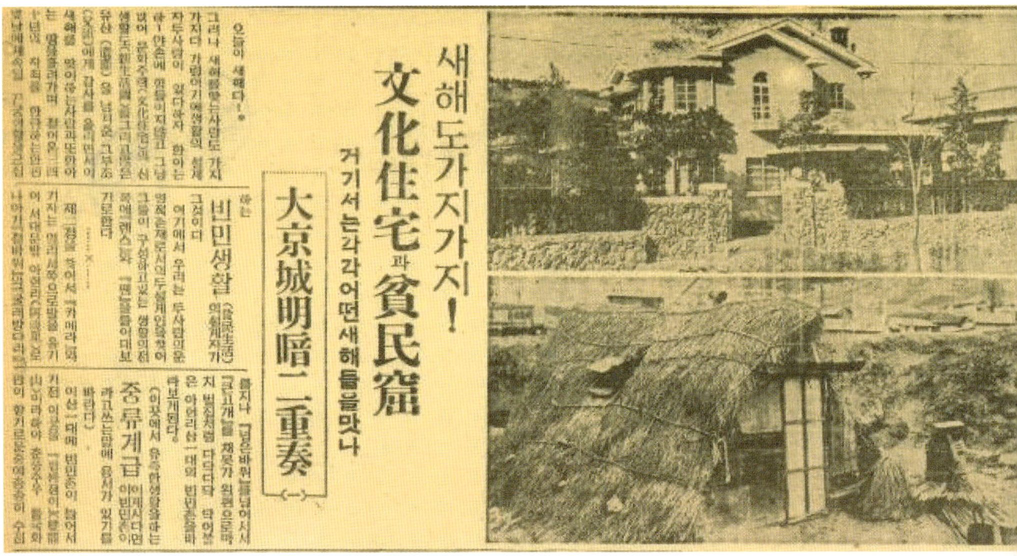

새해도가지가지!

文化住宅과 貧民窟

거기서는각각어떤새해들을맞나

大京城明暗二重奏 (一)

빈민생활

중류계급

③ 일제하 서울의 문화주택과 토막의 공존을 비판하는 신문기사

〈그림 5〉 일제하 서울의 문화주택 개발과 토막

출처: ①·② 京城帝國大學衛生調査部,《土幕民の生活·衛生》, 岩波書店, 1942; ③〈새해도 가지가지! 文化住宅과 貧民窟 거기서는 각각 어떤 새해들을 맞나〉《조선중앙일보》 1936년 1월 3일.

추진하자, 회사 직원들과 함께 인부를 대동해 토막민이 경작해 놓은 채소밭을 허물어트리며 공사를 강행하는 한편, 마을의 유일한 우물 한 곳을 메워 철거를 주도했다.[41] 이에 대응해 토막민들은 회사 측이 제시한 이전지인 사근리沙斤里로 일부가 이전했으나, 이 지역이 홍수가 나면 즉시 침수되는 위험한 지역임을 알게 되자 원래의 토막으로 다시 돌아와 회사 측과 갈등을 빚었다.[42] 자료의 부족으로 이후의 상황을 세밀하게 추적할 수는 없지만, 결국 이 지역은 '용곡점포주택지'라는 최신식 고급주택단지로 개발되어(〈그림 4-③〉 참고) 1950년 현재 정돈된 가로가 형성된 것을 확인할 수 있다(〈그림 4-②〉 참고). 앞서 살펴본 신당리 공동묘지 부지와 마찬가지로 원거주민이었던 토막민과 오랜 갈등 끝에 개발이 관철된 것이다.

이처럼 일본인 중상류층을 위한 고급주택지의 형성은 매끄럽게 추진되지 않았다. 개발업자와 행정관청은 이들 지역을 고급단지로 개발하기 위해 그 지역을 터전으로 삼던 빈민들을 추방했고, 도심에서 더 떨어진 외곽으로 이전시켜 이들을 시야에서 가리기위해 노력했다. 1935년 경성부에서 추진한 금화원 인근의 토막민 이전 사업은 고급주택지 개발을 위해 빈민들을 비가시화한 대표적인 사례였다. 경성부는 서대문경찰서에 의뢰해 금화원 인근의 토막민을 경기도 고양군 사평면 홍제동의 '향상대'로 이전시켰다.[43] 향상대는 불교단체인 대곡파 본원사에서 국유림

41 〈二百餘戶細民住宅 突然한撤去命令〉《조선일보》 1935년 9월 2일; 〈新堂里土幕撤毁 整地工事를開始〉《조선일보》 1935년 9월 3일; 〈貧民逐出의怪手段 井戶를메워버려〉《조선일보》 1935년 9월 24일.

42 〈都市經營會社의暴擧〉《조선일보》 1935년 9월 24일.

43 〈京城府內に巢喰ふ土幕民整理進む〉《경성일보》 1935년 11월 7일; 〈金華山上의土幕民 弘濟內里로 移住〉《조선중앙일보》 1935년 11월 8일.

2만 3,000여 평을 불하받아 개설한 토막민 수용사업지였다. 이곳은 1934년 개설 당시에는 관내 토막민 1,000호를 수용하는 것을 계획했는데 1940년 현재 이미 포화 상태에 달할 만큼 많은 인원을 포함하고 있었다.[44] '토막민 수용지'라는 번듯한 이름을 붙여두었지만, 그 실상은 도심에서 보이지 않는 곳에 형성된 또 다른 토막촌에 다름 아니었다(〈그림 5-①〉 참고).

한편, 행정관청과 개발업자의 이러한 노력에도 불구하고 토막민들은 도심 곳곳으로 다시금 찾아들었다. 그 결과 1936년 4월 현재 서울에서 토막이나 불량주택에 거주하는 주민은 총 3,290호, 1만 152명에 달했다.[45] 그 중 가장 많은 수가 거주했던 곳이 고급주택단지가 속속 설립되던 신당동이었다. 같은 시기 신당동에는 1,727호의 토막 및 불량주택이 있었고, 여기에는 7,633명의 인구가 거주했다. 서울의 토막 및 불량주택 중 약 45%가 이곳에 몰려있었던 것이다. 한쪽에서는 화려한 문화주택 단지가 개발되었지만, 여기에 원래 살던 토막민들은 문화주택 주민의 시선이 닿지 않는 도심 외곽의 더욱 후미진 곳으로 쫓겨 간 것일 뿐이었다(〈그림 5-②〉 참고). 당시 경성부의 한 관리는 이러한 세태를 하숫물에 비유하여 "아무리 자기 집 앞의 하수도를 청소해도 위에서 자꾸 흘러 내려오기 때문에 어떻게 해도 손쓸 방법이 없다."라고 말했다.[46] 토막민이 '보이지 않는 이웃'으로 일제하 서울의 일본인 사회의 근처에 늘 산재했던 것을 보여준다.

44 京城帝國大學衛生調査部, 박현숙 역, 앞의 책, 2010, 82쪽.
45 〈府內の土幕及不良住宅居住者狀況〉《경성휘보》183, 1936.
46 京城帝國大學衛生調査部, 박현숙 역, 앞의 책, 2010, 83쪽.

## 2) 하녀, 일본인 가정을 지탱하는 조선인

① 취미도, 욕망도 아무것도 없이 생존의 의의는 선명하지 않은데, 그렇죠. 세상의 부인과 어떤 공공적인 모임을 할지, 우리들 부인을 위해 어떤 유익한 사업을 경영하는 것을 희망해야 할지. 그렇지만 제 경우에도 도움이 될 수 있다면 남편이 허락하는 범위에서 감사히 최선을 다해 활동하고 싶습니다. 저는 모치지 로쿠사부로의 하나의 소유물로 존재하고 있습니다. 의지도, 의견도 로쿠사부로가 말하는 대로, 허락이 없으면 어떤 일도 할 수 없고, 말할 수 없는 신분입니다. 그래서 이런 소유물이라는 차원이 아니라면 부인으로서 정치나 외교의 일은 일본에서는 할 수 없는데. 하지만 저는 이런 소유물에 만족하고 있습니다. 그래서 단지 지금은 집 안을 나의, 부인의 천지라고 생각하고, 집안 일은 일체 내가 한다, 이 이상은 할 수 없다, 라고 할 때까지 노력을 기울이며 심도 있고 의미 있는 생활을 건실하게 해나가고자 생각하고 있습니다. 노력하고 있습니다. 저는 외출은 별로 하지 않는데, 현재 오락으로 하고 있는 것은 한 달에 한 번 다화회에 참석하는 것입니다. 각 국 영사 부인과 이야기하는 일이어서 취미도 흥미도 있습니다. 즐거운 모임입니다.[47]

② 조선뇨보[朝鮮女房]는 모두 품행이 나쁘며 정조가 없다. 남편도 또한 품행이 나빠 늘 바깥으로 돌아다니며 藝妓를 사고 요릿집 놀이를 하고 유곽을 드나든다. 아내 또한 추문을 흘린다. 그 때문에 이들 부부 사이에서 태어나는 아이는 당연히 사생자, 서자가 된다. 그 아이를 생육하기에도 아주 불완전한 상황이기 때문에 또한 품행이 나쁜 자식이 생기고 품행이

47 紫烟生, 〈婦人訪問記: 持地土木局長夫人〉《조선공론》 2-10, 1914, 91~92쪽.

나쁜 딸이 생기는 것이다. 이와 같은 상황이기 때문에 가정의 부패, 타락, 불화, 무미, 무정은 오히려 당연하다고 할 수 있다.[48]

③ 부인이 동반되지 않는 식민은 결국에는 실패로 돌아간다는 사실을 자주 듣고 있다. 그렇다면 우리 해외에 있는 부인의 책임이라는 것은 얼마나 큰 것일까. 작게는 일신일가를 위한 것이지만 크게 말하면 실로 나라의 발전과 큰 관계를 갖는 것이다. … 즉, 식민 정책으로 한 걸음 가까이 간 것이다. 나라의 발전에 비익을 끼친 것이다. 그리고 그 월계관은 결국에는 누구의 손에 떨어질 것인가, 생각이 여기에 이르면 식민지에 있어서 주부의 책임은 실로 중대한 것이다.[49]

④ 서구화된 당세 일본 여성이 직업전선에 속속 진출하여 남자의 직장을 점령하고 독신예찬주의자가 나날이 많아진 것은 부정할 수 없는 사실이다. 과연 이런 경향은 괜찮은 것일까? 그 논의 결과는, 그저 단순히 물질을 추구하는 데 그치고 있다. … 소위 직업여성은 개인 경제 사정만 허락된다면 역시 가정부인으로서 그 천직인 직장에 돌아가라는 것으로, 우선 자손 번영의 신념을 신조로 여성 자신을 위해서도 국가 사회를 위해서도 가장 바람직한, 보다 좋은 직장인 가정으로 돌아가라고 경고하는 것이다.[50]

48 在藤千助, 〈在韓同胞の家政〉《中央公論》82, 1905, 82쪽(송혜경, 〈일제강점기 재조일본인 여성의 위상과 식민지주의: 조선 간행 일본어 잡지에서의 간사이(韓妻) 등장과 일본어 문학〉《일본사상》33, 2017, 146쪽에서 재인용).

49 賤の女, 〈植民地の主婦〉《朝鮮》1-1, 1908(송혜경, 앞의 글, 2017, 148쪽에서 재인용).

50 이케다 기요시, 〈직업여성이여, 빨리 가정으로 돌아가라(1)〉《중앙공론》281, 1936(김효순·이승신·송혜경 편역, 《조선 속 일본인의 에로경성조감도》, 문, 2012, 48~51쪽).

⑤ 부인의 가정 防護작업에 대해 쓴 소리. … 지붕 위에 올라가거나 어떤 사람은 사다리를 올라가는 경우도 있다. 부인으로서 결코 적당한 작업이 아니라는 것이 일반적인 이야기이다. 또 연습 중에 입체라든가 평면이라든가 하는 등의 말을 사용하는데, 대부분의 부인은 입체가 무엇인지 평면이 어떤 작업인지 다 알고 있는 사람은 적다. 혹은 通水 개시 등, 말해도 전혀 알아들을 수 없다. 부인은 문밖에 나와 작업하기보다는 차라리 가정으로 돌아가 집을 지키는 것이 보다 중요하지 않을까. 부인이여 가정으로 돌아가라고 외치는 소리가 나오는 이유이다.[51]

1910년대 일본어 잡지《조선공론》에는 '명사부인 방문기'라는 코너가 만들어졌다. 1913년 7월호부터 1915년 12월호까지 계속된 이 시리즈는 기자가 한국 내 정재계 명사의 가정을 방문해서 그 부인들로부터 식민지 조선에서의 가정생활을 취재하고, 이를 바탕으로 식민지 조선의 일본인 사회에 '바람직한 식민자 가정'의 모범을 보여주는 것을 목표로 했다. 위의 인용 ①은 여기에 수록된 인터뷰 중 하나로, 병합 초기 서울 내 상류층 일본인 가정의 모습을 단적으로 보여준다. 인터뷰에 응한 부인은 서울의 삶을 대단히 폐쇄적이고, 제한적인 모습으로 설명했다. 서울은 남편의 근무를 위해 머무는 곳이며, 자신은 외출조차 별로 하지 않은 채 "집 안을 나의 천지"로 생각한다는 내용이었다. 가정을 사적인 공간이자 '여성'에게 어울리는 공간으로, 가정의 바깥을 공적인 공간이자 '남성'에게 어울리는 공간으로 구분하는 이러한 공간의 성별 구분 논리는 서울의 일본인 사회에서 병합 이전부터 꾸준히 담론화되었다.

51 경성잡필 사장 야나기가와 쓰토무, 〈잡필춘추〉《경성잡필》 1939년 9월(이민희 · 김계자 편역,《일본인, 경성을 보고 듣고 느끼다》, 역락, 2016, 154쪽).

이러한 성별 구분의 논리는 앞서 설명한 병합 이전 서울의 일본인 인구 구성과 밀접한 관련이 있었다. 병합 이전까지는 단신 이주한 일본인 남성 인구가 중심이었기 때문에, 윤락이나 현지처 문제 등 성적 통제를 둘러싼 사회문제들이 이어졌던 것이다.[52] 인용 ②는 이러한 사회조건 속에서 서울의 일본인 여성들을 '성적 위협에 놓인 위험한 집단'으로 보는 낙인찍기의 논리를 잘 보여준다. 인용에서 말하는 '조선뇨보'란 하녀 등으로 일하기 위해 일본에서 서울로 혼자 건너왔다가 결국 일본 본토에 처·자식을 둔 일본인 남성과 사실혼 관계로 살고 있는 일본인 여성을 지칭하는 말이었다. 기사에서는 이들이 품행이 좋지 않을 뿐만 아니라, 정조도 지키지 않고 여러 추문을 흘리며, 결국은 그와 비슷한 자녀를 길러내는 악순환을 가져온다고 비판했다.[53] 일본인 여성에게 '가정주부'라는 고정된 정체성을 부여하고, 이들 스스로가 '가정'이라는 공간 속에 머물도록 하는 인식은 이러한 시각의 연장선에서 나타났다. 즉 집 밖의 여성은 언제든 성적으로 타락할 수 있는 불순한 존재라는 관념 속에서 식민지 지배의 성공을 위해서는 가정주부로서 일본인 여성의 역할이 중요하다는 인식이었다. 인용 ③에서 말한 "부인이 동반되지 않는 식민은 결국에는

52 병합 초기 일본인 사회의 성적 통제를 둘러싼 각종 사건사고에 대해서는 권숙인, 〈식민지 여자, 제국의 주부, 군국의 어머니: 조선공론 지면을 통해 본 재조일본인 사회의 젠더 담론〉《일본비평》 18, 2018을 참고할 수 있다.

53 이러한 인식은 일제하에서 꾸준히 이어져, 재조선 일본인 문학 및 잡지 기사에는 성적으로 타락한 일본인 여성을 주인공으로 하는 '유곽물'·'여급물'이라는 특정한 장르가 형성되기도 했다. 여기에 대해서는 다음의 연구들을 참고할 수 있다. 김효순, 〈식민지 조선에서의 도한일본여성의 현실〉《일본연구》 13, 2010; 김효순, 〈1930년대 일본어잡지의 재조일본인 여성 표상:《조선과 만주》의 여급소설을 중심으로〉《일본문화연구》 45, 2013; 권숙인, 〈식민지 조선의 일본인 화류계 여성: 한 게이샤 여성의 생애사를 통해 본 주변부 여성 식민자〉《사회와 역사》 103, 2014; 송혜경, 앞의 글, 2017.

실패로 돌아간다.”는 말은 이러한 관점을 단적으로 보여준다.

여성에게 어울리는 공간은 ‘가정’이라는 성별 공간 분리의 논리는 서울의 일본인 사회에서 오랫동안 지속되었다. 1930년대 이후 도시화의 진전 속에서 교사, 의사, 타이피스트, 전화교환수 등 근대적 직종에서 여성의 사회 진출이 확대되고 있었음에도 불구하고, 일본어 잡지에서는 인용 ④와 같이 여성에게 “가장 바람직한, 보다 좋은 직장인 가정으로 돌아가라.”고 경고하는 내용의 기사가 실렸다. 또한 전시체제기에도 일본 본토에서는 애국부인회 등 여러 여성단체가 중심이 되어 여성의 총동원체제 참여가 본격화되었지만,[54] 조선의 일본어 잡지에서는 인용 ⑤와 같이 방공활동 참여도 여성에게는 적합한 일이 아니라며 “부인이여 가정으로 돌아가라.”는 비판이 실렸다.

이처럼 거리의 불온한 여성으로부터 일본인 남성과 가족, 나아가 식민지 지배를 지키기 위해, 서울에서 이상적인 일본인 가정의 모델은 핵가족을 중심으로 하는 사적이고 친밀하며, 폐쇄적인 공간으로 그려졌다. 이때 ‘하녀’는 이러한 가정에서 공존할 수 있는 유일한 타자였다.

〈그림 6〉과 같이 일제하 서울에 조성된 관사나 사택의 설계에는 하녀방[女中室・식모방]이 필수적으로 포함되었다. 이를 보면 ①과 ②처럼 비교적 규모가 컸던 경성부윤이나 조선은행 부장급 사택의 경우는 물론이고, ③과 ④와 같이 20평 남짓의 상대적으로 작은 규모였던 판임관급의 관사나 일반행원급의 사택에도 하녀방이 설계된 것을 확인할 수 있다. 당시 관사나 사택에 살았던 중류층 이상의 일본인 가정에서 ‘하녀’가 얼마나 당연한 존재였는가를 보여준다. 자료의 한계로 일제하에서 일본

54 후지이 다다토시, 이종구 역, 《갓포기와 몸뻬, 전쟁: 일본 국방부인회와 국가총동원체제》, 일조각, 2008 참고.

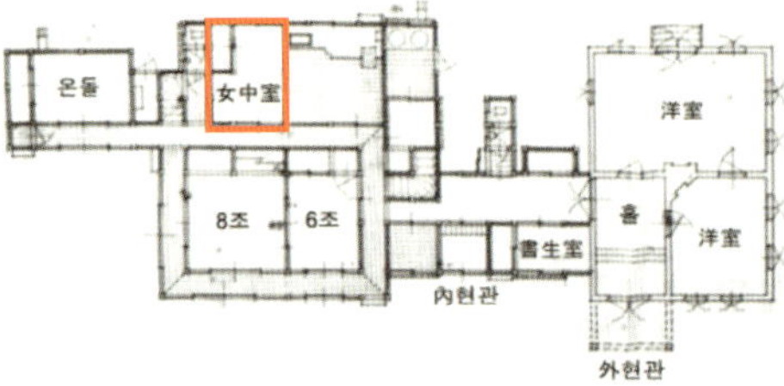


① 경성부윤 구(舊) 관사 설계도

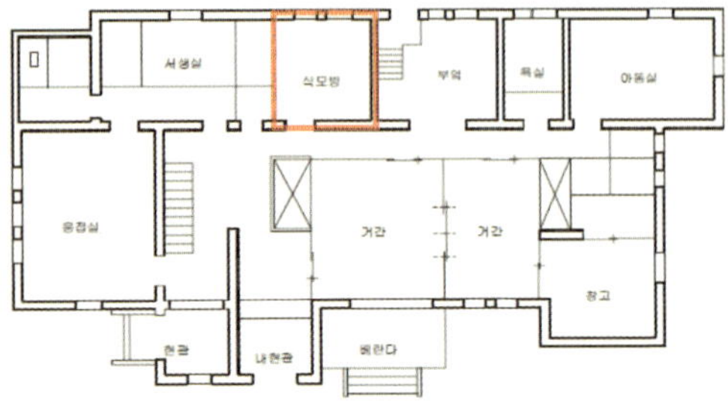


② 조선은행 부장급 사택 설계도

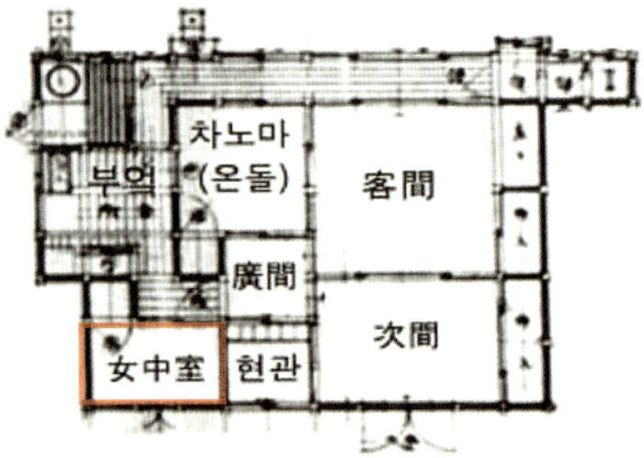


③ 경성부 판임관급 연립관사 설계도

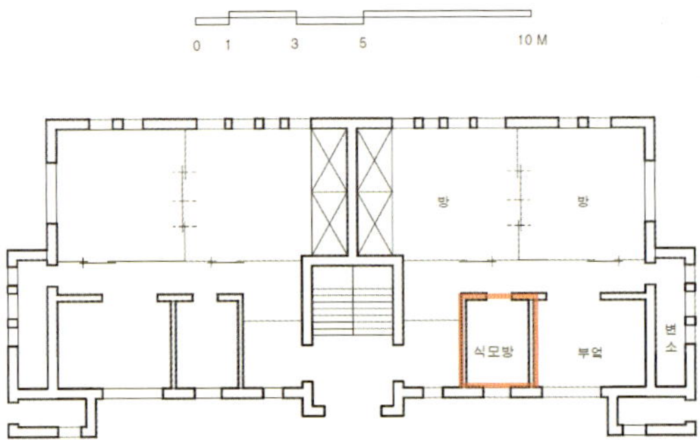


④ 조선은행 일반행원급 연립사택 설계도

〈그림 6〉 일제하 서울의 관사·사택 설계와 '하녀방'

비고: 하녀방을 붉은색 사각형으로 표기.

출처: ①·③ 김명숙, 〈일제시기 경성부 소재 총독부 관사에 관한 연구〉, 서울대학교 석사학위논문, 2004, 31쪽; ②·④ 김영호, 〈일제시대 조선은행사택의 건축적 의미에 관한 연구〉, 한양대학교 석사학위논문, 1999, 19쪽.

인 가정 내 하녀의 고용률을 명확히 파악할 수 있는 지표는 남아 있지 않다.[55] 다만, 일제강점기의 신문기사를 토대로 그 대체적인 양상은 그려볼

55 해방 후 서울에 살았던 일본인들이 남긴 인터뷰에서도 하녀, 특히 조선인 하녀와 함께 살았다는 증언이 공통적으로 많이 등장한다. 1985년 이쿠로[井黑美佳]라는 일본인이 35명을 대상으로 시행한 설문조사에서는 26명이 조선인 하녀와 동거했다고 응답했으며, 1994년 다바타 가야가 23명의 여성을 대상으로 시행한 설문조사에서도 17명이 조선인 하녀를 고용했다고 밝혔다. 또한 2008~2011년 히로세 레이코[広瀬

수 있다.

병합 당초에는 일본어 소통 등의 문제로 일본인 가정에는 주로 일본인 하녀만이 고용되었다. 하지만 1920년대 후반부터는 조선인 가운데 일본어를 초보적으로 사용할 줄 아는 사람들이 늘어나면서, 일본인 가정에서 조선인 하녀의 고용이 뚜렷하게 증가했다.[56] 특히 조선인 하녀는 일본인 하녀에 비해 임금이 절반 수준으로 저렴했기 때문에 일본인 가정에서 점차 조선인 하녀의 고용이 늘어갔다.[57] 한편, 피고용자인 조선인 하녀 측에서는 일본인 가정이 조선인 가정에 비해 임금이 높았고, 문화주택 등이 많은 일본인 주거 공간의 특성상 조선 가옥에 비해 동선이 짧아 일이 수월했으며, 개인사가 쉽게 드러날 수 있는 조선인 가정에 비해 일

玲子]가 21명의 여성을 대상으로 시행한 인터뷰에서도 15명이 조선인 하녀와의 동거 경험을 대답했다(井黑美佳, 〈植民地體驗を省みて〉, 미발표 논문, 1985, 29·31쪽; 다카사키 소지, 이규수 역, 《식민지 조선의 일본인들》, 역사비평사, 2006, 176쪽에서 재인용; 다바타 가야, 〈식민지 조선에서 살았던 일본 여성들의 삶과 식민주의 경험에 관한 연구〉, 이화여자대학교 석사학위논문, 1995, 26·76쪽; 広瀬玲子, 앞의 책, 2019, 30·110쪽).

56 〈日人이求하는 朝鮮人어멈〉《동아일보》 1928년 2월 7일; 〈時勢조흔朝鮮어멈〉《동아일보》 1928년 3월 10일; 〈朝鮮어멈(一) 就職難몰르고 昨年에만千餘名〉《동아일보》 1928년 3월 13일; 〈朝鮮어멈(二) 中產階級筆頭로 貴族沒落의吊鍾〉《동아일보》 1928년 3월 14일.

57 재조선일본인 2세로 태어나 대구에서 거주했던 소설가 고바야시 마사루는 해방 후 그의 소설에서 일제시기 재조선 일본인 가정 내에서 조선인 하녀를 고용하던 풍조에 대해 다음과 같이 이야기했다. "내가 보기에 이 마을의 일본인 가정 중에서 꼭 식모가 필요하다고 보이는 집은 거의 없었다. 남편이 출근하고 나서 집 청소를 끝내고 나면 저녁때까지 주부들은 시간이 남아돈다. … 그래서 오후가 되면 친한 사람 집에 모여서 차를 마시고 수다를 떠는 일밖에 없었다. 그런데도 식모를 고용해 가사 일체를 떠맡기는 집이 많았다. 그 이유는 얼마든지 값싸게 고용할 수 있기 때문이지만, 무엇보다도 조선인 식모를 부리는 쾌감과 주위에 대한 허세 때문이었다"(고바야시 마사루, 이원희 역, 〈이름 없는 기수들〉《쪽발이》, 소화, 2007, 114쪽).

본인 가정에서의 익명성을 원해서 일본인 가정으로의 취업을 더욱 선호했다.[58] 이러한 조건 속에서 조선인 하녀는 1930년대 이후 경성부직업소개소에서 취업이 가장 잘 되는 직업군으로 손꼽히게 되었다.[59] 이러한 경향은 전시하에도 이어져 당시 신문 기사에는 일본인 부인들이 조선인 하녀를 구하기 위해 쟁탈전을 벌이는 진풍경이 보도되기도 했다.[60] 결국 조선인 하녀는 사적이고 폐쇄적인 서울의 일본인 가정 내에서 식민자인 일본인들과 일상적으로 동거할 수 있었던 유일한 조선인이었으며, 이로 인해 일본인들에게 가장 밀접한 타자가 될 수밖에 없었다. 이에 따라 일제하는 물론, 해방 후에도 조선인 하녀는 일본인들의 식민지 생활과 경험을 다룬 글에서 가장 빈번하게 언급되는 대상 중 하나가 되었다. 아래는 이러한 기록 중 조선인 하녀를 부정적으로 설명한 경험들만을 일부 발췌한 내역이다.[61]

> ⑥ 20년 가까이 조선에서 살고 있는 동안 몇 명의 鮮童[총각]과 오모니를 고용했는지 모른다. 그래도 그들 중 3년을 계속해서 일한 사람은 없다. 대개는 1년, 1년 반, 심한 경우에는 5~6개월로 떠나고 말았다. 도무지 나는 그들의 심정을 알 수가 없다. 일은 아주 한가한 편이고 음식은 가족과

58 이 글 1장의 관련 서술을 참고.

59 〈殺到하는求職群에 冷淡한職業紹介所〉《동아일보》 1928년 12월 11일. 이로 인해 세간에는 '경성부직업소개소는 일본인 가정에 조선인 하녀를 소개하는 기관인가'라는 비판이 제기될 정도였다.

60 〈직업소개소 찾는 젊은 여인네들 시앗 본 젊은 새댁 집 버리고 나선 길이 오모니 사리〉《조선일보》 1938년 4월 8일; 〈주객전도의 기현상 식모의 쟁탈전 격렬〉《조선일보》 1938년 12월 21일.

61 이하 인용에서 '어머니'는 원문의 母親을, '오모니'는 원문의 オモニ를 표기한 것으로 '어머니'는 모친을, '오모니'는 조선인 하녀(가정부, 어멈)을 의미한다.

함께 먹었으며, 급료는 이웃보다 많이 지불했다. 그리고 우리 집에는 큰 소리를 내며 질책하는 사람도 없다. 무엇이 불만이어서…. 무슨 목적으로 이렇게 흘러가는지 전혀 모르겠다. … 지금도 우리 집에는 오모니가 있다. 앞으로도 오모니를 쓰겠지. 그리고 나는 그들의 기분을, 그리고 심정을 결코 이해할 수 없을 것이다.[62]

⑦ 김숙(17세, 가명)은 경성의 어느 일본인 집에서 일하는 얌전한 하녀다. 1933년 2월 3일, 마침 그 집주인 옷이 다다미 위에 널브러져 있는 것을 보고는 누가 시키지도 않았는데 깨끗이 정리하려고 부지런히 옷을 갰다. 그러자 이것을 본 여주인이 말했다. "너희들은 주인의 옷에 손을 대면 안 돼. 요보(조선인을 부르는 멸칭)는 이가 많아. 그런 더러운 손을 대다니 정말 건방진 아이구나." 모처럼 좋은 일을 해 보려던 일에 오히려 야단을 맞은 김씨는 부엌에 앉아 훌쩍훌쩍 울었다.[63]

⑧ 조선인 여성을 가정부로 고용했는데, 조선 여성의 일하는 방식이나 일에 대한 성실성 때문에 항상 갈등이 많다. 조선 남성에 비해 합병 이후 변화가 거의 없는 조선 여성. 모럴(도덕을 말함)이 부족한 그녀들. 성실성이 부족하고, 일본식 풍속이나 습관에 적응하지 못하고, 온전히 동화되지 못하는 조선 여성들.[64]

62 永樂町人(경성잡필 편집자), 〈혼잣말〉《경성잡필》, 1929년 10월(이민희·김계자 편역, 앞의 책, 2016, 46~48쪽).

63 조선헌병대사령부 편, 《조선 동포에 대한 내지인 반성자록》, 1934(이정욱·변주승 역, 《조센징에게 그러지마!》, 흐름, 2017, 149쪽).

64 金子信, 〈家庭と使用人〉《내선일체》, 1941년 1월.

⑨ 대부분의 일본인 가정에서는 조선인 여성을 가사도우미로 고용했는데, 눈에 잘 띄는 곳에 일부러 약간의 돈을 놓아두고 청소를 시킨 다음, 돈이 있던 자리에 그대로 놓여 있으면 고용했다.[65]

위의 각 인용은 1920년대부터 1985년까지로 그 기록 시점이 각기 다르며, 기록자의 성별도 다르다. 그러나 공통적으로 일본인 가족과 조선인 하녀 사이의 불화를 언급하고 있다. 인용 ⑥은 일본어 잡지 《경성잡필》의 편집자의 기록으로, 그는 조선인 하녀들이 5~6개월 만에 다른 곳으로 옮겨가는 것에 불만을 토로하며 앞으로도 '그들의 기분이나 심정을 결코 이해할 수 없을 것'이라는 감상을 남겼다. 이어서 인용 ⑦은 1932년부터 1933년까지 조선헌병대사령부에서 채록한 사연 가운데 하나로, 서울의 일본인 가정에서 조선인 하녀를 불결하다며 구박한 내용을 담고 있다. 인용 ⑧은 1941년 친일단체 녹기연맹에서 발간한 잡지에 수록된 기사로, 당시 어느 일본인 여성이 조선인 하녀에 대해 도덕성이 부족하고, 성실성이 부족하며, 일본식 풍속이나 습관에 온전히 동화되지 못했다고 비판한 기록을 담고 있다. 인용 ⑨는 1985년 일본인 여성이 남긴 인터뷰의 일부로, 일제강점기에 일본인 가정에서 조선인 하녀를 고용할 때에는 눈에 띄는 장소에 일부러 돈을 놓아두어 그 도덕성을 시험한 후 채용했다는 내용이었다. 이들 기록은 일본인 사회 내에서 조선인 하녀에 대한 인상이나 기억이 '통제되지 않고, 불결하며, 부도덕한 모습'으로 남아있음을 보여준다. 한편 일제강점기 조선인 남성작가가 쓴 소설이나 신문기사에는 조선인 하녀가 일본인 가정에 취업한 후 일본인 남성과 불륜을 통해

65 井黑美佳, 앞의 글, 1985, 29·31쪽(다카사키 소지, 이규수 역, 앞의 책, 2006, 176쪽에서 재인용).

돈을 번다는 의혹, 즉 조선인 하녀를 식민자 남성에게 성을 파는 존재로 바라보는 시각도 종종 등장했는데,[66] 당시 일본인 가정 내에서도 이러한 의혹이나 시선이 작용한 것으로 볼 수 있다. 그럼에도 일본인 가정이 조선인 하녀와 반드시 부정적인 관계만을 형성했던 것은 아니었다. 아래의 인용들은 서울의 일본인들이 귀환 이후 남긴 회고 가운데 조선인 하녀를 둘러싼 긍정적인 기억만을 일부 발췌한 내역이다.

> ⑩ 우리 집에 있었던 오모니는 (나이가) 40이 넘었지만 청소, 빨래, 요리를 아주 꼼꼼하게 잘했으며 일본인의 습관을 잘 알고 있었어요. 예의도 밝고 조선 사람인데 절대로 나서는 일이 없는 사람이었다는 것은 신기한 일이에요. 우리 어머니는 몸이 약해 치료하기 위해 일본을 왔다 갔다 했는데, 어머니는 너무 청결함을 추구하는 사람이라 집안이 깨끗해야 됐어요. 그래서 오모니에 더욱더 정을 느꼈어요. … 오모니는 하루의 일을 마치면 부엌에서 볼품없는 한국식 버선을 수선하고 있었는데, 나는 거기서 도깨비 이야기를 듣는 것이 즐거움이었어요. … 어머니가 돌아가신 다음 해, 우리들이 내지로 이사했을 때, 눈물을 흘리며 이별을 아쉬워해 주었던 오모니였어요.[67]

> ⑪ (패전이 되자) 먼저, 큰일이 났다고 생각했어요. 아이 넷이랑 어떻게 해야 될지 눈앞이 깜깜해졌어요. 아주 짧은 시간에 죽을 각오까지 했어

66 《동아일보》 1928년 3월 13일; 《중외일보》 1928년 10월 14일; 《동아일보》 1933년 8월 6일; 《동아일보》 1933년 11월 9일; 《매일신보》 1937년 6월 9일; 염상섭, 〈세 식구〉 《대중공론》 1930년 3월; 염상섭, 〈이심〉 《매일신보》, 1928년 참고. 이에 대한 분석은 서지영, 앞의 글, 2016, 138~139쪽에 상세하다.

67 다바타 가야, 앞의 글, 1995, 77쪽에서 재인용.

요. 역시 조선 사람에게 얼굴을 보일 수 없다는 것이예요…. 뭐라고 말할 수 없는 공포였어요. 당시 오모니가 일부러 집까지 찾아와서 나에게 큰일이 났다고. 지금 길거리에 안 나가는 게 좋다고…. 그래서 막내를 안아 주면서 나를 위로해 주었어요. 정말로 기뻤어요. 그는 내 생명의 은인이에요! 혹시 그가 와 주지 않았더라면 나는 아이랑 죽으려고 했을지도 몰라요.[68]

⑫ 친구 같은 감각입니다. 책에 쓴 것처럼, 가족 중에서 제일 친한 사람, 특히 나이가 어린 사람은. 부모는 자기 생활에 바쁘고, 교육 같은 것도 없고, 놀 상대도 없었지. … 친구, 우정 관계였습니다. 나이가 제일 가깝고, 같은 집에 살고 있었으니까. 나는 친구 관계라고 생각하고 있었습니다.[69]

⑬ 나는 유년 시대를 총독부 앞의 중학동(현재는 일본대사관이 있는 곳)에서 보냈는데, 부모 모두 교사여서 가사를 돌보는 사람이 없었기 때문에 육아나 집을 봐주는 것을 겸해서 신뢰할 만한 오모니가 고용되어 있었다. 이 오모니는 성은 강 씨였던 걸로 생각되는데, 작은 체구에 흰옷을 입고, 칠 흙 같은 머리를 가운데로 갈라서 뒤로 묶어, 굉장히 예의 바르고 꾸밈없는 모습이었고, 게다가 굉장히 세심한 여성이었다. 보통 가정에서는 고용인에게 그 집 남자아이를 '도련님'이라고 부르게 했는데, 강 씨는 언제나 내게 '다카짱'이라고 했다. 3, 4살 즈음 근처의 한국인 아이들과 싸워서 때때로 울면서 집에 돌아왔다. 그러면 나를 어머니처럼 안아서 근처 騎馬隊 훈련을 보여주겠다며 업어서는 훈련장까지 외출했다. 언젠가는 근처 개울에서 떨어질 뻔한 나를 구하려고 천변의 돌밭에서 그 작은 몸이 구르듯

68 다바타 가야, 앞의 글, 1995, 67쪽에서 재인용.
69 広瀬玲子, 앞의 책, 2019, 109쪽에서 재인용.

이 달려와 주었다. 그때 그 걱정스러운 눈빛, 친어머니에게도 뒤지지 않을 강 씨의 눈빛이었다. 내 귓가에는 '다카짱, 다카짱'이라며 계속 찾아 헤매는 오모니의 목소리가 남아 있다. 오모니는 우리 집이 이사하게 되면서 '오래 일했고, 나이를 먹어 그만두고 싶다.'고 했고, 또 어머니도 일을 그만두어 가사에 전념할 수 있게 되었기 때문에 그만두었던 것 같다. 그 당시 이미 소학교 저학년이 된 나는 오모니와의 이별을 얼마나 한탄했던가. 그 후에도 어머니와 자주 오모니 이야기를 했다. 또 오모니의 자식들도 훌륭하게 자랐다고 들었다. 어느 날 어머니가 오모니 집을 방문할 거라고 이야기해서, 보자기에 선물 등을 쌌다. 나와 어머니는 시영 전차를 타고 흔들리며 효창정 종점 바로 앞의 정류소에 내렸던 것 같다. 그러고 나서 서쪽으로 한 없이 걷자, 경성중학교 교가에도 나와 있는 인왕산의 검은 바위가 여기저기로 솟아난 경사지가 있었다. 집마다 구조는 평지와는 다르게 갈수록 빈약해졌다. 나는 그때까지도 어머니를 따라 한국인 양반 가정을 몇 번 방문한 적이 있었다. 안국동 근처에 있었던 양반 집에서는 5~60개가 넘는 김장독이 늘어서 있어 압도되었던 추억도 있었는데, 그때 방문한 오모니 집은 '판자집'이라고 해서, 바꿔 말하면 가건물보다 조금 나은 것 같은 집이라는 걸 주위 환경을 통해도 알 수 있었다. … '다카쨩'이라는 목소리와 함께 오모니는 나를 꽉 안아주면서, 조금 더듬거리는 일본어로 "잘 컸네. 훌륭하게 컸어."라는 뜻의 말을 마구 해주었다.[70]

위 인용문은 ⑪을 제외하면, 그 주인공이 모두 재조선 일본인 2세라는 점에서 공통점을 찾을 수 있다. 인용문 ⑩의 주인공은 총독부 관료였던 부친으로 인해 서울의 남산 주변 저택가에서 유년기를 보낸 여성이었

70 緒方孝也, 〈オモニの思い出〉《慶凞》18, 1987.

으며, 인용문 ⑫는 1925년생으로 서울에서 자라며 경성제일고등여학교를 졸업한 여성, 인용문 ⑬은 교사인 부모 아래 서울에서 유년기를 보내고 경성중학교를 34회로 졸업한 남성이었다. 이들 모두는 질병 또는 생계로 인해 자신들을 돌봐줄 수 없었던 부모를 대신했던 존재로 조선인 하녀를 기억했다. 이들은 조선인 하녀를 친어머니보다도 "더욱더 정을 느꼈"던 대상이자, "친구 같은 … 가족 중에서 제일 친한 사람", "친어머니에게도 뒤지지 않을"만큼 자신을 아끼고 사랑했던 사람으로 추억했다.[71] 이들에게 조선인 하녀는 다정한 양육자이자 가장 가까운 친구였다. 이처럼 조선인 하녀에 대한 긍정적인 감정은 비단 식민지를 청소년기에 경험했던 이들 재조선 일본인 2세들만이 경험했던 것은 아니었다. 인용문 ⑪의 주인공은 조선은행 행원이었던 남편을 따라 조선에 건너와, 4명의 아이를 낳고 패전 직전까지 10년간 조선에서 거주한 여성이었다. 그녀는 60대의 조선인 여성을 하녀로 두었는데, 남편의 전근지역을 따라 조선 각지를 돌아다니면서도 이 하녀와 줄곧 함께 생활했다. 특히 패전 당시의 충격 속에서 조선인 하녀가 자신을 진심으로 위로해주었던 일을 특별하게 기억했다.

당시 어느 잡지는 "실제 비속한 세상사에 대한 자녀의 교사는 어머니도 아니고 가정교사도 아니고 실로 하녀 그 자체인 것이다."[72]라고 언급

71 조선인 하녀를 친밀한 존재로 기억하는 이러한 양상은 특히 부모가 양육을 전담할 수 없었던 서울의 상점가 일대에서 특히 많이 나타났던 것으로 보인다. 여기에 대해서는 다음의 설명을 참고할 수 있다. "남산 소학교의 경우, 학교가 본정의 상권과 가까이 위치한 탓에 학부형이 상인인 경우가 많아 어머니의 돌봄을 받는 아동이 많았다고 한다. 그들은 어머니를 자신을 돌봐주는 유모와 같은 존재로 기억한다"(차은정, 〈재조귀환자의 "후루사토"(故鄕)와 기억의 정치학〉, 서울대학교 박사학위논문, 2014, 89쪽).

72 경성보도연맹, 《보도월보》 30, 1936.(김효순·이승신·송혜경 편역, 앞의 책, 문,

했다. 이는 '피고용인'이자 '정서적 양육자'이면서, 나아가 '피식민지민'으로서, 일본인 가정 내에서 조선인 하녀가 차지한 복잡한 위상을 상징적으로 보여준다. 이로 인해 많은 기성세대들은 때로는 온정을, 때로는 불신과 멸시를 표하며 조선인 하녀를 보다 효율적으로 통제하기 위한 고민들을 토로했고, 역으로 많은 재조선 일본인 2세들은 부모를 능가하는 사랑과 친밀감을 조선인 하녀에게 표시했다. 이처럼 세대와 민족, 통제와 교감이 교차하는 불안정한 위치 속에서, 조선인 하녀는 일제하 서울의 일본인 가족에게 가장 가까운 '타자'로 자리했다.

### 3) 사교, 그들만의 리그 속 풍요와 사치

① 1932년생, 남, 서대문소학교 졸업, 橋南町 거주[73]
대체로 하나의 집단으로 굳어져 여기는 일본인이 살고 여기는 한국인이 살고 그런 것은 없었습니다. 내가 사는 곳은 특히 이웃이 전부 한국인이었습니다. … 우리 집은 橋南町에 있었어요. 주변의 松月町이나 平洞町에는 일본인도 물론 있었지만, 압도적으로 한국인이 많았어요. 나의 소년 시절에는 한국인 친구뿐이었어요.

② 1933년생, 남, 경성사범부속소학교 졸업, 黃金町 거주
조선 사람도 있었고, 나와 같이 놀았던 아이들과도 그다지 그런 구별이, 더욱이 내가 사는 곳에서는 없었습니다. 조선이라는 말도 별로 쓰지 않았어요. 뭐라더라, "친구"라 말하기도 했어요. 그러니까 섞여 있었어요. 어느 쪽이 많았냐고 하면, 조선인이 많았습니다.

2012, 313~315쪽).

73 이하 인용 ①~④는 차은정, 앞의 글, 2014, 69~70쪽에서 재인용.

③ 1934년생, 남, 청엽소학교, 青葉町 거주

산 중턱에 한국인이 많이 살았고, 개발된 후에 산 쪽으로 점점 집이 들어가면서, 거기에 일본인이 사는 지역이 만들어졌어요. 주택가였기 때문에. … 놀았던 적은 별로 없었어요. 딱 우리 동네는 일본인만이 사는 곳이었고 그 사람들과 놀았기 때문에 조선인과는 사귈 기회가 없었어요.

④ 1928년생, 남, 남대문소학교 졸업, 元町 거주

그렇게 말하자면, 일본인 마을, 여기는 조선인 마을. 그렇게 구분한다면, 대체로 우리가 사는 곳에는 조선인이 없었어요.

⑤ 1925년생, 여, 경성제일고등여학교 졸업, 西小門町 거주[74]

그러고 보니 종로 근처는 그다지 가지 않았어. 당시에는 그 주변에 조선인이 모여 살았었던 것 같다. 엄마와 함께 동대문까지 쇼핑하러 간 적은 있어도 그곳은 가지 않았어. 어째서 가지 않았는지 잘 모르겠지만… (집 근처에) 조선 아이들은 거의 없었던 것 같아. 관리나 샐러리맨, 의사나 변호사집 아이들이 3분의 2 정도이고, 나중에는 목사나 미장이, 장사하는 집 아이들도 들어왔어.

앞서 살펴본 것처럼 긍정적인 모습이든 부정적인 모습이든 그 평가에 관계없이, 일제하 서울의 일본인들이 가졌던 경험이나 기억에 관한 서술에서 '조선인 하녀'의 모습은 어렵지 않게 찾아볼 수 있다. 반면 가정 내외에서 조선인 일반과 맺은 사교 경험은 각 개인에 따라 큰 편차를 보였다.[75] 위의 인용들은 차은정이 2010년부터 2013년까지 일제강점기 서

74 사와이 리에, 김행원 역, 《엄마의 게이죠 나의 서울》, 신서원, 2000, 47 · 58쪽.

75 이 글에서는 서울의 일본인의 사교 경험을 일제 말 전시체제기에 초점을 두고 분석했

울 소재 소학교와 중학교를 졸업한 일본인 45명을 대상으로 실시한 인터뷰 내용(인용 ①~④) 및 조선총독부 관료의 자녀로서 일제강점기 경성제일고등여학교를 졸업한 여성 만리코(인용 ⑤)의 회고 중 일부로, 조선인과의 일상적인 사교 경험이 있었는가의 여부를 주제로 삼고 있다. 여기에 따르면 재조선 일본인 2세라는 동일한 세대 경험 내에서도 이웃이 전부 조선인인 사람과, 조선인과의 교류가 아예 없었던 사람으로 극명한 차이가 있었음을 알 수 있다. 자세히 살펴보면, 인용문 ①의 주인공은 1932년생 남성으로, 그가 살던 동네에서는 조선인과 일본인 사이 거주 공간의 구분이 없었던 것은 물론이고, 이웃과 친구 모두가 조선인이었다고 회상했다. 1933년생 남성인 인용문 ②의 주인공 역시, 조선인과 일본인 사이에는 구별이 없이 섞여 살았으며, 자신은 일본인 친구에 비해 조선인 친구가 더 많았다고 기억했다. 반면, 1934년생 남성인 인용문 ③의 주인공과, 1928년생 남성인 인용문 ④의 주인공은 모두 일본인과 조선인 마을이 명확히 구분된 곳에서 거주했으며, 조선인과 사귈 기회가 없었다고 설명했다. 한편, 1925년생 여성인 인용문 ⑤의 주인공 역시 집 근처에 조선 아이들이 거의 없었으며, 자기 이웃에는 대체로 관료나 의사, 변호사와 같은 상류층 일본인 가정이 대부분이었다고 기억했다. 이처럼 같은 세대 내에서 나타나는 민족적 경험의 극명한 편차는 이들 각자가 살던 거주 공간의 구조와 밀접하게 연동되었다.

다. 이와 관련해 '신사'라는 상징적 공간을 둘러싸고 일본인 내부에서 '일본인다움'을 강조하고, 조선인과의 구별짓기를 하기 위해 독특한 문화적 양상을 형성했다는 점에 대해서는 김대호, 〈1910~20년대 조선총독부의 조선신궁 건립과 운영〉《한국사론》 50, 2004; 김대호, 〈20세기 남산 회현 자락의 변형, 시각적 지배와 기억의 전쟁 - 공원, 신사, 동상의 건립을 중심으로 -〉《도시연구》 13, 2015; 토드 헨리, 김백영 외 역, 앞의 책, 2020의 서술을 참고할 수 있다.

1934년 말 시점을 기준으로 위의 각 인용문의 주인공들이 거주했던 공간의 특징을 살펴보면,[76] 조선인과의 잡거 경험을 말한 사람들은 조선인과 일본인 모두 상업 및 교통업 종사자가 인구의 절대다수를 차지하고, 반대로 공무 및 자유업 종사자가 극히 적은 지역에 거주했다는 공통점이 있었다(인용문 ①·②). 반면 조선인과의 분거 경험을 말한 사람들은 일본인 인구는 공무 및 자유업 종사자의 비중이 높았지만, 반대로 조선인 인구는 상업 및 교통업 또는 공업 종사자의 비중이 높은 지역에 거주했다는 공통점을 나타냈다(인용문 ③·④·⑤). 몇 개의 특징적인 지역의 사례를 보다 구체적으로 살펴볼 수 있다.[77] 인용문 ①의 주인공이 살았던 교남정의 경우, 1934년 말 현재 일본인 인구는 22명에 불과한 반면 조선인 인구는 867명에 달해, 인구 비율상 '조선인 독거지'의 특성을 보였다. 또한 직업별로도 일본인 인구 중 15명, 조선인 인구 중 425명이 상업 및 교통업에 종사해서, 민족 간 직업 구성의 격차가 거의 없었다. 조선인의 비율이 극히 높고, 상업 또는 운송업에 종사하는 가정이 일반적인 상황 속에서 이웃 간에 사회경제적인 편차가 상대적으로 작았고, 그로 인해 민족별로 이분화된 폐쇄적인 사교문화도 형성되지 않았던 것을 알 수 있다. 반면 인용문 ⑤의 주인공이 살았던 서소문정의 경우, 1934년 말 현재 일본인 인구는 525명이었던 반면 조선인 인구는 466명이었다. 인구 비율상으로는 일본인과 조선인이 거의 동률을 이루는 '잡거지'였다고 볼

76 여기에서는 현재 각 정·동별로 민족별·직업별 인구 구성을 살펴볼 수 있는 자료인 경성부, 《(1934년 말 현재)각정동직업별호구조서》(서울역사박물관, 《각정동직업별호구조서》, 2017)를 참고해서 기준 시점을 1934년 말로 검토했다.

77 인용문 ②~④의 주인공이 거주한 황금정, 청엽정, 원정은 《각정동직업별호구조서》의 통계가 각 정목별로 구분되어 있어, 여기에서는 정목별 구분이 없는 인용문 ①과 ⑤의 주인공이 거주한 교남정과 서소문정의 사례만을 다루었다.

수 있다. 그럼에도 직업별로 보면 일본인은 공무 및 자유업 종사자가 300명, 상업 및 교통업 종사자가 151명으로, 관공리가 여타 직종 종사자의 2배 이상에 해당할 만큼 매우 높은 비중을 점하는 특징을 보였다. 반면 조선인은 공무 및 자유업 종사자가 71명에 불과했고, 기타 유업자가 172명, 상업 및 교통업 종사자가 152명을 차지했다. 일본인 고위관료의 가정부터 일본인 상인 가정, 조선인 고용인 가정, 조선인 상인 가정 등 다양한 직업의 가정이 뒤섞여 있었던 만큼, 각 가정별로 사회경제적으로 편차가 큰 지역으로 볼 수 있다. 이러한 구조 속에서 총독부 고위관료의 자녀였던 인용문 ⑤의 주인공은 조선인들과 교류하지 않은 채, 자신과 비슷한 상류층 가정의 자녀와 폐쇄적인 교류를 했던 것을 알 수 있다. 종합해 보자면, 일본인보다는 조선인이 많은 지역일수록, 또한 일본인과 조선인의 직업적 편차가 적은 지역일수록, 인구 구성에서 일본인 관료가 차지하는 비율이 적은 지역일수록, 조선인과 일본인 사이의 잡거나 교류에 대한 경험이 더 많았다고 볼 수 있다.

이처럼 거주 공간의 구조는 일제하 서울의 일본인들이 피식민자인 조선인과 맺는 사교의 폭을 크게 좌우했다. 한편 같은 가족, 같은 학교 동창, 같은 직장의 선후배 등 내밀한 사회집단이 가진 응집력은 이들 일본인들이 맺는 사교의 빈도와 질을 좌우했다. 아래는 일제강점기 서울의 중상류층에 해당했던 일본인 여성과 남성이 남긴 기록의 일부이다.

> ⑥ 오후 3시부터 기요타[清田]의 생일에 초대받아, 이전부터 많이 기대하고 있던 날. 운이 나쁘게 가랑비가 내려 오랜만에 입은 기모노가 걱정. … (어머니가 사주셔서) 우산, 나막신[雨下駄], 장갑, 숄, 모두 새것으로만. … 어머님께 배웅을 받고, 가만가만 걸어서 三坂까지 갔다. 기요타가 길목까지 마중을 나와 주었다. 고마키[小牧]도 기모노(를 입었다). 굉장히 매력

적인 현관. 난로로 데워진 방을 지났다. 서둘러 축하 (선물로) 네커치프를 건네다. 고마키와 오랜만에 이야기했다. 늘 변함없이 좋은 사람. 기요타가 차를 내주었다. 이어서 언니가 과자(서양식 생과자)를. 우리들은 사진 앨범을 봤다. 이상하게 볼이 달아올라 창문을 열었다. 사치스러운 일. 이야기를 하다 레코드를 들으며 기다렸는데 다치바나타카[橘高]는 꽤 늦었다. … 바로 실내에서 기념촬영. 잘 찍혔기를, 오늘의 추억을 위해…. 기요타는 집에서는 굉장히 아가씨다운 느낌. 피아노 앞에서 아름다운 곡을 연주하시는 사치코[佐智子]는 너무도 사랑스러운 사람. 내게는 味知인 음악의 세계를 마음껏 즐기고 있는 것 같다. 다에코[妙子]를 위해 '결혼행진곡'을 연주했다. 분명 일생동안 잊을 수 없는 추억이 될 것이다. 단팥죽을 대접받았다. 저녁식사는 지라시스시(ちらしずし). 자완무시[茶碗蒸し]. 적포도주. 고기 조청조림[肉の餡かけ]. 감자조림[粉ふきいも]. 샐러드…, 미트볼[肉團子], 빨간 젤리…. 녹차 푸딩…, 버찌, 귤. … 나도 다음번에 손님을 대접할 때에는 열심히 진심을 담은 요리를 대접해야지. 그러면 오늘의 나처럼 즐거울 것이다.[78]

⑦ 퇴근 시간이 되면 이리사와[入澤] 씨가 부릅니다. 그러면 이심전심으로 몇 사람인가가 뒤를 잇죠. 우선 1층에 내려서 맥주로 목을 축이고, 엘리베이터를 타고 6층으로 올라가요. 튀김 안주에 사케를 마시고, 스시로 배때기를 채워. 그러고 나서 지체 없이 길거리로 몰려나갑니다. 경성에서는 어디든 외상이 됐어요. 일장기 부채 모양(일본질소 앰블럼) 뱃지는 조선총독부나 미쓰비시[三菱]보다도 신용이 있었습니다. 초임급은 85円, 在鮮手當도 받

78 綠旗聯盟 編, 《大和塾日記》, 興亞文化出版, 1944, 81~83쪽(1941년 12월 3일 일기). 이 일기에 대한 상세한 분석은 양지혜, 〈전시체제기 식민지 여성의 공적 공간 진출과 민족, 계층, 젠더〉 《도시연구》 20, 2018을 참고할 수 있다.

았는데, 월급봉투는 전표로 불룩해서, 중요한 건 절반 정도인가 밖에 들어오지 않았어요. 그래도 신경 쓰지 않았습니다. 경성은 내지와는 다르게 물자가 풍부했어요. 독신으로 살았던 사람에게는 좋은 시절이었죠.[79]

인용문 ⑥은 총독부 관료의 자녀로 태어나 경성제이고등여학교를 나와, 친일단체 녹기연맹이 운영한 청화여숙清和女塾을 갓 졸업한 여성이 기록한 일제강점기 일기의 한 단락이다. 일기의 기록 시점은 1941년 12월로, 당시는 전시하의 물자절약이 강조되고 있었다. 그럼에도 일기 기록자와 그의 여학교 동창들은 잘 차려입고, 레코드와 사진기, 피아노를 즐기며, 풍족한 식사를 나누었다. 그녀는 이날의 만찬을 "분명 일생 동안 잊을 수 없는 추억이 될 것이다."라고 기록하면서도, 볼이 달아오를 만큼 난방을 하는 점에 대해서는 "사치스러운 일"이라고 경계했다. 인용문 ⑦은 1939년 도쿄제국대학 법학과를 졸업하고 일본질소비료주식회사에 입사해 경성사무소에 발령을 받았던 한 남성이 입사 초기의 기억을 회상하며 남긴 회고의 일부이다. 그는 당시 퇴근 이후 직장의 상사들과 매일같이 술을 마신 추억을 회상했는데, 전시체제기였음에도 불구하고 "내지와는 다르게 물자가 풍부했"던 서울에서 외상술까지 즐기며 "좋은 시절"을 보냈다고 기록했다.

위의 두 기록은 공통적으로 일제 말 서울의 일본인 중상류층 젊은이들이 향유했던 문화적 수혜를 담고 있다. 이들에게 서울은 일본 본토와는 달리 전시하에서도 상대적으로 더 자유롭게 먹고, 놀고, 즐길 수 있었던 풍요의 공간이었다. 이들은 식민지의 수도에 거주하는 중상류층 식민자였기 때문에 이러한 여유를 누릴 수 있었다. 이는 같은 일본인사회 내

79 小城戸慶一, 〈思い出〉《日本室素史への証言》續 3, 1988, 86쪽.

에서도 민족·계층적으로 차별화된 '그들만의 리그'에서 공유된 '풍요'와 '사치'의 문화를 일제하 서울의 일본인사회가 가진 단면 중 하나로 상징적으로 보여준다.

## 4. 맺음말

일제강점기 서울의 일본인사회를 어떻게 인식할 것인가의 문제는 오랜 시간 동안 중요한 학문적 과제로 논의되어 왔다. 초기에는 역사학이, 이후에는 건축학, 인류학, 지리학 등 다양한 학문 분과가 결합하며 진행된 이 논의를 통해, 가난한 '북촌'과 부유한 '남촌'이라는 이분법적인 양극단의 인식은 이제는 서울 안에서도 민족·계층·공간에 따라 다양한 양상의 거주와 민족간 교류가 이루어졌다는 인식이 학계 내에서 공통적인 인식으로 받아들여지고 있다. 이 글은 이러한 기존연구의 성과를 재정리하는 동시에, 기존연구에서 다소 간과되었던 문화적 측면을 서울의 일본인사회가 타자인 '조선인'과 맺었던 관계에 주목해 살펴보고자 했다. 이를 통해 규명한 결론은 다음과 같다.

일제강점기 서울의 도시화가 진전되는 과정 속에서 세부 행정구역 단위별로 일본인과 조선인의 접촉지대는 계속 확장되는 경향을 보였다. 기존연구를 통해 규명된 바와 같이, 일제강점기 정·동·통별 인구 분포는 병합 초기에는 하나의 민족의 점유율이 매우 높은 '독거지'가 서울 전체 면적의 절반 이상에 해당할 만큼 높은 비중을 차지했다. 그러나 1920년대 이후 관청 및 사택이 북부 지역으로 확장되는 한편, 일본인 상점이나 가정 내에서 조선인 입주 사용인이 증가하는 양상을 보였고, 나아가 서울 외곽지역을 중심으로 고급주택 단지가 개발되면서 일본인과 조선인의 '잡거지' 면적이 크게 늘어났다. 그럼에도 행정구역 별 인구밀도를 기준으로 하는 이러한 접근이 가진 맹점 또한 뚜렷했다. 정·동·통의 행정구역은 하나의 사회집단의 변화양상을 보여주기에는 그 범위가 너무 넓어 정밀한 분석을 수행하기 어려우며, 행정구역별 인구라는 '통계'에 의존하는 연구방법의 특성상 역사상을 평면화해서 그 구체적인 맥락이나 각 집단별 차이를 형해화시킨다는 한계도 있었다. 이 글에서는 이를 보완하기 위해 서울의 일본인들이 특정한 조선인 집단과 맺었던 관계의 양태를 분석하고자 했다. 이를 위해 보이지 않는 이웃으로서의 '토막민'과 '하녀'를 주목해 보았다.

토막민은 일제강점기 서울의 도시화 과정에서 '최하층의 빈민집단'으로 자주 언급되어 왔다. 이글에서는 일본인 중상류층을 위한 고급주택지 개발 사업이 이들 토막민과 어떠한 관계를 맺으며 추진되었는가를 주목해 보았다. 특히 1920년대 이후 동양척식주식회사의 자회사에 의해 고급주택지 개발이 집중되었던 신당동의 사례를 구체적으로 다루었다. 이를 통해 일본인 중상류층을 위한 고급주택지의 형성이 매끄럽게 추진되지 않았다는 점 특히 개발업자와 행정관청이 이들 지역을 고급단지로 개발하기 위해 그 지역을 터전으로 삼던 빈민들을 추방하면서 많은 갈등과 충돌을 초래했다는 점을 논의했다. 이 과정에서 한쪽에서는 화려한 문화주택 단지가 개발되었지만, 여기에 원래 살던 토막민들은 문화주택 주민의 시선이 닿지 않는 도심 외곽의 더욱 후미진 곳으로 쫓겨 갔을 뿐이었음을 살펴보았다. 즉, 토막민은 문화주택 단지의 형성 과정에서 동전의 뒷면에 해당하는 존재로서, '보이지 않는 이웃'으로 일제하 서울의 일본인 사회의 근처에 늘 산재했다는 점을 논의하였다.

이어서 일본인 가정의 타자로서 조선인 하녀에 대해 살펴보았다. 1920년대 후반부터 서울의 일본인 가정에서 조선인 하녀를 채용하려는 분위기가 늘어나면서, 조선인 하녀는 서울에서 취업이 가장 잘 되는 직업군으로 손꼽히게 되었으며, 일본인 부인들이 조선인 하녀를 서로 구하기 위해 쟁탈전을 벌인다는 소식이 회자될 정도였다. 이 과정에서 조선인 하녀는 핵가족을 단위로 하는 사적이고 폐쇄적인 서울의 일본인 가정 내에서 식민자인 일본인들과 일상적으로 동거할 수 있었던 유일한 조선인이 되었으며, 이로 인해 일본인들에게 가장 밀접한 존재가 될 수밖에 없었다. 여기에서는 일제강점기 당시부터 해방 후의 각종 기록에서 서울에 거주했던 일본인들이 이들 조선인 하녀에 대해 남긴 기록들을 살펴보았다. 이러한 기록에 따르면, 조선인 하녀는 통제하기 어렵고, 불결하며, 부도덕한 집단이라는 부정적 인식과 친어머니 이상으로 자신을 아끼고 사랑했던 사람, 가족 중에서 가장 친했던 사람이라는 긍정적 인식으로 극단적으로 구분되었음을 알 수 있었다. 이 글에서는 이러한 상반된 인식이 '피고용인'이자 '정서적 양육자'이면서, 나아가 '피식민지민'으로서, 일본인 가정 내에서 조선인 하녀가 차지한 복잡한 위상을 상징적으로 보여준다고 보았다. 이로 인해 많은 기성세대들은 때로는 온정을, 때로는 불신과 멸시를 표하며 조선인 하녀를 보다 효율적으로 통제하기 위한 고민들을 토로했고, 역으로 많은 재조선 일본인 2세들은 부모를 능가하는 사랑과 친밀감을 조선인 하녀에게 표시했다고 파악했다. 이처럼 조선인 하녀는 일제하 서울의 일본인 가정 내에서 세대와 민족, 통제와 교감을 교차하는 불안정한 위치 속에서 자리해 있었음을 알 수 있었다.

마지막으로 일제하에서 서울의 일본인들이 가정 내외에서 맺었던 일반적인 사교 경험의 기록들을 검토해 보았다. 먼저 재조선 일본인 2세들이 남긴 인터뷰를 통해 조선인과의 일상적인 사교 경험의 여부를 살펴보았다. 이를 종합해 보면 일본인보다는 조선인이 많은 지역일수록, 또한 일본인과 조선인의 직업적 편차가 적은 지역일수록, 인구 구성에서 일본인 관료가 차지하는 비율이 적은 지역일수록, 해당 지역에 거주하는 조선인과 일본인 사이에서 잡거나 교류에 대한 경험이 더 많았음을 알 수 있었다. 이어서 일제강점기에 기록된 일기와 해방 후 기록된 회고를 토대로 학교동창이나 직장선후배와 같은 사회적 응집력과 결속력이 강한 집단 속에서 일본인들이 맺은 사교의 양상을 살펴보았다. 그 결과 식민지의 수도에 거주하는 중상류층 식민자라는 특정한 특징으로 인해 같은 일본인 내에서도 서로 다른 문화적 향유가 이루어질 수 있었음에 주목했다. 즉 일제하 서울의 일본인사회라고 해도 '그들만의 리그'에서 공유되는 '풍요'와 '사치'가 민족·계층적으로 차별화된 양상으로 나타났음을 알 수 있었다.

일제강점기 서울의 일본인사회를 하나의 역사상으로 종합하는 것은 불가능에 가까운 일이다. 동일한 민족이라고 해도 도한渡韓시점, 직업, 세대, 성별, 거주 공간 등의 다양한 요소에 따라 각 집단은 서로 다른 방식으로 식민지 서울을 경험할 수밖에 없었다. 또한 일제강점기의 행정력 부족으로 인해 인구통계를 비롯한 기초적인 사회조사가 제대로 수행되지 않았기 때문에, 그 세밀한 양상을 파악하기 어렵다는 절대적 한계도 남아있다. 그렇기에 향후 이들에 대한 학문적 접근은 '북촌'과 '남촌', '분거'와 '잡거'와 같은 양자택일식의 이분법적 논의에서 벗어나 보다 다변화될 필요가 있다. 특히 행정구역 단위의 인구 통계에 집중하는 연구 방식보다는 신문, 회고, 인터뷰 등 역사적 맥락과 상황을 보여주는 서사자료를 보다 적극적으로 활용해 일본인사회가 구축되는 과정의 빛과 어둠 양자를 동시에 주목해야 할 것이다. 나아가 '친일'과 '반일'이라는 극단적 구분을 넘어, 일제하 서울의 한국인 소년·소녀들이 경험한 일본인사회에 대한 기억을 보다 광범위하게 채록해서 보다 다양한 역사의 기록을 확보할 필요가 있다.

〈부표〉

① 일제하 서울의 민족별 인구

(단위: 명)

| 연도 | 조선인 | 일본인 |
|---|---|---|
| 1911 | 244,246 | 46,061 |
| 1912 | 249,680 | 50,291 |
| 1914 | 187,176 | 59,075 |
| 1915 | 176,026 | 62,914 |
| 1916 | 183,866 | 67,030 |
| 1917 | 184,502 | 66,565 |
| 1918 | 182,207 | 66,943 |
| 1919 | 178,907 | 67,665 |
| 1921 | 188,648 | 69,774 |
| 1922 | 194,235 | 73,345 |
| 1923 | 207,496 | 76,188 |
| 1924 | 215,960 | 77,587 |
| 1925 | 220,176 | 77,811 |
| 1926 | 220,312 | 81,559 |
| 1927 | 225,833 | 84,176 |
| 1928 | 230,734 | 86,548 |
| 1929 | 241,096 | 93,272 |
| 1930 | 251,228 | 97,758 |
| 1931 | 261,232 | 100,323 |
| 1932 | 265,954 | 104,656 |
| 1933 | 270,590 | 106,782 |
| 1934 | 279,003 | 109,672 |
| 1935 | 284,633 | 113,321 |
| 1936 | 541,828 | 126,735 |
| 1937 | 572,774 | 131,128 |
| 1938 | 599,758 | 134,027 |
| 1939 | 632,118 | 138,023 |
| 1940 | 775,021 | 150,627 |
| 1941 | 815,154 | 154,583 |
| 1942 | 941,101 | 167,340 |
| 1943 | 908,241 | 164,813 |

② 일제하 서울의 일본인 인구

(단위: 명)

| 연도 | 합계 | 남성 | 여성 | 호수 | 호당 인구 |
|---|---|---|---|---|---|
| 1911 | 46,061 | 24,305 | 21,756 | 13,092 | 3.5 |
| 1912 | 50,291 | 26,325 | 23,966 | 14,065 | 3.6 |
| 1914 | 59,075 | 30,472 | 28,603 | 16,019 | 3.7 |
| 1915 | 62,914 | 32,499 | 30,415 | 16,933 | 3.7 |
| 1916 | 67,030 | 34,502 | 32,528 | 17,699 | 3.8 |
| 1917 | 66,565 | 34,248 | 32,317 | 17,578 | 3.8 |
| 1918 | 66,943 | 34,451 | 32,492 | 17,652 | 3.8 |
| 1919 | 67,665 | 34,635 | 33,030 | 17,831 | 3.8 |
| 1921 | 69,774 | 36,501 | 33,273 | 17,120 | 4.1 |
| 1922 | 73,345 | 37,919 | 35,426 | 18,142 | 4.0 |
| 1923 | 76,188 | 38,956 | 37,232 | 18,936 | 4.0 |
| 1924 | 77,587 | 39,651 | 37,936 | 19,293 | 4.0 |
| 1925 | 77,811 | 39,716 | 38,095 | 19,442 | 4.0 |
| 1926 | 81,559 | 41,521 | 40,038 | 20,257 | 4.0 |
| 1927 | 84,176 | 43,032 | 41,144 | 20,866 | 4.0 |
| 1928 | 86,548 | 44,733 | 41,815 | 21,034 | 4.1 |
| 1929 | 93,272 | 47,716 | 45,556 | 21,981 | 4.2 |
| 1930 | 97,758 | 49,826 | 47,932 | 22,671 | 4.3 |
| 1931 | 100,323 | 50,935 | 49,388 | 23,497 | 4.3 |
| 1932 | 104,656 | 53,203 | 51,453 | 23,966 | 4.4 |
| 1933 | 106,782 | 54,089 | 52,693 | 24,388 | 4.4 |
| 1934 | 109,672 | 55,097 | 54,575 | 25,327 | 4.3 |
| 1935 | 113,321 | 56,958 | 56,363 | 25,981 | 4.4 |
| 1936 | 126,735 | 63,654 | 63,081 | 29,102 | 4.4 |
| 1937 | 131,128 | 65,029 | 66,099 | 30,480 | 4.3 |
| 1938 | 134,027 | 66,298 | 67,729 | 31,095 | 4.3 |
| 1939 | 138,023 | 68,322 | 69,701 | 31,854 | 4.3 |
| 1940 | 150,627 | 76,466 | 74,161 | 32,807 | 4.6 |
| 1941 | 154,583 | 77,805 | 76,778 | 34,012 | 4.5 |
| 1942 | 167,340 | 84,611 | 82,729 | 36,583 | 4.6 |
| 1943 | 164,813 | 80,817 | 83,996 | 37,425 | 4.4 |

제3장

# 해방 후 '신생국가' 대한민국의 나라 세우기와 소공동 일대 화교 거주지의 소멸

박준형(서울시립대학교 부교수)

## 1. 머리말: 원구단과 프라자호텔

서울광장에서 한국은행 앞 교차로를 향해 곧게 뻗은 소공로를 바라보고 섰을 때, 그 왼편으로는 높이 솟은 빌딩들 사이로 겨우 모습을 드러낸 황궁우의 지붕을, 오른편으로는 나만 바라보라는 듯 뒷배경을 가로막고 널찍하게 서 있는 프라자호텔을 볼 수 있다. 일견 두 건물의 건축양식 차이만큼이나 상호 관련성을 찾아보기 어려울 것 같지만, 황궁우가 위치한 원구단 영역이 1897년 조선의 26대 왕인 고종이 황제즉위식을 치른 곳이라는 점을 떠올릴 수 있다면 하나의 실마리를 발견하게 된다.

원구단은 본래 임진왜란 때 불타버린 태평관太平館을 대신하여 중국사신이 머무는 객관으로 사용된 남별궁 자리에 세워졌다. 중국사신을 맞이하는 영은문迎恩門 자리에 독립문이 세워진 것처럼, 남별궁 자리에 원구단이 세워지고 또 그곳에서 황제즉위식이 치러진 사실은 청일전쟁 이후 완전한 '자주독립'의 실현이라는 과제를 안고 있던 조선이 청과의 관계 청산부터 우선적으로 해결하고자 했음을 말해준다. 그리고 황제즉위식과 함께 선포된 대한제국은 2년 뒤인 1899년에 청과 〈한청통상조약〉을 체결함으로써 국제법상에서도 대등한 지위를 확인하게 된다. 다시 말해서 원구단은 중국과의 오랜 조공책봉관계를 청산하고 조선이 '자주독립국'임을 증명하고자 한 장소라고 할 수 있다. 그런 까닭에 일제가 1910년 '한국병합' 이후 5년 동안의 '시정' 성과를 대내외에 선전하기 위한 목적으로 조선물산공진회 개최를 준비하면서 외국인 방문객들을 수용하기 위한 철도호텔 부지로 원구단 자리를 선택한 것은 우연이 아닐 것이다.

한편 프라자호텔 자리를 비롯한 소공동 일대는 1882년 〈조청상민수륙무역장정〉의 체결과 함께 청국인에게 '한성개잔권漢城開棧權(한성 내에서 점포를 열고 장사를 할 수 있는 권리)'을 허용함에 따라 관수동, 수표동, 서소문동 등지와 함

〈그림 1〉 황궁우(좌)와 프라자호텔(우)

께 서울 내에 형성된 중국인 거주지들 중 한 곳이었다(〈그림 2〉 참고). 일제강점기를 통해 일본인들이 명동에서 소공동으로까지 그 세력을 확장하면서 중국인 거주 지역 또한 프라자호텔 자리 주변으로 점차 축소되어 갔지만,[1] 해방 후에도 상당 기간 서울 내 대표적인 화교 거주지로서 명맥을 유지했다.

요컨대 원구단이 중국에 대한 '자주독립'을 기념하는 장소라면, 프라자호텔 자리에는 원구단보다도 오래된 중국인들의 거주 역사가 묻혀 있다. 그런데 원구단은 일제에 의해 해체 · 분산되었던 건물들이 조금씩 제자리를 찾아가며 시민들이 공유할 수 있는 '기억의 장소'가 되어가고 있는 데 반해, 프라자호텔 쪽은 일찍이 화교 거주지였다는 사실을 보여주는 흔적조차 찾아보기 어렵다. 이 글은 바로 이러한 장소의 비대칭성, 곧 기억의 장소와 망각의 장소라는 차이점에 주목하고자 한다. 그리고 그러

1 정문경 · 한동수, 〈서울 중구 소공동 일대 중국인 토지소유에 관한 연구: 1910~1930년 사이의 변화를 중심으로〉《한국건축역사학회 2016년 추계학술발표대회논문집》, 2016 참고.

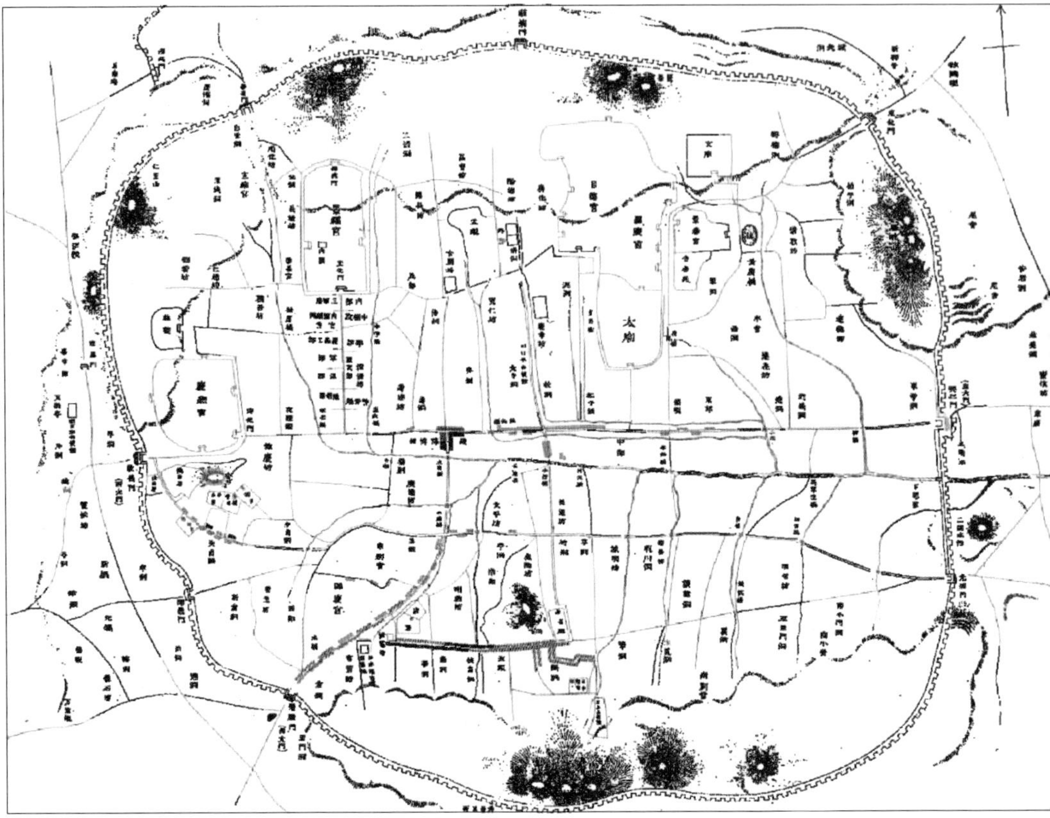

〈그림 2〉 1895년 현재 한성 내 청국인의 거주 분포(푸른색이 청국인 거주지)
출처: 박은경, 《한국화교의 종족성》, 한국연구원, 1986, 41쪽에서 재인용.

한 문제의식으로부터 대한민국의 '자주독립' 과제와의 상관성 속에서 해방 후 소공동 일대[2] 화교 거주지의 변화를 재검토할 것이다.

한국화교에 대한 연구는 2010년대 이후 최근의 대표적인 성과만을 뽑더라도 강진아의 《동순태호: 동아시아 화교 자본과 근대 조선》(경북대학교출판부, 2011)을 시작으로, 이정희의 《조선화교와 근대 동아시아

2 이 글에서는 법정동으로서 소공동과 을지로 1가 및 태평로 2가의 일부를 포함하는 범위를 '소공동 일대'로 상정했다.

(朝鮮華僑と近代東アジア)》(京都大學學術出版會, 2012), 王恩美의 《동아시아의 현대사 속의 한국화교: 냉전체제와 조국 의식》(학고방, 2013),[3] 石川亮太의 《근대 동아시아 시장과 조선: 개항 · 화상 · 제국(近代アジア市場と朝鮮: 開港 · 華商 · 帝國)》(名古屋大學出版會, 2016), 강진아의 《이주와 유통으로 본 근대 동아시아 경제사: 동순태호 담걸생 이야기》(아연출판부, 2018), 이정희의 《화교가 없는 나라: 경계 밖에 선 한반도 화교 137년의 기록》(동아시아, 2018) · 《한반도화교사》(동아시아, 2018)[4] 등과 같이 주목할 만한 연구 성과들이 계속해서 간행되고 있다. 이를 통해 1880년대 한국화교의 기원으로부터 현재에 이르기까지 한국은 물론 동아시아 차원에서 한국화교의 이주 역사와 네트워크, 사회적 실태, 정치의식의 구조 등이 상세하게 밝혀지고 있다.

소공동 일대 화교 거주지에 대한 연구로 한정한다면, 먼저 개항기와 관련해서는 한성개시와 그를 계기로 한 한성 내 외국인의 거주 과정을 밝힌 손정목의 연구가 여전히 참고가 되고 있다.[5] 식민지기와 관련해서는 정문경 · 한동수가 〈토지조사부〉(1912), 〈경성부관내지적목록〉(1917, 1927), 〈경성부지적원도〉(1912), 〈경성부지형명세도〉(1929) 등의 자료를 활용해서 중국인 토지소유 변화를 밝혀 놓았으며,[6] 해방 이후는 1960년대 초 화교 거주지의 분포 현황을 조사 기록한 구효경 · 김신자의 연구가 기초적

3 본서는 동일한 제목으로 2008년에 일본에서 간행했던 것을 인천대학교 중국관행총서 시리즈로 송승석이 번역 출간한 것이다.

4 본서는 기본적으로는 앞서 언급한 《조선화교와 근대 동아시아》를 번역 출간한 것이지만 저자에 의해 일부 내용 수정이 이루어졌다.

5 손정목, 《한국개항기, 도시변화과정연구: 개항장 · 개시장 · 조계 · 거류지》, 일지사, 1982.

6 정문경 · 한동수, 앞의 논문, 2016.

인 자료를 제공해 준다.[7] 또한 본격적인 한국화교 연구의 토대를 마련한 박은경은 구효경·김신자의 조사 결과와 동일 지역에 대한 1980년의 재조사 결과를 비교 검토했으며,[8] 남지숙은 1980년대까지의 화교 거주지의 분포 현황과 더불어 그 변화의 사회적 요인들을 분석했다.[9] 특히 1970년대 변화 요인 중 하나로 서울의 도심부 재개발사업을 들고 있는데,[10] 이는 '차이나타운'의 소멸 과정을 설명하는 과정에서 왕은미에 의해서도 지적된 바 있다.[11] 이와 같은 지적은 본고의 문제의식으로부터도 주목해야 할 부분이다. 다만 선행 연구들에서는 '화교' 연구인 만큼 서울 도심부 재개발사업이 비교적 간략하게 언급되어 있으며, 연구자의 시선 또한 화교 거주지의 이동을 따라가고 있어 화교 거주지였던 장소의 이후 변화에 대한 관심은 크지 않다.

이상의 연구 성과들을 바탕으로 이 글에서는 해방 후 '신생국가' 대한민국이 국가의 체제를 정비해 가는 과정에서 화교의 거주 조건이 어떻게 변화했고, 특히 1960년대 이후 화교의 거주지가 어떤 위기 상황을 맞이했으며, 1960년대 후반부터 시작된 서울 도심 재개발계획의 결과 소공동 화교 거주지가 소멸되어 가는 과정을 차례로 살피고자 한다. 마지막으로는 소공동 일대 '화교촌'이 '재벌촌'으로 변화한 사실로부터 화교 거주지의 해체가 현재의 우리에게 던지는 메시지를 정리해 보고자 한다.

7 구효경·김신자, 〈재한화교의 실태〉 《녹우회보》 5, 1963.

8 박은경, 《한국화교의 종족성》, 한국연구원, 1986, 246~255쪽.

9 남지숙, 〈서울시 화교의 지리학적 고찰(1882년~1987년)〉, 이화여자대학교 석사학위논문, 1987.

10 남지숙, 앞의 글, 1987, 56~63쪽.

11 王恩美 저·송승석 역, 《동아시아 현대사 속의 한국화교: 냉전체제와 조국 의식》, 학고방, 2013, 306~311쪽.

## 2. '신생국가' 대한민국의 탄생과 화교의 거주 조건 변화

1945년 8월 제국 일본은 패망했다. 제국 해체 후 동아시아 각국은 한국인, 중국인, 일본인 등 각기 같은 민족으로만 구성된 국민국가 건설에 박차를 가하게 된다. 분단과 내전 그리고 외국군에 의한 점령이라는 각기 다른 (혹은 중첩된) 조건하에서 시도된 그와 같은 노력은 주어진 조건의 차이만큼 서로 다른 결과물들과 마주할 수밖에 없었지만, 그럼에도 국민국가 건설이라는 공통의 목표는 그 이념을 위협하는 공통의 문제들, 예컨대 밀입국과 밀수입 등과 같이 '신생국가'들의 경계를 넘나드는 사람과 물건의 불법적인 '월경' 단속에 골몰하게 만들었다.

일제의 패망 이전까지만 해도 제국 판도 내에서의 인구 이동은 '내지(일본 본토)'에서 '외지(식민지)'(와 '세력권')로의 이동과 '외지(와 '세력권')'에서 '내지'로의 이동으로 크게 구분되었다. 대체로 전자는 제국의 식민지 증대와 그곳에서의 취업 기회 증대로 야기된 것이었으며, 후자는 식민지에서의 급격한 사회변동으로 인해 유민화流民化된 사람들이 제국의 중심지들이 지닌 사회경제적 구심력에 이끌린 결과였다. 이밖에 제국의 확대 속에서 '외지'에서 '외지'로의 이동이라는 또 다른 흐름이 형성되었는데, 조선에서 만주로, 또 대만에서 남양으로의 대규모 인구 이동이 그에 해당한다. 그러나 제국의 붕괴와 함께 위의 흐름들과는 역방향의 인구 이동이 단기간에 이루어졌다. 이 과정에서 '외지'에서 '내지'로 귀환한 일본인은 약 688만 명이었으며, '내지'에서 '외지'로 송환된 인구 수 또한 170만 명을 넘었다. 이는 제국 일본 전체 인구의 8%에 달하는 숫자였다. 다만 그러한 대규모 인구 이동에도 불구하고 '잔류殘留'한 사람들의 존재로 인해 인구의 '환류還流'는 미완의 상태로 남았다.[12] 결과적으로 동아시아의 '신생국가'들은, 지구상의 다른 모든 국민국가들과 마찬가지로, 국가 밖에도 같은 민족의 동포들이 살아가고, 국가 안에는 이민족의 외국인들이 거주하는, 다시 말해서 국민국가 이념에 비해 과소 혹은 과잉 상태에 놓이게 되었다.

한반도를 중심으로 다시 위의 인구 이동의 결과를 개관하자면, 해방 후 한반도에 거주하고 있던 71만 3,000여 명의 일본인과 34만 7,000여 명의 일본군이 이 땅을 떠나갔다. 남한으로 지역을 한정하면 군인을 포함해 총 70만 명의 일본인이 귀국길에 올랐는데, 동시에 일본과 만주 등지의 한국인이 본국으로의 환류 흐름에 동참했다. 1949년 5월 1일까지 일본에서 남한으로 귀국한 한국인 숫자는 93만 6,000여 명으로 전체 귀국자 중 반수 이상을 차지했다. 북한에서 월남한 이들도 48만여 명에 달했으며, 만주 및 중국에서 귀국한 사람 또한 25만여 명이나 되었다.[13]

한편 중일전쟁 발발 이후 대륙 침략을 위한 병참기지건설에 중국의 동북 및 화북지역으로부터 수많은 중국인 노동자들이 동원되었던 까닭에,[14] 재한중국인 인구의 80% 이상이 북한 지역에 몰려 있었다.[15] 해방 직전까지 그 수는 대략 6만 명에 이르고 있었다. 그러나 해방 후 본국 귀환의 시작과 함께 1947년에는 4만 5,000명, 1949년에는 4만 명으로 줄었고, 한국전쟁을 거친 1958년에는 1만 8,000명 수준으로까지 감소했다.[16]

12 蘭信三編, 《日本帝國をめぐる人口移動の國際社會學》, 不二出版, 2008, xiv~xviii쪽.

13 손정목, 《한국현대도시의 발자취》, 일지사, 1988, 165~166쪽.

14 安井三吉, 《帝國日本と華僑: 日本·臺灣·朝鮮》, 青木書店, 2005, 249~250쪽.

15 王恩美, 《東アジア現代史のなかの韓國華僑: 冷戰體制と'祖國'意識》, 三元社, 2008, 120쪽.

16 李正熙, 《朝鮮華僑と近代東アジア》, 京都大學學術出版會, 2012, 491~493쪽.

이와 반대로 남한의 중국인 수는 북한화교의 월남과 국공내전으로 인한 피난민의 국내 유입, 미군정하 한중무역의 활황 등을 배경으로 1945년 1만 2,648명에서 1948년 1만 7,433명으로 오히려 증가 추세를 보였다.[17]

결과적으로 대한민국은 국민국가 이념에 있어서 남북 분단 등으로 인한 과소 상태와 약 2만 명의 화교 인구를 품은 과잉 상태로 성립했다. 일찍이 1,000만 명의 오스트리아계 독일인을 배제하고 250만 명에 달하는 소수 민족을 포함하는 형태로 통일 과업을 이룬 독일제국에서 제국 탄생 직후 '신생국가' 독일의 적으로 지목된 사회주의자, 가톨릭교도, 폴란드인 등을 대상으로 이른바 '문화투쟁'이 시작된 것처럼,[18] 그리고 한국에서도 일찍이 청일전쟁 이후 내셔널리즘의 발호와 함께 한국사회에서 '청국적인 것'을 배제하기 위한 '자주독립론'이 유행했던 것처럼, '신생국가' 대한민국의 탄생과 함께 이념과 현실 사이의 괴리를 해소하기 위한 시도들이 뒤따랐다. 그 시도는 국가의 체제를 정비해 가는 과정에서 구체화되었다. 특히 대한민국이 '신생국가'로서 첫발을 내딛었던 그해, 곧 1948년 12월에 공포된 〈국적법〉과 이듬해 11월에 공포된 〈외국인의 입국출국과 등록에 관한 법률〉(이하 〈등록법〉)의 제정은 '국민'과 '외국인' 사이의 경계를 획정하고 그 처우에 대한 법적 근거를 마련한 것이라는 점에서 위 과정을 살필 수 있는 좋은 사례를 제공해 준다.

미군정하에서 제정된 〈국적에 관한 임시조례〉(1948년 5월 공포)의 부계중심적 혈통주의를 계승한 〈국적법〉은 1948년 12월 초 국회에서 법안 심의를 위한 제1회·제2회 독회가 진행되었다. 이때 문제가 되었던 것은 외국인의 귀화와 관련한 조항들이었다. 당시 민족주의와 자유주의는

17 王恩美, 앞의 책, 2008, 112~113쪽.
18 장문석, 《민족주의》, 책세상, 2011, 93~94쪽.

모두 당위성이 인정되는 가치들이었으나, 그중 어느 쪽을 더 우선시할 것인가에 따라 대립 구도가 만들어졌다. 즉 한쪽에서는 한민족의 단일민족성 유지를 위해 피의 순결을 지키는 것을 최우선적 임무로 간주했으나, 다른 한쪽에서는 한민족의 단일민족성 자체를 부정하지는 않았지만 그보다는 국제사회로의 참여를 보다 중시했다. 여기에서 흥미로운 점은 양측 간에 치열한 논쟁이 전개되는 속에서도 어느 쪽이든 대한민국이 '신생국가'라는 점은 인정하고 있었다는 것이다. 즉 민족주의를 강조하는 입장에서는 남북 분단의 현실로 인해 아직도 국민국가 건설을 완성하지 못했음을 자인했고, 자유주의 중시 입장에서는 대한민국이 국제사회의 일원으로서 살아가야 할 필연적 환경을 부각시켰다. 다시 말해서 '미완'의 국민국가 또는 국제사회의 '신입'이라는 서로 다른 인식 경로를 통해 대한민국이 '신생국가'라는 합의점에 이르고 있던 것이다.[19]

그런데 이처럼 대한민국이 '신생국가'임을 인정한다면, 자연히 그 나라의 '국민' 또한 새롭다는 결론에 이르게 된다. 이는 부계중심의 혈통적 연속성을 전제로 한 〈국적법〉의 기본 원칙에 어긋나는 것이었다. 그러므로 법제사법위원회 백관수 의원은 정부 원안의 '국민'을 '한인'으로 수정하는 안을 제시하면서 그 이유를 다음과 같이 설명했다.

> 한인 즉 한국 사람은 대한민국 국민에 틀림이 없읍니다. 그렇지만 대한민국이라고 보는 것보다도 한인이라고 하는 것이 좀 더 광범위로 해석할 수 있지 않을까. 즉 예를 들어 말씀하면 우리 대한민국 정부가 8월 15일에 되었고 또 법률에 따라서 생기는데 대한민국 국적법, 이 국적법도 즉 말씀

19 〈국적법〉 제정 과정에서의 논쟁 구도 및 전개에 대해서는 박준형, 〈'잡거'의 역사, 한국화교와 이웃하기〉《동방학지》 161, 2013, 106·109쪽.

하면 맨 끝에 공포한 날부터 시행하게 되어 있습니다. 그러면 8·15 이전, 아까 법무장관이 말씀하셨는데, 이전에 반드시 대한민국 국민이라고 그렇게 명사를 써야 적당할는지, 즉 말씀하면 왜정 36년 또는 군정 3년간 그것을 민족의 경로가 복잡하단 말입니다.[20]

즉 1948년 대한민국 정부수립 이전이나 1945년 해방 이전의 사람들도 〈국적법〉상의 '국민'이라고 할 수 있는지가 명확하지 않다는 지적이다. 따라서 '국민'을 대신하여 좀 더 광범위하게 해석할 수 있는 '한인'을 사용함으로써, 국가는 신생이라 해도 민족으로서 '한인'은 이미 오래 전부터 존재해 왔음을 밝히고자 했던 것이다.

그러나 그에 반대 의견도 제시되었다. 조헌영 의원은 '국민'을 '한인'으로 바꿀 경우 무국적 상태인 것처럼 보일 뿐만 아니라, '대한민국 국민'으로서의 혈통을 오히려 불분명하게 만든다는 점에서 정부 원안에 찬성한다는 뜻을 밝혔다.[21] 이때 '국가'는 '국민'의 영속성에 부수하는 것처럼 간주되었고, 따라서 양자가 결합한 '대한민국 국민'의 영속성 또한 보장되었다.

한편 〈등록법〉의 심의과정에서 눈에 띄는 것은 외무부가 제출한 초안의 부칙 제2항을 둘러싼 논쟁이다. 정부 원안은 "본 법 시행 전부터 대한민국 내에 체류하고 있는 외국인은 본 법 시행일에 입국한 것으로 간주한다."는 것이었는데, 이에 대해 외무국방위원회의 수정안 그리고 조헌영 의원의 재수정안이 제시되었다.

먼저 외무국방위원회의 수정안은 부칙 제2항을 삭제하자는 것이었

20 〈제1회 국회속기록〉 제118호, 5쪽.

21 〈제1회 국회속기록〉 제119호, 4~5쪽.

다. 그 이유를 설명한 외무국방위원장대리 조영규 의원은 중국대사관으로부터 청원이 있었음을 숨기지 않았다. 청원의 내용은 해당 조항이 한국에 체류하는 외국인을 전부 재조사해서 한국의 의도에 맞지 않는 자를 선별 추방하기 위한 것으로 추정되므로 체류 외국인의 절대 다수가 중국인인 입장에서 그 삭제를 요청했다는 것이다. 이에 대해 외무부차관 조정환은 법안 제9조에서는 "대한민국에 30일 이상 체류하고자 하는 외국인은 소관 지방장관의 거주허가를 받아야 한다."고 하고, 제10조에서는 "전 조의 규정에 의하여 거주허가를 받은 외국인은 그 거주하는 시·부·읍 또는 면의 장에게 등록하여야 한다."고만 규정하고 있을 뿐이라서, 부칙 제2항을 삭제할 경우 법 시행 이전부터 거류해 온 외국인은 등록을 회피할 수 있다는 우려를 표명했다.

한편 조헌영 의원의 재수정안은 "본 법 시행 전부터 대한민국 내에 체류하고 있는 외국인으로서 이미 거주를 등록한 자는 본 법 제9조 제1항을 적용치 않는다."고 조문을 일부 수정한 것이었다. 조 의원은 정부 원안에 대해 "대단히 조문이 졸렬"하다고 비판했다. 이미 입국해 있는 자를 지금 입국한 것으로 간주하는 데에는 무리가 따를 뿐더러, 그들을 대상으로 새로 체류를 허가하는 수속이 번잡스럽고 또 그것은 그들에게 미안한 일이라는 것이다.[22] 이 수정안은 기본적으로 정부 원안에 반대하면서도 외국인 등록 실시라는 정부 취지는 살리고자 한 일종의 절충안이라고 할 수 있다.

결론부터 말하자면 〈등록법〉은 정부 원안대로 통과되었다. 조 의원의 재수정안에 대해서는 외국인들이 〈등록법〉 이전부터 거주해 왔음을 증명해 줄 서류가 미비하거나 존재하지 않기 때문에 애당초 실현될 수 없

22 〈제5회 국회임시회의속기록〉 제18호, 1949, 7~8쪽.

는 방안이라는 반론이 제기되었다. 그러나 그보다는 재수정안이 법의 취지에 맞지 않는다는 이유가 보다 근본적인 반대 이유였던 것으로 보인다. 윤재근 의원은 조 의원의 재수정안은 물론 외무국방위원회의 수정안에 대해서도 반대 의사를 표하면서 그 이유를 다음과 같이 설명했다. 즉 〈등록법〉은 제6조에 해당하는 사람, 곧 대한민국의 이익에 배반하는 행동 또는 경제를 교란하는 행동을 할 우려가 있는 자, 공안을 해하거나 또는 풍속을 문란하게 할 우려가 있는 자, 전염병 환자나 기타 공중위생상 위험한 자 등을 제거하기 위한 목적으로 외국인 등록을 실시하자는 것인데, "8월 15일 이후에 외국 사람이 혼란기를 이용해서 많이 들어와 가지고, 6조 1항에 특히 대한민국의 이익에 배반된 행위라든지 경제를 교란하는 행위를 우리가 목격"해 왔다고 주장했다. 강기문 의원도 "지금 해방 후의 무역은 8할 5부나 9할은 중국 사람이 하고 있는데 세금을 받는 대상자는 1할도 되지 못하고 있"다면서 정부 원안 찬성의 뜻을 표했다.[23]

물론 수정안이나 재수정안에 대한 지지가 없었던 것은 아니다. 이때 강조된 것은 한중우호 관계와 중국 체류 한국인의 지위 문제였다. 해방 직후만 하더라도 한국에게 중화민국은 둘도 없는 '우방'이었다. 한중우호를 지지했던 기반은 양국이 전쟁 중 항일의 공동전선을 형성했다는 점에 있었으며, 특히 한국독립운동을 지원한 중국의 역할이 부각되었다. 윤봉길 의사는 그를 상기시키는 상징적인 인물이었다. 일례로 1946년 1월 윤봉길 의사 의거 15주년을 맞이한 추념의 글에서는 이 의거를 통해 중국인의 한인에 대한 의의義誼가 더 깊어져 한중관계가 그 이전과는 뚜렷하게 구분되었다고 말했다.[24] 한중우호는 단순히 회고적 차원에 그치

23 〈제5회 국회임시회의속기록〉 제18호, 1949, 9쪽.

24 〈社說 尹奉吉烈士를 追念하면서〉 《동아일보》 1946년 4월 30일.

지 않았다. 위 기사와 같은 시기 남한의 정치가와 화교 지도자들은 '한중문화협회'를 발족시켰다. 미군정청 민정장관이던 안재홍이 《한성일보》 사장으로 있을 때에는 한중친선행사가 끊이지 않았으며, 《한성일보》 중국어판인 《한성화문일보漢城華文日報》가 발행되기도 했다. 또한 1945년 말 모스크바 3상 회의에서 신탁통치가 결정된 후 국내에서 반탁 여론이 형성되고 있을 때 한국화교들은 그에 대한 적극적인 지지 의사를 밝혔다. 이때 화교는 "조선독립의 진정한 동지이자 원조자"로 자리매김되었다.[25]

왕은미는 이 시기 한국언론의 화교 관련 보도에서 정치적인 부분과 경제적인 부분 사이에 균열이 발생하고 있었다고 지적했다. 정치적으로는 위와 같이 '협력자' 이미지가 강조되었지만, 경제적으로는 '경쟁상대'로 그려졌다는 것이다.[26] 이와 달리 일제강점기부터 서울에 주재했던 중국영사 풍문웅馮文雄은 그 균열을 정치나 경제가 아닌 계급의 문제로 설명했다. 즉 1945년 11월에 《조선일보》 지면을 통해 "조선의 우방 중화민국을 대표하여" "조선의 해방과 자주독립을 기뻐"한다는 메시지를 공개한 그는 한중우호를 파괴하려는 일제의 이간정책에도 불구하고 양국 지식인간 우의는 더욱 친밀해졌다고 하면서도, 하층지식계급간에는 이간정책으로 말미암아 상호멸시의 악감정이 쌓여왔음을 부정하지 못했던 것이다. 나아가 악감정은 양국간 교류와 언론을 통한 사회 교화를 통해 말살되어야 한다고 말했는데,[27] 그에 호응하듯 한국인들은 해방 직후부터 빈발하고 있던 중국인에 대한 폭행 사건들에 대해 '실례失禮'라고 표현했다. 더욱이 1946년 1월 미군정청 외무과는 한국인에 의한 중국인 폭행은

25 王恩美, 앞의 책, 2008, 179쪽.

26 王恩美, 앞의 책, 2008, 178쪽.

27 〈本報續刊에 對한 各界의 期待〉《조선일보》 1945년 11월 24일.

"중국인이 일본의 격파와 조선의 해방에 막대한 공헌을 하엿다는 것을 이저버"린 행위라고 비판하면서 "중국은 연합국의 나라이고 따라서 존경과 보호를 바들 자격이 잇다는 것을 명심해야" 한다는 성명서를 발표했다.[28] 그러나 미군정청의 이와 같은 입장은 악감정을 해소하기보다는 균열의 폭을 확대했을 것으로 보인다. 특히 미군정청의 아래와 같은 경제 정책은 그에 크게 기여했다.

이정희의 연구에 따르면, 일제의 패망 이후 '적국 국민'에서 '연합국 국민'으로 극적인 지위 변화를 겪은 재한화교들은 연합국 국민의 건강 및 복지를 보장하고, 연합국 및 연합국 국민의 재산을 보관·보호하기 위해 필요한 조치를 강구해야 한다는 미군정청의 기본 방침에 따라, 1946년 3월 서울의 200개, 인천의 300개 화교 사무소들이 미군정청의 인가를 받아 영업을 시작했다. 미군정청은 화교들의 적산가옥 점유에도 관대했다. 덕분에 1948년 현재 전체 화교 호수 중 21%에 해당하는 677호가 적산가옥에 살고 있었다. 나아가 미군정청은 일본과의 민간무역을 전면 금지한 상황에서 재한화교를 통한 중국과의 교역에 기대를 걸었다. 그를 촉진하기 위해 1946년 7월 인천, 군산, 목포, 부산 등을 개항장으로 지정하는 한편, 한국인은 물론 화교들에게도 대외무역을 할 수 있는 면허 취득 자격을 부여했다. 이듬해 7월에는 '신용장우선제信用狀優先制'를 실시하여 수출에 한해 수출처로부터의 신용장 확보를 의무사항으로 규정했으며, 8월에는 오랜 협의 끝에 자유무역항 홍콩과의 무역을 개시했다. 이처럼 미군정하에서 재한화교의 무역 환경은 크게 유리해졌다. 미군정 3년간 중국 및 홍콩과의 교역이 전체 무역의 87%를 차지하는 속에서,[29] 재한

28 〈朝中友好를 妨害〉《조선일보》1946년 1월 13일.

29 미군정청의 화교무역정책에 대해서는 李正熙, 〈美軍政期における在韓華僑の貿

화교 경제는 역사상 가장 빛나는 '전성기'를 누렸다.[30]

이와 같은 상황은 해방을 맞이한 한국인의 기대와는 어긋나는 것이었다. 앞서 언급한 바와 같이 미군정청이 중국인에게 대외무역을 허가하자 한국독립당은 "이는 매우 중대한 문제이다. 한국의 경제가 안정되기까지는 외국인에게 무역을 허가한다는 것은 신중히 고려하기를 바란다."는 성명을 발표했다.[31] 그러나 당시 무역은 물론 통관업도 중국인 수중에 있었다. 해방 후 중국인 독점 상태로 있던 인천항 통관업을 조선인 10명에 중국인 3명의 비율로 조정한 것은 해방 후 2년이 지난 1947년 9월의 일이었다.[32] 그러나 문제는 이후에도 소수의 중국인 업자들이 단연 높은 성적을 올리고 있었다는 점이다. 이에 대해 한 신문은 "도대체 통관업 허가를 외국 손님네에게 주었다는 것이 잘못이고 그러한 예는 유사이래 처음이니 확실이 기현상이다."라고 비판하면서 중국인 통관업자들에 대한 관계 당국의 과학적 검토 및 해명을 촉구했다.[33] 또 다른 신문은 일부 화교들이 항구 주변의 적산가옥을 입수하여 상업계를 유린하고, 아편이나 기타 무역금지품을 밀수하여 국내 질서를 어지럽힐 뿐만 아니라, 마치 '조계'에 있는 것처럼 한국 관헌의 지시를 거역한다면서 한국경제 전반에 걸친 화교의 악영향을 강력히 비판했다.[34] 급기야는 다음과 같은 독자투고까지 등장했다.

易活動〉《華僑華人硏究》 2, 2005, 67~69쪽 참고.

30 〈남기고 싶은 이야기들 〈2678〉 제66화 華僑〉《중앙일보》 1979년 11월 20일.

31 〈貿易에 愼重 韓國獨立黨〉《경향신문》 1946년 10월 9일.

32 〈中3 朝10의 比率로 通關業者再編成〉《조선일보》 1947년 9월 7일.

33 〈經濟夜話 通關의 奇現象〉《경향신문》 1948년 11월 4일.

34 〈중국 내전에 따른 중국인 불법입국자 격증에 정부 무대책〉《서울신문》 1948년 11월 23일.

경향 각지를 물론하고 中國人이 경영하는 요리점 잡화상점이 왜적 대신 수위를 차지하고 있다. 우리 전재민과 그 생활을 비교할때 민족적 양심으로서 분개 아니할 수 없읍니다. 제나라 제향토에서 갖은 고초와 노력을 다해도 행복스럽게 못사는 이유는 那邊에 있는지! 앞날의 三千里 강토는 중국인의 낙원지가 될 것이고 우방친선도 한도문제일 것입니다. 당국에서는 中國街의 범위를 작정하여야 할 것입니다. 이것은 남의 살림을 염려하는 것 같지만 우리 살림이 우려되는 까닭이기 때문에.(愛國生)[35]

위 인용문에서 중국인의 경제적 위협은 일제강점기 일본인의 지배적 상황을 환기시켰다. 이와 같은 상황은 '해방' 자체에 의문을 제기할 수밖에 없었다. 투고자는 진정한 '해방'을 위해서는 한중우호를 어느 정도 희생하더라도 중국인에 대한 적극적인 제재가 필요함을 호소했다.

대한민국 정부수립 이듬해인 1949년에 들어서면, 화교는 종종 '악질 중국인' 또는 '악질 화상'으로 일컬어졌다. 동시에 이러한 부정행위자들에 대한 단속의 고삐도 당겨졌다. 1949년 11월 〈관세법〉의 공포로 문제가 되었던 중국인 통관업이 취소되었다. 신문은 이를 통해 다른 무엇보다 한국무역계의 '一大癌'이자 '畸形兒'인 중국통관업자의 장구한 역사에 종지부를 찍게 되었으니 쾌재를 부르지 않을 수 없다고 말했다.[36] 이어서 인천의 통관업자 중 하나이자 당시 한국 최대의 무역회사였던 만취동萬聚東 등의 '악질 화상'에 대한 대규모 검찰 조사가 진행되었다. 그 배경에 대해 신문은 다음과 같이 전했다.

35 〈万人聲 中國商人의 氾濫〉《경향신문》 1949년 6월 15일.

36 〈政經風窓 干滿의 運命? 外國人通關業에 終止符〉《경향신문》 1949년 11월 25일.

해방 후 이 나라의 정치적 혼란을 틈타서 정상적인 무역은 궤도를 잃고 다만 방치되었을 뿐으로 우리나라의 무역계는 외국인 특히 중국인의 독점무대가 되어 버렸으며 요즘에 이르러서는 그들이 좌우하는 전 자금은 약 四백억에 달하게 되었다고 한다. … 그러나 작년 八·一五를 기하여 우리정부가 수립됨에 이르러 무역 또한 적절한 통재를 받게 되었으며 수출입도 또한 어느 정도의 균형적인 파도를 밟게 되었던 것이나 그것도 일시적인 것에 불과하였으며 정식 무역이라는 방법을 잃게 된 그들 간상들은 밀수입이란 새로운 길을 발견하여 그것을 공공연하게 또 대담하게 감행하였던 것이다. … 그후 중국사태 악화로 수많은 무역상들은 우리나라에 모여들어 막대한 이익을 우리나라에서 얻으려고 하였던 것이다. 그들이 원하는 것은 다만 그들의 이익뿐이었고 국제 道義를 무시한 행동이었다. 그래 이에 과감한 용단이 필요하다는 일반의 여론이 높앗으며 이대로 가다가는 국가경제의 파탄을 초래한다는 견지에서 지난 十二일부터 전 중국인 무역상에 대한 메스가 나리었던 것이다.[37]

이때 검찰총장은 "중국과 우리나라와의 親善관계가 역사적 지리적으로 불가분한 것임에도 불구하고 그들이 우리의 호의를 무시하고 우리 경제계를 혼란케 하고 있음은 매우 유감이며 우리나라에 中共軍이나 八路軍이 침입한 것을 용인 못하는 것과 같이 그들 밀무역자도 용납할 수 없"다는 결의를 표명했다.[38] 뿐만 아니라 경찰국장까지 나서서 최근의 단속 행위가 중국인 탄압이라는 항간의 풍설을 부정하는 동시에, 내외국인 구분 없이 위법자에 대해 엄정하게 처벌할 것임을 언명했다.[39]

37 〈腐敗! 萎縮! 國內產業에 危機 不正貿易界에 秋霜의 메스〉《동아일보》 1949년 12월 16일.

38 〈腐敗! 萎縮! 國內產業에 危機 不正貿易界에 秋霜의 메스〉《동아일보》 1949년 12월 16일.

腐敗！萎縮！國內産業에危機
不正貿易界에秋霜의메스

惡質華商을爲始
不正業者와汚吏도嚴罰

稅關도一齊搜索
檢察陣俄然緊張！

帳簿押收코倉庫封鎖
仁川의檢察成果多大

叛徒續々歸順
全南警察局發表

〈그림 3〉 검찰의 '악질화상'에 대한 엄벌 방침을 전하는 기사
출처: 〈腐敗! 萎縮! 國內産業에 危機 不正貿易界에 秋霜의 메스〉《동아일보》 1949년 12월 16일.

앞서 살펴본 〈등록법〉의 여러 안에 대한 표결은 바로 이와 같은 분위기에서 이루어졌다. 심의 과정에서 간도 방면 50만 동포에 대한 고려가 있어야 한다는 지적이 여러 차례 있었고,[40] 화교들의 주민권을 인정해 주어야 한다는 의견도 있었지만,[41] 해방 후 재한화교들에 대한 경계심은 전술한 바와 같이 표결의 결과를 가 78, 부 5, 곧 정부 원안 통과로 이끌었다. 재수정안을 제시했던 조헌영 의원은 이 결과에 대해 "당장에 중국에 가 있는 우리나라 동포의 영향을 받을 것을 생각하지 않고 중국 사람이

39 〈違法者處罰에 內外人差別없다〉《동아일보》 1949년 12월 20일.

40 〈제5회 국회임시회의속기록〉 제17호, 1949, 12~13쪽; 〈제5회 국회임시회의속기록〉 제18호, 1949, 13쪽.

41 〈제5회 국회임시회의속기록〉 제17호, 1949, 10~11쪽.

장사깨나 하는 것을 보고 감정적으로 이렇게 한다는 것은 대단히 유감으로 생각"한다고 밝혔으나,[42] 이미 결과를 뒤집을 수는 없었다.

이상에서 살펴본 바와 같이, 〈국적법〉은 '대한민국 국민'의 영속성을 인정했지만, 〈등록법〉은 그 영속의 역사에서 '외국인'의 존재를 지워버렸다. 결과적으로 재한화교는 '대한민국 국민'들과 잡거하고 있음에도 불구하고, 낯선 '외국인'이 아닌 오래 이웃해 온 '거주자'로서 그들을 인식할 수 있는 법제적 카테고리는 존재하지 않았다. 이는 곧 그들에 대한 비가시화의 명령에 다름 아니었다.

## 3. 법적 규제의 강화와 화교 거주지의 위기

새로운 법제들의 재한화교에 대한 비가시화 명령에도 불구하고, 그 실체가 사라지는 것은 아니었다. 재한화교는 변함없이 자신의 자리를 지키고 있었다. 뜻밖의 사건·사고들 속에 등장하는 화교의 이름들은 위의 명령을 뚫고서 한국사회 내에서 잡거雜居하고 있는 자신들의 존재를 드러냈다.

예컨대 1962년 4월 23일에 서울 필동에서 서울역을 지나 미아리 방면으로 달리던 버스가 앞서가던 택시를 들이받고 뒤집히는 사고가 발생했다. 승객 11명이 중상을 입고 31명이 경상을 입었는데, 신문에 실린 부상자 명단에는 다른 사람들과 달리 거주지를 대신하여 '중국인·한성화교'라고 적어 놓은 화교 남매로 추정되는 이름들도 포함되어 있었다(〈그림 4〉 참고).[43] 그 한편으로는 중국인이 연루된 범죄 사건이 신문 지면에

42 〈제5회 국회임시회의속기록〉 제18호, 12쪽.

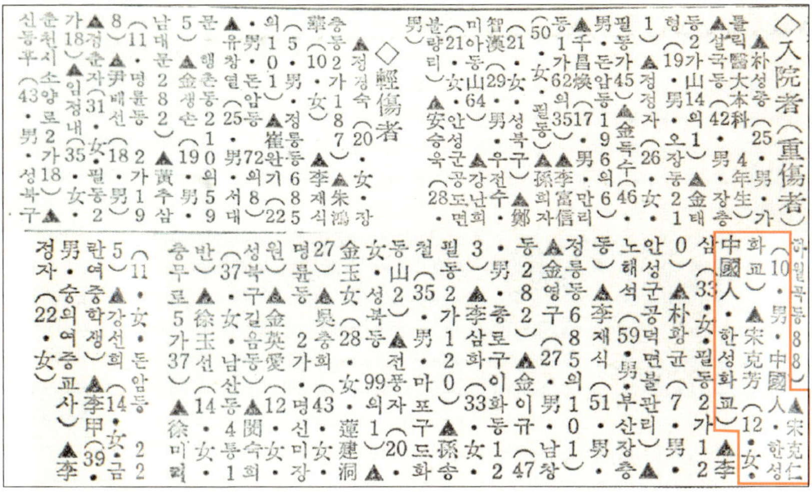

〈그림 4〉 버스 사고 부상자 명단 속 화교들
출처: 〈빼스가 뒤집혀 慘事〉《경향신문》 1962년 4월 24일.

떠들썩하게 보도되는 일도 드물지 않았다. 마약밀매에서부터 국제간첩단에 이르기까지 그 사건 종류도 다양했다. 1956년에 중국인의 시계밀수에 자유당 국회의원들이 연루되었던 사건은 세간의 이목을 크게 끌었을 뿐만 아니라 한 신문사의 올해 10대 뉴스로 선정되기까지 했다.[44] 그러나 위의 버스 사고 부상자 명단에 포함된 남매 이름은 재한화교가 추방될 운명의 잠재적 범죄자가 아니라 한국인들과 일상을 공유하는 평범한 사람들임을 말해준다. 이러한 이름들은 교통사고자 명단에서만이 아니라, 해방 후 경복궁에서 처음 개최된 산업박람회의 산업복권 당첨자 명단에서,[45] 서울의 뇌염 사망자 명단에서[46] 그리고 '시민의 대학' 수강자 중에서

43 〈빼스가 뒤집혀 慘事〉《경향신문》 1962년 4월 24일.
44 〈丙申年 國內十大뉴—스〉《경향신문》 1956년 12월 13일.
45 〈幸運의 金曜日 百萬圓福券 셋〉《조선일보》 1962년 5월 5일.

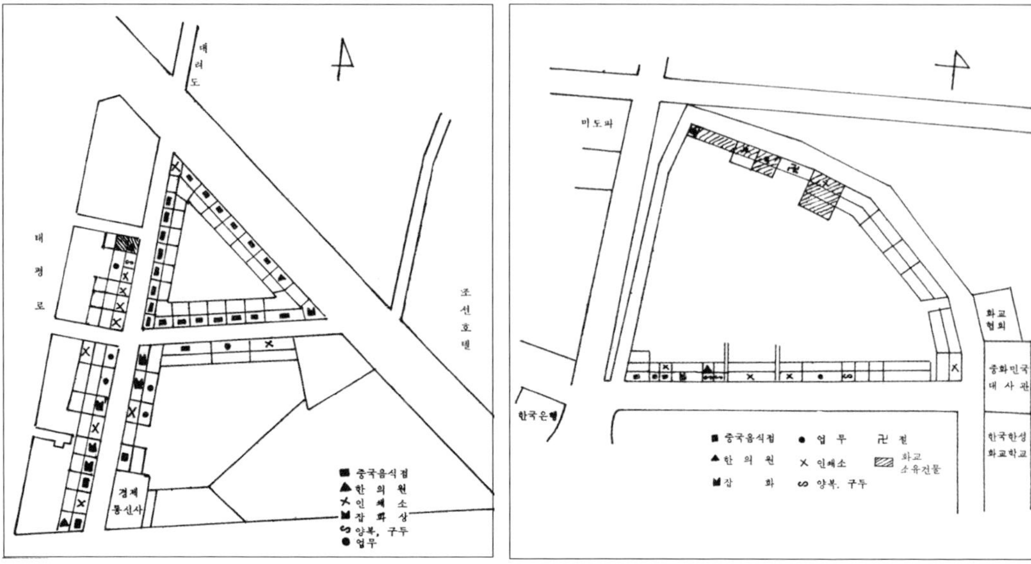


〈그림 5〉 1963년 현재 소공동(좌) 및 명동(우) 일대 화교 거주 현황
출처: 박은경, 앞의 책, 1986, 248 · 251쪽에서 재인용.

도[47] 확인할 수 있다.

그러나 1960년대에 들어 새로 제정된 법제들은 재한화교의 거주 자격을 넘어 거주지 자체를 위협하기에 이르렀다. 그 내용을 살피기에 앞서 먼저 이 시기 소공동 일대 화교 거주지 상황을 개관해 보자.

당시 소공동 일대는 화교가 가장 많이 밀집해 있고 또 음식점 중심의 상업 활동이 활발하여, 호떡, 만두 등 이른바 서민들의 간식거리에서부터 새집둥우리 요리, 상어지느러미 요리와 같은 고급요리까지 다양한 중국 음식을 맛볼 수 있었다. 1963년 현재 이 일대에 분포한 화교 상점은 음식점 26개소, 잡화상 6개소, 인쇄소 10개소, 사무실 6개소로, 대부분 화

46 〈死亡者 모두 21名〉《조선일보》 1962년 9월 6일.
47 〈〈市民의 大學〉 어제 開講〉《조선일보》 1967년 3월 21일.

교 소유 건물 내에 자리했다. 그리고 매일 새벽에 열리는 북창동 시장에서는 음식점에서 필요로 하는 야채, 닭 등의 음식 재료들은 물론 음식점 배달원까지 공급해 주었다. 한편 소공동과 인접한 명동 일대에도 화교 거주지가 형성되어 있었는데, 이곳은 소공동 일대와 달리 중국대사관, 중정도서관, 화교협회, 요식업총회, 한중문화협회, 한중일보사, 화교소학교, 달마불교회 등 화교 사회를 움직이는 대부분의 사회단체가 모여 있었다. 상점들의 업종도 양복점, 인쇄소, 양화점 등 중국음식점에만 몰려있지 않고 상대적으로 다양했다(〈그림 5〉 참고).[48]

화교 거주지 위협의 단초를 연 것은 1961년 9월에 제정된 〈외국인토지법〉이었다. 이 법 제5조에서는 "국방, 산업, 기타 공공목적에 따라 필요한 지역에 대해서는 각령閣令에 의해 외국인 또는 외국법인의 토지에 관한 권리 취득을 금지 또는 조건이나 제약을 가할 수 있다."고 규정했다. 이듬해 4월 〈외국인토지법 시행령〉에 의해 지정된 제한 지역에는 서울, 인천, 대구 등 모든 도청소재지가 포함되었다. 따라서 화교 거주지 대부분이 제한 지역이 되었다고 할 수 있는데, 이들 지역에서 외국인이 토지를 취득하려면 국방부장관의 사전 허가를 받아야만 했다.[49] 그럼에도 외국인이 한국인 명의로 토지를 사서 건물을 짓고 사용하는 것은 가능했다. 그러나 〈외국환관리법〉 제30조에 따르면 국내 거주자가 비거주자를 위해 국내 부동산이나 이에 관한 모든 권리를 처분할 수는 없었으며, 비거주자 사이에서도 부동산을 취득·처분·포기하거나 타인에게 제공하지 못하도록 규정해 놓았다. 그런데 그 시행령에서는 또한 예외적으로 원화로 결제를 할 경우 국내 거주자와 비거주자 사이에서 그리고 동일 주

48 박은경, 앞의 책, 1986, 247~253쪽.

49 王恩美, 앞의 책, 2008, 296~297쪽.

소의 비거주자 사이에서(예를 들어 대만에 살고 있는 두 사람 사이에) 부동산을 취득하거나 처분할 수 있게 했다.[50] 더구나 외국인이 '거주자'가 될 수 있는 길도 열려 있었다. 6개월 이상 국내에 거주하거나, 국내 사업체에 근무할 목적으로 체제하고 있거나, 국내에 주 사무소를 두고 있거나, 국내에 외국법인 지점 또는 사무소를 두고 있는 경우 등이 그에 해당하는데, 일단 '거주자'로 인정되면 위의 규제들로부터 벗어날 수 있었다.[51]

이와 같이 〈외국인토지법〉은 외국인 및 외국법인의 토지 취득에 많은 제약을 두었지만, 한국인 명의를 이용하여 법망을 피하거나 원화 결제라는 예외적 방법 등을 활용한다면 토지소유가 완전히 불가능한 것도 아니었다. 이러한 법적 미비점은 결국 법과 현실 사이에서 다양한 분쟁을 낳았다. 다음의 명동 유네스코회관 신축과 그 소유권을 둘러싼 분쟁은 이 시기 위와 같은 법적 조건하에서 어떤 일들이 일어날 수 있는가를 잘 보여준다.

현재도 건재한 유네스코회관 건물의 신축은 신한산업회사 사장 신영순이 1957년 8월 명동 2가 48의 대지 임차권을 회사 명의로 한국유네스코에 양도함으로써 논의되기 시작했다. 이듬해 11월 유네스코회관 건립을 위한 사단법인 한국유네스코후원회가 창립되었으며(사무총장 장천원, 이사 신영순),[52] 1959년 4월 11일에는 전 9층, 총 2,700평 규모의 건물을 3년 뒤 완공하는 것을 목표로 명동 부지에서 기공식이 거행되었

50 〈外國人의 土地賣買 外人土地法엔 어떻게 規定되어 있나?〉《동아일보》 1965년 7월 10일.

51 〈外人의 不動産買入 內査〉《조선일보》 1965년 7월 16일.

52 〈내일 開館하는 유네스코會館〉《조선일보》 1967년 2월 16일.

다.[53] 당시 이 공사는 "무에서 유를 만드는 것"이라고 일컬어졌다. 건축비를 한일은행과 산업은행의 융자로 모두 충당하고 있었을 뿐만 아니라, 신영순이 양도한 대지는 동순태호同順泰號의 창업자 담걸생譚傑生의 아들인 담정택譚廷澤의 소유였기 때문이다.[54]

담정택은 1937년 중일전쟁 발발과 함께 온 가족을 이끌고 상하이로 철수했다. 그는 전쟁이 단기간에 끝날 것을 예상하고 귀환의 때를 기다렸지만, 결국에는 1956년까지 상하이에 머물다가 홍콩으로 이주했다.[55] 1965년 9월 한국에 입국한 담정택은 현 재산관리인인 서울부동산주식회사를 상대로 〈부재자 재산관리인 해임 청구〉 소송을 제기했다. 서울부동산주식회사측은 담정택의 신원이 불분명하고 〈외국인토지법〉에도 저촉되는 사안이라고 맞서 1심 재판부에서 기각 결정을 이끌어낸 바 있지만, 2심에 이어 대법원은 담정택이 등기부상의 본인임을 확인해 주었다. 당시 풍문에 따르면, 담정택은 재판에서 이기기 위해 박정희 정권에 헌금 내지 뇌물을 바쳤고, 그 돈으로 세워진 건물이 바로 남산 어린이도서관이었다고 한다.[56] 만약 그 풍문이 사실이라면 법적 미비점뿐만 아니라 권력의 개입이 또 다른 변수(혹은 결정적인 변수)로 작동했다고 말할 수 있을 것이다. 어쨌든 이에 따라 신영순의 토지 기증도 원인 무효가 되어 유네스코측은 담정택에게 새로 땅을 사거나 빌려야 하는 상황이 되었다.[57] 이후에도 여러 우여곡절을 겪은 끝에 유네스코회관은 13층, 4,100

53 〈三年計劃으로 起工 유네스코韓國會館〉《동아일보》 1959년 4월 11일.

54 〈궁금한 뒷소식⑤ 유네스코회관건축〉《경향신문》 1962년 11월 10일.

55 강진아, 《동순태호: 동아시아 화교 자본과 근대 조선》, 경북대학교출판부, 2011, 356쪽.

56 강진아, 앞의 책, 2011, 367~368쪽.

57 〈中國人 譚氏로 확정〉《경향신문》 1966년 9월 9일.

평 규모로 1967년 2월 준공을 보게 되었다. 그러나 결과적으로 대지소유주는 담정택, 건물소유주는 유네스코한국위원회, 건물관리 겸 운영주는 한일은행이라는 머리 셋의 괴물 형상이 되고 말았다.[58]

그런데 담정택의 한국입국이 실현되어 가고 있던 시기는 한일협정이 체결되어 국회 비준 절차를 밟던 때이기도 하다. 한일간 국교 정상화는 일본에 대한 문호 개방을 의미했고, 또한 그것은 경제력에서 우위에 있던 일본인들의 귀환을 예고했다. 항간에는 이미 일본인이 대거 부동산을 매입하려 한다는 소문이 돌았으며,[59] 명동의 중국대사관 소유 대지 1,000평이 재력도 없는 재일교포에게 매도된 사실은 "일본상혼日本商魂의 국내침투國內浸透"를 의심케 했다. 법조계에서는 "현행 관계법령은 약삭빠른 일본상사日本商社의 부동산 투자공세不動産投資攻勢를 그대로 받아들일 수밖에 없다."고 지적했으며, 나아가 이제는 일본인이 서울 시내 중심가를 모두 차지할 것이라는 우려의 목소리까지 흘러나왔다.[60] 1967년 내무부 조사에 따르면, 외국인 소유 토지 총 평수는 대략 500만 평, 시가로는 55억여 원에 달했다. 국적별로 보면, 미국인이 전체 외국인 소유 토지 중 85.4%로 가장 많았고, 중국인이 10.3%를 차지했으며, 그 이하는 서독인 1.4%, 아일랜드인 1.1%, 필리핀인 0.7%, 영국인 0.4%, 일본인 0.2% 순이었다.[61] 이 수치만 보면 일본인 위협론이 과장된 것처럼 보이기도 하지만, "우리땅 외국인이 5백만 평 차지"라는 신문 기사 헤드라인은 〈외국인토지법〉 개정의 사유로서 부족함이 없었다. 게다가 위의 조사 결과를 바

58 〈내일 開館하는 유네스코會館〉《조선일보》 1967년 2월 16일.

59 〈外人의 不動産買入 內査〉《조선일보》 1965년 7월 16일.

60 〈經濟侵略 不動産賣買〉《조선일보》 1965년 7월 18일.

61 〈우리땅 外國人이 5百萬坪 차지〉《경향신문》 1967년 6월 23일.

탕으로 신문 사설에서는 국제법상 상호주의 원칙에 따라 외국인의 토지소유를 금할 수는 없지만, "선진국의 경우와 우리의 경우는 상황이 전혀 다르다는 것을 간과하지 말아야 한다."고 주의를 촉구했다. 경제력이 약한 '신생국가'에서 우수한 자본력을 지닌 외국인의 토지소유 증대가 미칠 사회경제적 영향력은 "실로 가공할 만"하다는 이유에서였는데, 이 사설에서 제시한 대책은 외국인의 토지소유 면적에 일정한 한계를 둘 것, 토지매입 허가 요건을 강화할 것, 한국인 명의 도용을 방지하고 동시에 불법 행위를 엄벌할 것 등이었다.[62]

1968년 7월 3일 〈외국인토지법〉이 개정 공포되었다. 제5조에서는 외국인이 토지를 취득할 시 내무부장관의 허가를 받도록 했으나, 거주 목적 660m$^2$(200평) 이하의 경우에는 사전신고로 가능하게 했다. 또한 아직 명문 규정은 없었지만 상업 목적의 165m$^2$(50평) 이하 토지는 내무부장관의 허가를 거쳐 취득할 수 있게 했다. 다시 말해서 이번 개정을 통해 외국인의 토지소유는 거주 목적 200평 이하, 상업 목적 50평 이하로 소유 목적과 면적이 제한된 셈이었다.[63]

그런데 개정 〈외국인토지법〉의 발효 이후 그에 근거한 첫 번째 처벌 대상이 된 것은 일본인이 아니라 공교롭게도 일제강점기 때부터 명성을 떨쳐 온 중국음식점 아서원雅敍園이었다. 아서원은 1899년에 한국으로 건너 온 산둥성 출신 화교 서광빈徐廣彬이 1907년에 친구 20명과 합자해서 을지로 1가 입구에 건평 50평 남짓의 2층 건물로 개업한 것이었다. 1934년 일본자본에 의해 그 일대에 반도호텔이 건설되면서 아서원은 호텔 옆 땅을 환지받아 1936년에 신축 이전했다(을지로 1가 181-4, 5번지). 신축 건

62 〈民族的 自立要件과 外國人의 土地所有〉《조선일보》 1967년 6월 24일.
63 王恩美, 앞의 책, 2008.

〈그림 6〉 1970년대 아서원의 모습
출처: 손정목, 《서울도시계획이야기》 2, 한울, 2003, 253쪽.

물은 3층, 400평 규모였으며, 해방 후 공간 부족으로 한 층을 증축해서 사용했다.[64]

그런데 창업자인 서광빈은 건물 완공 직후 병으로 쓰러져 해방 전 세상을 떴다. 서광빈에게는 강씨와 사씨 두 명의 처가 있었는데, 강씨와는 딸이 한 명 있었지만 한국에서 다시 결혼한 사씨와는 자식이 없었다. 서광빈의 사후 강씨는 서광빈의 큰 형 아들을 양자로 입양했다. 강씨와 양아들은 이태원에서 6,000평 규모의 은주銀酒 회사를 경영했고, 그 때문에 아서원에 관여할 겨를이 없어 아서원의 경영권은 후처인 사씨에게 넘어갔으며, 1967년부터는 양손養孫 격에 해당하는 서도민이 경영을 담당했다(다만 강씨는 사망 전 양자를 파양했다). 그런데 1969년 강씨 소생의 딸이 그의 아들 노씨와 함께 아서원을 6,000만 원의 헐값에 매각했다. 당시 아서원의 재산 가치는 법원 감정가로만 약 3억 원, 시세는 약 5억 원에 달했다. 이 사실을 알게 된 서도민과 주주들은 즉시 법원에 강씨 소생의 딸 서씨와 그의 아들

64 아서원과 그를 둘러싼 소송 사건과 관련해서는 기본적으로 진유광 저 · 이용재 역, 《중국인 디아스포라 한국화교 이야기》, 한국학술정보, 2012, 제8장 · 제9장 및 이용재, 〈재벌과 국가권력에 의한 화교 희생의 한 사례 연구: 아서원(雅敍園) 소송사건〉 《中央史論》 35, 2012를 참고했다. 덧붙여 말하면 전자의 책은 진유광(秦裕光)이 《중앙일보》에 '남기고 싶은 이야기들'에 '화교'라는 제목으로 1979년부터 연재했던 것을 모아 출판한 《旅韓六十年見聞錄: 韓國華僑史話》(1983)을 번역한 책이다.

노씨 모자를 사기 및 횡령 혐의로 고소하는 한편, 아서원을 매입한 롯데 측을 상대로는 소유권 이전등기 말소 청구소송을 제기했다. 치안국 외사과는 〈외국인토지법〉 위반, 횡령 및 공정증서원본 부실기재 혐의로 노씨를 구속하고 그의 어머니도 공모 혐의로 입건했다.[65] 그리고 후자의 소송 건은 5년 동안 상하 법원을 오르내린 끝에 1974년 4월 9일 대법원에서 아서원이 롯데 측 소유인 것으로 확정 판결되었다.[66]

재판 과정에서 여러 쟁점이 있었지만 그중에서도 〈외국인토지법〉과 관련한 이슈만 언급해 두자면, 이때 핵심은 먼저 서씨 모자의 유산상속 행위가 〈외국인토지법〉에 저촉되는가, 만약 저촉된다면 그 상황에서 이루어진 매매계약이 적법한가 하는 점이었다. 전술한 바와 같이 개정 〈외국인토지법〉은 외국인이 토지를 취득하고자 할 때 내무부장관의 허가를 받도록 했다. 아서원측은 이에 근거해서 내무부장관의 허가를 받지 못한 상속 행위는 무효라고 주장했다. 그러나 법원은 허가를 받지 못했다고 해서 유산상속이 성립하지 않는 것은 아니며, 토지가 아닌 건물에도 〈외국인토지법〉이 적용된다고 보기는 어렵다고 판시했다. 또한 설령 건물에 취득허가가 요구된다고 하더라도, 이번 사안은 토지소유의 불허가 처분을 받은 상태에서 〈외국인토지법〉 제7조[67]에 따라 내국인에게 양

65 〈外人土地法 위반〉《동아일보》 1969년 1월 25일.

66 〈엎치락 뒤치락 5年訟事〉《조선일보》 1974년 4월 10일.

67 〈외국인토지법〉(법률 제2019호, 1968. 7. 3. 일부 개정) 제7조의 내용은 다음과 같다(법조문은 법제처의 국가법령정보센터 사이트(www.law.go.kr)에서 검색. 이하 동일).

제7조 (권리의 양도)

①토지에 관한 권리를 가진 자가 이 법에 의하여 그 권리를 향유할 수 없게 된 경우에는 1년 이내에 이를 양도하여야 한다. 〈개정 1968. 7. 3.〉

②전항의 규정은 토지에 관한 권리를 가진 자의 상속인 기타 포괄승계인이 이 법에 의하

도한 것이므로, 매매 및 소유권 이전등기 자체가 무효인 것은 아니라고 판단했다.[68]

그런데 대법원 판결 이전 시점인 1973년 4월 25일과 26일 양일에 걸쳐, 반도호텔·국립도서관·아서원 부지에 롯데가 36층의 거대 호텔을 건립하기로 했다는 뉴스가 대대적으로 보도되었다. 한편에서는 일본의 게이오프라자나 제국호텔 등과 거의 비슷한 규모가 될 것이라는 청사진이 제시되었고,[69] 다른 한편에서는 '사라지는 〈서울의 名物〉'이라는 연재 기사를 통해 벌써부터 반도호텔 등과 더불어 아서원에 대한 '애환'이 읊어졌다.[70]

1970년 7월 서울특별시 기획관리관으로 있으면서 이듬해부터는 도시계획국장을 겸임[71]한 손정목에 따르면, 롯데그룹의 호텔 설립 계획은 1970년 11월 13일 박정희 대통령과 신격호 회장의 만남에서 시작되었다고 한다. 그 자리에서 박정희는 정부의 전폭적인 지원을 약속하면서 반도호텔 등의 불하를 조건으로 세계적인 관광호텔을 지어달라고 요청했다. 신격호는 잠시 망설이다가 결국 승낙했다.[72] 이후 '호텔롯데 설립추진위원회'(위원장 신격호)가 1973년 2월 26일 발족했다. 위원회는 3월

여 그 권리를 취득할 수 없는 경우에 이를 준용한다. 이 경우에 전항의 규정하는 기간은 이를 3년으로 한다. 〈개정 1968. 7. 3.〉
③전2항의 규정에 의한 기간은 통산하여 3년을 초과할 수 없다.

68 이용재, 〈재벌과 국가권력에 의한 화교 희생의 한 사례 연구: 아서원(雅敍園) 소송사건〉《中央史論》 35, 2012, 86~87쪽.

69 〈半島호텔-舊雅敍園-국립도서관 垈地에 日 롯데서 大規模 호텔〉《조선일보》 1973년 4월 26일.

70 〈사라지는 〈서울의 名物〉 (6) 雅敍園〉《조선일보》 1973년 5월 9일.

71 손정목, 《韓國現代都市의 발자취》, 일지사, 1988, 年譜 참고.

72 손정목, 《서울도시계획이야기》 2, 한울, 2003, 238~239쪽.

13일에 외국인투자 인가신청서 및 차관계약 인가신청서를 경제기획원에 제출했고, 이는 신문에 롯데의 호텔 설립 계획이 보도되었던 4월 25일 외자도입심의위원회 의결을 거쳐 통과되었다. 1966년 8월에 제정된 〈외자도입법〉은 한국에 자본을 투자하는 외국인에게 세제상의 엄청난 특혜를 보장해 주었는데, 위 위원회 심의 통과로 롯데가 그 혜택을 누릴 수 있게 되었으며, 이에 따라 5월 5일 주식회사 호텔롯데가 설립되었다.

뿐만 아니라 공포된 지 2년도 안 된 새로운 〈도시계획법〉과 〈건축법〉을 1972년 12월 30일에 개정하여 '특정가구정비지구'라는 것을 새롭게 규정하고, 같은 날 〈특정지구개발촉진에 관한 임시조치법〉을 공포했다. 전자는 지정된 지구 내 3분의 2 이상 토지를 확보한 시행자와 해당 시장·군수 사이에서 합의만 이루어지면 재개발사업보다 더 강력한 건축 행위를 가능하게 했으며, 후자는 지정된 지구 내 건축물과 대지에 대해 부동산투기억제세, 영업세, 등록세, 취득세, 재산세, 도시계획세, 면허세 등의 온갖 조세에 대한 면제 혜택을 주었다. 8월 1일에는 건설부고시 제315호로 을지로 1가·남대문로 2가·소공동 일부 지역이 '특정가구정비지구' 제1호인 '반도특정가구정비지구'로 지정되었다. 호텔롯데가 아서원과 반도호텔 등을 어렵지 않게 매입할 수 있었던 것은 바로 이러한 법제들의 강력한 뒷받침이 있었기 때문이다.[73]

1975년 착공 이래 총 750억 원을 투입, 3년 5개월 만에 완공된 롯데호텔은 지상 38층·지하 3층 그리고 연건평 4만 174평에 객실 976개라는, 당시로서는 국내 최대 규모로 1979년 3월 10일 전관 개관했다.[74] 아서원의 마지막 사장이 된 서도민씨는 호텔 건설이 한창인 옛 아서원 자리 앞을

73 손정목, 앞의 책, 2003, 254~263쪽.

74 〈국내 最大규모 호텔롯데 開館〉《매일경제》 1979년 3월 10일.

지나면서 차마 바라보지 못하고 고개를 돌리고 말았다고 한다.[75] 그때의 '허탈함'은 그의 개인적인 감정으로 그치는 것이었지만, 아서원 자리가 한국 유수의 재벌인 롯데에게 매도된 사실은 서울 도심부 재개발이 예고된 소공동 일대 화교 거주지에 대한 일종의 예언과도 같은 것이었다.

## 4. 서울 도심 재개발과 화교 거주지의 소멸

서울 도심부 재개발사업 제1호는 소공동 일대를 대상으로 한 것이었다. 도시계획사업은 해방 후에도 계속해서 1934년에 조선총독부 제령 제18호로 공포된 〈조선시가지계획령〉에 의존해 오다가, 1962년에 이르러서야 제1차 5개년계획 실시와 때를 같이 해서 법률 제983호와 제984호로서 〈도시계획법〉과 〈건축법〉으로 분리·제정되었다. 이 중 〈도시계획법〉 제2조[76]에서는 도시계획의 대상이 되는 시설 중 하나로 "일단의 불량지구개량에 관한 시설"을 들었는데, 이는 재개발사업과 관련한 최초의 규정이었다. 이후 1971년 1월 19일 법률 제2291호로 〈도시계획법〉이 전

75 〈남기고 싶은 이야기들 〈2665〉 제66화 華僑〉《중앙일보》 1979년 11월 5일.

76 〈도시계획법〉(1962년.1.20 제정) 제2조의 전체 내용은 다음과 같다.
제2조 (정의) 본법에서 도시계획이라 함은 도시계획구역내의 교통, 위생, 보안, 산업, 후생 및 문화에 관한 중요시설로서 다음 각호의 1에 해당하는 계획을 말한다.
1. 도로, 광장, 공항, 주차장, 철도, 궤도, 하천, 운하, 항만, 공원, 수도, 하수도, 운동장, 시장, 학교, 도서관, 유원지, 녹지, 도살장, 묘지, 화장장, 진애 및 오물처리장, 저수지, 방풍시설, 방화시설, 방수시설, 사방시설, 방조시설, 토지구획정리, 일단의 주택지 경영, 일단의 공업용지조성 또는 일단의 불량지구개량에 관한 시설
2. 제2장의 규정에 의한 지역 및 지구의 지정 또는 설정
3. 전2호에 규정된 것 이외에 각령으로 정하는 시설

면 개정되면서 도시재개발은 1개 절, 22개 조문으로 상세히 규정되었고, 그로부터 다시 5년이 지난 1976년 12월 31일에는 법률 제2968호로서 72개 조문의 〈도시재개발법〉으로 독립하게 되었다.[77]

손정목은 "우리나라 도시화의 역사상에 1960년대 후반기만큼 눈부신 변화가 일어난 일은 없었고, 아마도 이와 같은 큰 변화는 앞으로도 없을 것"이라고 말했다.[78] 1971년의 〈도시계획법〉 전면 개정은 바로 이 시기 도시화의 급격한 진전을 배경으로 했다. 서울 인구만 보더라도 1966년에는 380만 5,000명 수준이던 것이 1970년에는 543만 3,000명으로 크게 증가했다. 서울 포함 전국의 시 인구에 읍 인구를 합한 도시인구는 1,572만 9,000여 명으로 전체 인구의 50%를 넘어 섰다. 이때부터 한국은 이른바 '도시화 시대'로 진입했다고 말할 수 있는데, 그와 더불어 도시화로 인한 문제들, 곧 인구 과밀, 환경 악화 등 또한 심각해졌다. 〈도시계획법〉 개정은 "종전의 법으로 해결할 수 없는 여러 가지의 도시문제"의 해결을 위한 것이었으며, 그를 통해 도시계획을 할 때 "사업추진의 세부절차를 규제하고 도시의 과대화 방지, 도시의 과밀화 방지, 도시환경조성에 필요한 공지의 확보와 이에 따른 私權의 보호 등 법 운용상의 미비점을 보완"하고자 했다.[79]

'소공동지구' 재개발사업은 개정 〈도시계획법〉에 의해 이루어졌다. 이 법의 제3장 제2절 '재개발사업'에서는 사업의 시행 요건으로 다음과 같은 경우들을 들었다. 즉 ① 재개발구역의 2분의 1을 초과하는 부분이 최저고도지구로서 그 안에 있는 건축물의 3분의 2 이상이 최저한도 높이

77 손정목, 앞의 책, 1988, 372~373쪽.

78 손정목, 앞의 책, 1988, 365쪽.

79 손정목, 앞의 책, 1988, 366~367쪽.

에 미달되었을 때, ② 방화지구이면서 그 안에 있는 건축물의 3분의 2 이상이 방화구조가 아닐 때, ③ 내화구조가 아닌 2층 이하 건물의 건축면적 합계가 전체 건물의 건축면적 합계의 3분의 2를 초과할 때, ④ 공공시설의 정비에 따라 토지가 건축대지로서 효용을 잃거나 과소토지가 될 때, 혹은 과소토지가 공공시설에 인접하여 시가지로서의 환경이 현저하게 불량할 때, ⑤ 건축물이 노화하거나 과도하게 밀집해 있어 지구 안 토지의 합리적인 이용과 가치 증진이 어려울 때 등이다(이상 제31조).

이 시기 서울시 구획정리과에서 도시계획 관련 기술직 공무원으로 일했던 김익진은 논문을 통해 도시개발 수법 중 구획정리사업과 재개발사업은 개발구역의 지적을 자유로이 이동, 합병, 분할할 수 있다는 공통의 특색을 가지며, 그중 전자는 평면 정리로 유도되고 후자는 입체 정리를 염두에 두고 진행된다고 말했는데,[80] 이 설명과 같이 위의 사업 시행요건은 재개발사업이 지향하는 바가 재난 방지나 환경 개선과 더불어 건물의 고층화에 있었음을 명확하게 보여준다.

그런데 '소공동지구' 재개발사업은 법 개정에 앞서 이미 구체화되고 있었다. 1966년 미국의 존슨 대통령이 한국을 방문했을 때 서울시청 앞 환영행사를 촬영하던 미국 방송사에 의해 맞은편 소공동의 허름한 화교 거주지가 전 세계 전파를 타게 된 일은 이 일대 재개발의 필요성을 일깨워준 하나의 사건이었다. 그 방송을 본 미국의 거의 모든 지역 교민회로부터 해당 지역의 환경 개선을 요구하는 탄원서가 청와대에 접수되었다.[81]

80 김익진, 〈都市再開發과 區劃整理事業: 立體換地問題〉《도시문제》 18-2, 1983, 40~41쪽.

81 손정목, 앞의 책, 2003, 124~126쪽.

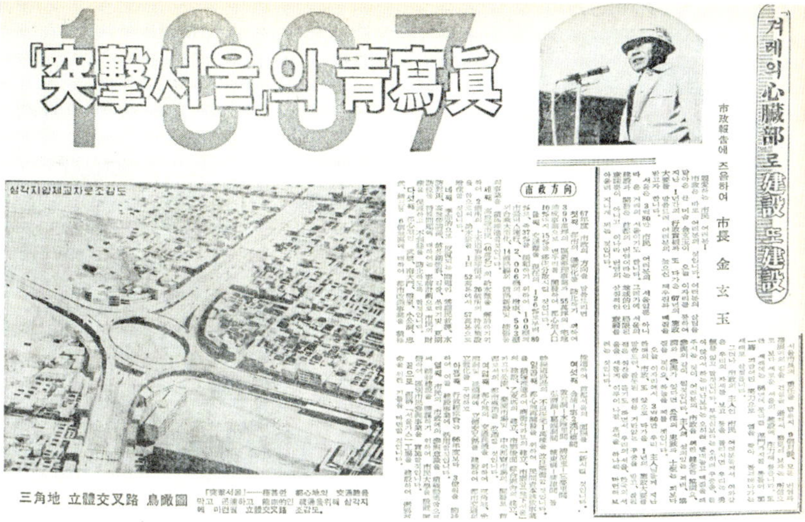

「突擊서울」의 青寫眞

겨레의 心臟部로 建設 또 建設

市政報告에 즈음하여 市長 金玄玉

市政方向

삼각지입체교차로조감도

三角地 立體交叉路 鳥瞰圖

〈그림 7〉〈'突擊서울'의 青寫眞〉과 함께 제시된 서울 도심지 재개발 사업계획
출처: 〈'突擊서울'의 青寫眞〉《조선일보》 1967년 1월 8일.

그리고 때는 1966년 부임 직후부터 서울 곳곳을 공사장으로 만들고 있던 '불도저' 김현옥 시장의 재임 시기였다. 1967년 1월 8일 〈겨레의 心臟部로 建設 또 建設〉이라는 헤드라인의 김현옥 시장 성명과 나란히 보도된 〈'突擊서울'의 青寫眞〉에서는 시정 방향 다섯 번째로 소공동 일대를 포함한 도심지의 '도시개조사업'을 적극 추진하여 서울의 면모를 일신할 것이 공약되었다.[82] 또한 다음 달에는 한강 제1인도교와 여의도비행장 입구를 잇는 강변도로 신설 계획과 더불어 "시청 앞 북창동 일대와 반도호텔 쪽의 도시개조사업" 계획이 신문에 게재되었다. 구체적으로 말하면, 해당 지역에는 건축물의 높이, 모양, 규격 등을 정해주는 도형식圖型式 건축 허가만을 내줄 것인데, 특히 중국인 11명이 토지를 소유한 북창동

82 〈'突擊서울'의 青寫眞〉《조선일보》 1967년 1월 8일.

의 경우 하나의 조합 형태로 빌딩을 짓도록 하고, 건축물의 높이는 앞면이 6층, 후면이 11층 이상으로 제한한다는 내용이었다.[83]

1968년 8월 21일자 신문 사설에서는 〈시급한 서울시청 앞 중국인가中國人街의 정비〉라는 제목으로 다음과 같이 소공동 일대 화교 거주지에 대한 도시계획 현황을 서술했다.

> 여기 불과 3년 만에 서울을 찾은 한 나그네가 서울市廳 앞에 섰다고 하자. 그 너무나 눈부신 變貌에 놀랄 것이다. 南大門 大路에 우뚝우뚝 솟은 大建築의 규모, 西小門路의 빌딩街化, 武橋洞 乙支路 어귀의 壯觀. … 그런데 눈을 東南쪽 小公洞 入口 오른편 一角으로 돌리면 驚異의 눈은 그만 失望을 금치 못한다. 즉 속칭 中國人街 一帶의 舊態依然한 모습은 모처럼의 市廳 앞의 아름다운 〈파노라마〉에 마치 이가 빠진 자국처럼 허전하게 放置되고 있는 것이다. 이곳은 舊韓末 이래 華僑들의 密集地區로 되어 있어 中國飮食店을 주로 한 商街로 독특한 由緖의 거리가 되어 있으나 時代의 進運에 따르지 못하고 주변의 變貌에 홀로 뒤떨어져 있는 것이다.
>
> 서울市에서 작년 7월 市廳 앞 一帶를 美觀地區로 設定함과 동시에 이 地區는 不良地區로서 要再開發地域으로 改造되어야 할 運命에 있는데 서울市의 종용도 있어 한때 이 地區垈地主 12名이 合資해서 12層 10層의 두 개의 빌딩을 세우기로 되었다고 傳해지기도 했던 것이다. 그에 따르면 垈地 6百坪에 延建坪 3千 5百坪의 규모로 8개의 엘리베이터에 事務室, 娛樂施設, 食堂, 아파트를 두기로 하고 昨年內에 完工한다는 계획이었던 것이다. 그런데 그 뒤 어떻게 된 것인지 1年이 지난 지금껏 그 計劃이 전혀 着手될 기미조차 보이지 않고 있다. 물론 垈地主가 多數人이라는 점으로 미루어

83 〈漢江第1인도교~여의도 江邊도로 新設〉《경향신문》1967년 2월 25일.

미묘한 利益關係의 조절의 난점도 있을 것이며 또 資力문제도 있을는지 모른다. 그러나 首都의 再開發의 템포가 이와 같은 關係者의 '漫漫的' 때문에 制動을 받을 수는 없는 것이 아닌가 한다.
절실한 近代化의 要請에 의한 都市計劃의 추진에 우리는 상당히 무리를 감수하고 있다. 文化財에 속하는 적지 않은 古蹟이나 古宮도 희생하면서까지 都市計劃을 결행하고 있는 것은 팽창해 가는 首都의 機能과 美觀을 위한 것이라면 비록 第三國人인 華僑라 하더라도 여기에 欣然한 協力을 아끼지 말아야 할 것이 아닌가 한다. 그 協力이란 것은 다소의 무리가 있더라도 그 난관을 극복하여 步調를 맞추는데 더욱 그 友誼的 意義를 높이는 것이다.[84]

위 인용문에서 필자의 시선은 서울을 찾은 한 나그네의 눈을 빌려 마치 1966년 존슨 대통령 방한 시 미국 방송사의 카메라 궤적을 따라가듯 서울시청에서부터 그 맞은편의 화교 거주지로 옮겨 갔다. 시선의 이동이 그려낸 파노라마에서 화교 거주지는 "구태의연한 모습"을 지키고 있었던 까닭에 눈부시게 변모한 주변 경관으로부터 소외되었다. 어느새 '자주독립'을 대신한 '근대화' 구호는 "시대의 진운進運에 따르지 못"한 화교 거주지에 대해 이제 "수도의 재개발의 템포"에 맞추라고 강요하기를 서슴지 않았다. 다만 그것은 외국인인 화교를 특별 취급, 곧 차별해서가 아니라고 강조한다. 왜냐하면 같은 지면의 또 다른 사설이 당시 도로 확장의 결과 길 한복판에 놓인 덕수궁 대한문을 소재로 삼고 있던 것처럼, "근대화의 요청에 의한 도시계획"은 고적이나 고궁까지도 희생으로 삼고 있었기 때문이다. 그리고 이러한 도시계획에 협력하는 것이야말로 "우의

84 〈社說 時急한 서울市廳앞 中國人街의 整備〉《경향신문》 1968년 8월 21일.

〈그림 8〉 서울시청 옥상에서 바라 본 소공동 화교 거주지
출처: 〈서울 새 風俗圖 외국인촌㉜ 시들어 가는 華僑村〉《경향신문》 1971년 6월 23일.

적友誼的 의의意義를 높이는 것"이라고 결론지었다.

이처럼 화교 거주지는 굴착기 앞의 고적들과 마찬가지로 화석화된 피사체로 노출되어 있었다. 화교 거주지에 대한 부정적 인식은 사실 '근대화' 구호에 훨씬 앞서 있었다. 예컨대 1929년 9월 '경성특집호'로 꾸며진 《별건곤》 제23호의 〈경성부大京城의 특수촌特殊村〉이란 글에서는 '문화촌', '빈민촌', '서양인촌' 등과 함께 '중국인촌'에 대해 다음과 같이 언급했다. 즉 "그들의 거리를 드러스면 건물부터, 근처의 공기부터가 지나 냄새가" 난다고 혐오적 인식을 나타내는 한편, "그들의 집안 어느 구석이고 눈에 띄이지 안는 곳에는 꽁꽁 뭉친 지전이 박혀 잇슬 것"이라면서 경제적 침탈로 인한 분노를 은연중에 드러냈다.[85] 또한 〈2일 동안에 서울 구경 골고로 하는 법法〉이란 제목의 글에서도 '중국인촌'을 아편 태우는 냄새가

85 〈大京城의 特殊村〉《별건곤》 제23호, 1929.9.

나는 '아편굴阿片窟'이자 나이 어린 소녀를 인신매매하는 '마굴魔窟'로서 소개했다.[86] 이러한 인식은 문학작품에도 반영되어 1939년에 발표된 한설야의 단편 소설 〈보복報復〉에서는 어린 딸을 잃어버린 아버지가 딸을 찾기 위해 '징그러운 지나인'들이 거주하는 '마굴' 속을 뒤지고 다니는 장면을 등장시켰다.[87] 이와 같은 인식은 해방 이후에도 면면히 이어져, 결국 '근대화' 구호와 만나서는 도심의 화교 거주지를 감추고 싶은 '치부'로 만들고 있던 것이다.[88]

그러나 화교 거주지에 고층빌딩을 세우겠다는 계획은 위 인용문에 언급된 것처럼 착수조차 되지 못했다. 사실은 그 때문에 위와 같이 협박에 가까운 '협력'을 요구했을 테지만, 이후에도 즉각적인 재개발 착수 없이 도시계획안만 계속해서 발표되었다. 서울시는 1969년 5월 무교동, 남대문로, 주교동, 삼각동과 함께 소공동을 5개 재개발지구로 지정해서 1971년까지 7만여 명을 수용할 수 있는 '도심고층빌딩지대'를 형성할 계획이라고 밝혔다. 그리고 이 지역 토지소유주 및 건물주 등은 재개발조합을 구성해서 계획에 맞지 않는 건물은 자진 철거하는 것으로 했다.[89] 같은 해 11월에는 소공동과 태평로 2가 일부(3,978평)를 '태평재개발지구'로 선정해서 '도심업무지구'로 개조하기로 했다는 기사도 등장했으며,[90] 이듬해 6월에는 그에 대해 중국대사관 측과 토지수용 및 보상 문제 등을 협의했다는 내용과 함께 개발조감도까지 제시되었다.[91]

86 一記者, 〈2일 동안에 서울 구경 골고로 하는 法〉《별건곤》 제23호, 1929.9.
87 한설야, 〈報復〉, 이주형 외 편, 《한국근대단편소설대계 29 한설야편》, 태학사, 1988.
88 〈서울 새 風俗圖 외국인촌㉜ 시들어 가는 華僑村〉《경향신문》 1971년 6월 23일.
89 〈6層이상 빌딩地代로〉《매일경제》 1969년 5월 24일.
90 〈市廳 앞 中國人街 都心地區로 改造〉《동아일보》 1969년 11월 20일.
91 〈太平路2街·小公洞 일부 華僑商街를 現代化〉《중앙일보》 1970년 6월 11일.

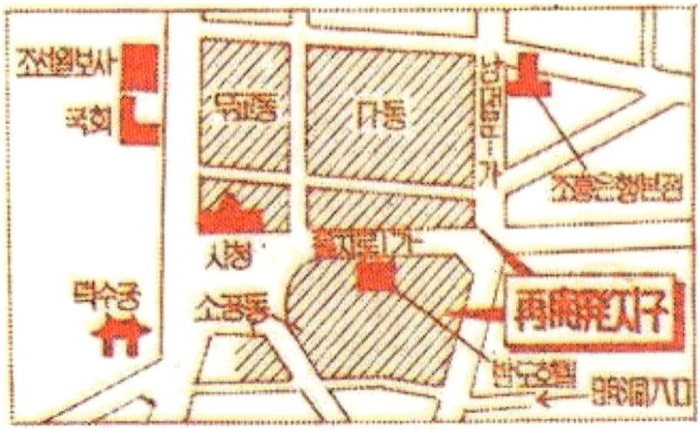


〈그림 9〉 소공동·무교동 일대에 설정된 재개발지구
출처: 〈'高層'으로 치솟는 '都心'〉《조선일보》 1971년 2월 18일.

이처럼 재개발사업이 원활하게 추진되기 어려웠던 이유로는 위 인용문에서 지적하고 있는 것처럼 먼저 지주들의 과대한 숫자 그리고 그들에 의한 집단적 반발이나 그들 사이의 이해관계 조정의 어려움 등을 들 수 있다. 그리고 재개발지구 선정에 대해서만 매우 간략하게 언급하고 있을 뿐 사업 집행에 관한 조항이 아예 없었던 기존 〈도시계획법〉의 미비점 또한 지적하지 않을 수 없다.[92] 그러나 개정 〈도시계획법〉은 전술한 사업 시행 요건은 물론 시행자의 요건, 토지수용 방법 등에 대해서도 상세히 규정했다. 특히 제36조에서는 재개발사업 시행상 지장이 있다고 인정될 때에는 재개발구역 내 재개발사업 대상이 아닌 건축물·공작물의 소유자에게 그 철거 또는 이전을 명할 수 있고, 또 그에 불응할 경우 〈행정대집행법〉에 따라 철거 또는 이전할 수 있게 함으로써, 법에 의한 강력한 지원을 배경으로 강제적인 사업 집행을 가능하게 했다.

〈도시계획법〉의 개정 및 발효를 앞두고 그에 의거해서 수립·발표된

92 〈小公洞 등 都心 우선 開發〉《조선일보》 1970년 12월 30일.

재개발계획안에서 강조된 것은 '입체환지방식'이었다. 1970년 11월 24일 서울시는 우리나라 최초로 입체환지방식에 따른 소공동·무교동 일대 재개발계획을 발표했다.[93] 보다 구체적으로는 소공동 중국인촌(3,900평)과 무교동 유흥가(6만 7,100평)를 각각 1973년과 1976년까지 전체 면적의 66% 땅(4만 6,600평)에 7~15층짜리 건물 30동을 짓겠다는 내용이었다(〈그림 9〉 참고).[94] 입체환지방식은 토지구획정리와 유사하지만 토지가 아니라 건물에 대한 구획정리라고 할 수 있었으며, 그를 통해 평면적으로 시행되어 온 도시계획을 입체적으로 변형시킬 수 있는 획기적 수단이었다. 지주들은 공사비만큼의 토지를 시행자에게 빼앗기지만 재개발사업 후 부동산 가치 상승으로 그 이상을 보상받을 수 있었다. 서울시는 입체환지방식을 활용한 소공동·무교동 일대 재개발사업을 '테스트케이스'로 삼아, 앞으로 서울역 주변, 영천, 신당, 한남, 낙산, 공덕, 용산, 돈화문—퇴계로간, 남창동, 필동 2가, 도동, 와룡공원, 장충공원, 쌍룡공원, 공덕공원, 청파동, 서울운동장 주변 등 17개 지역에 대해서도 연차적으로 재개발사업을 벌여, 반경 5km 이내 '도심업무지구'를 완전히 새 모습으로 변모시킬 계획이라고 밝혔다. 덧붙여 주민조합을 구성해서 자체적으로 사업을 벌이도록 권장할 방침이지만 그것이 어려울 경우에는 서울시가 직접 사업자로 나설 것임을 또한 명백히 했다. 공사 착공은 개정 〈도시계획법〉이 발효되는 7월 14일 직후인 8월로 예정되었다.[95]

한편 서울시 도시계획과 재개발계획계(1970년 12월 23일 신설)로 자리를 옮긴 김익진은 〈도시계획법〉 개정 직후 신임 시장 양택식의 명에

93 〈小公·武橋洞 재개발〉《조선일보》 1970년 11월 25일.
94 〈서울 새살림기⑨ 小公·武橋洞 일대 빌딩街로 재개발〉《경향신문》 1971년 1월 20일.
95 〈'高層'으로 치솟는 '都心'〉《조선일보》 1971년 2월 18일.

따라 일본 출장에 나섰다. 일본의 재개발사업 사례를 직접 시찰·연구하기 위한 여행이었다. 귀국 후 그는 상사들과 숙의를 거쳐 4월 26일에 3개 연구기관, 즉 홍익대학교 부설 건축·도시계획연구원, 서울대학교 공대 부설 응용과학연구소, 한국과학기술연구소 도시계획연구실 및 경제분석실에 각각 '소공지구', '다동지구', '서린지구'에 대한 재개발계획 용역을 발주했다. 도심 재개발사업은 지질·토지·건물·인구·교통·경제 등 각 분야에 대한 면밀한 조사 위에서만 환지의 공정성이 보장될 수 있고 또 토지이용·건물계획·인구배치·공급시설·교통계획 등의 부문계획 수립도 가능하다는 것을 일본 출장을 통해 터득했기 때문이다.[96]

용역 결과보고서가 제출된 것은 1971년 9월 30일이다. 그러나 그 전부터 이미 재개발사업 시행을 위한 작업은 빠르게 진행되고 있었다. 같은 해 1월 19일 윤진우 서울시 도시계획국장 등 관계자들과 소공동 및 무교동 재개발사업지구 내 지주 150명이 첫 모임을 가졌다. 이날 지주 측은 그들의 권익을 최대한 옹호해 달라고 요청했으며, 서울시 측은 현지 주민들의 적극적인 협조를 당부했다.[97] 6월 15일 서울시 당국자는 지주들의 동의를 거의 얻었다고 밝혔다. '소공지구' 대지주인 한국화약과 상공회의소가 서울시 계획에 맞추어 독자적으로 건물을 신축하기로 했으며, 16명의 화교 지주들도 사업기간 동안 거주할 수 있는 대지만 마련해 주면 동의하겠다고 제의해 왔다는 것이다.[98] 총 6번에 걸친 공식 회합 끝에 8월 20일 서울시장과 화교 대표 사이에 최종적으로 협정문 체결이 이루어졌다(화교 지주 16명 중 14명이 합의). 그리고 4일 뒤 서울시는 기자들 앞에

96 손정목, 앞의 책, 2003, 132~133쪽.

97 〈權益 옹호 요청 再開發지구 地主들〉《경향신문》 1971년 1월 21일.

98 〈'小公開發' 8月 착공〉《조선일보》 1971년 6월 16일.

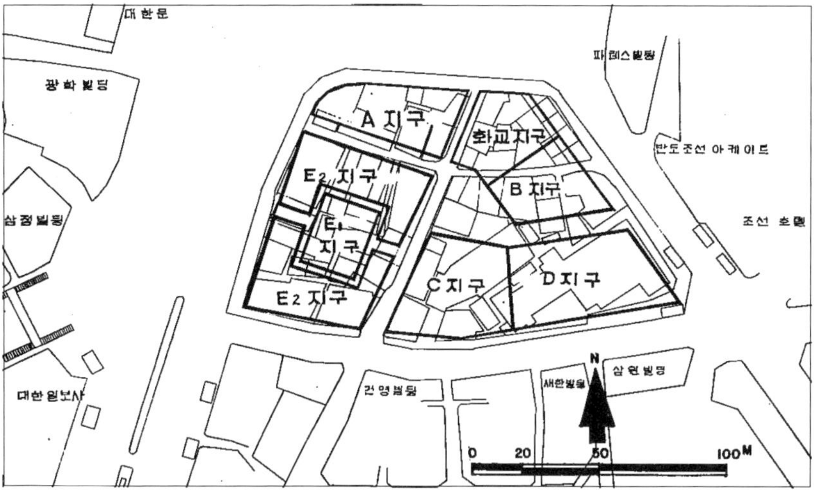


〈그림 10〉《소공 및 무교지구 재개발계획 및 조사설계(소공지구)》 중 '소공지구' 구획도

서 '소공지구' 재개발사업이 오는 9월 착수될 것이라고 발표했다. 재개발 계획의 주요 내용은 다음과 같았다. 즉 ① 1975년 말까지 '소공지구' 4,015평을 지하 3층, 지상 18~23층의 고층건물지대로 개발한다, ② 1차로 화교 소유 대지를 한데 모아 건평 296평, 지상 18층의 화교회관을 짓기로 하되, 우선적으로 1972년 10월까지 지하 3층, 지상 5층까지 건립하고 나머지는 화교 지주들의 경제력 신장에 따라 점차적으로 건립한다, ③ '소공지구' 중 화교소구를 제외한 나머지 지구는 각각의 지주들로 하여금 자체개발을 유도한다 등이었다. 그리고 화교들이 이주하여 생업을 유지할 장소로는 옛 내무부 청사 부지(을지로 2가 195번지)가 선정되었다.[99]

최종 제출된 용역 결과보고서 《소공 및 무교지구 재개발계획 및 조

99 〈小公지구 中國人村 9월, 再開發 착수〉《경향신문》 1971년 8월 24일; 〈수도권 오늘의 課題 小公地區 재개발〉《경향신문》 1971년 8월 27일; 손정목, 앞의 책, 2003, 148~149쪽.

사설계(소공지구)》에 따르면, '소공지구'(소공동과 태평로 2가 일부 지역, 총 40만 3,387평)는 다음의 다섯 개 지구, 곧 화교지구, A지구, B지구, C지구, E지구로 나뉘었다. 총 면적 369.6평에 24개 필지로 이루어진 화교지구는 화교 14명의 땅만으로 구성되었다. 다음으로 A지구는 441평, 16개 필지로 한국화약이 중심이 되었으며, 일반 주민들의 B지구와 C지구는 각각 406.4평에 15개 필지와 599평에 9필지로 이루어졌다. D지구는 742.8평의 상공회의소 단독 필지이며, E지구는 다시 고도제한지구인 E-1지구와 최고도지구인 E-2지구로 구분되었는데, 전자는 306.7평에 7필지, 후자는 827.3평에 24필지였다. 덧붙여 서울시와 최종 합의에서 제외된 화교 지주 2명은 각각 A지구와 B지구에 속했다(〈그림 10〉 참고).[100]

보고서는 '소공지구'에 대해 다음과 같이 분석했다. 먼저 '소공지구'는 "서울의 중심 중의 중심"으로서, 그에 걸맞게 단위 토지 면적당 주간 인구 밀도가 매우 높게 나타나지만, 상주인구 중 20세 이하, 60세 이상의 비경제활동 인구가 현저한 비중을 차지하는 "기형적 인구 구조"를 보인다고 지적했다. 그 원인은 지구 내에 생업과 거주를 겸하고 있는 화교 인구가 전체 인구의 74.16%를 차지하고 있는 데서 구했으며,[101] 나아가 그러한 조건은 다음과 같이 이 일대 토지 이용의 잠재력을 저해하는 요인으로 지목되었다.

> 土地利用의 高度的 Potentiality를 所持한 까닭에 서울市內에서 最上級 地價高騰地區(평당 50~100百萬원)를 形成하고 있음에도 不拘하고 本 地區는 現在까지 주변지구의 눈부신 開發隊列에 소외된 채 Slum化의 性

100 홍익대학 건축·도시계획연구원,《소공 및 무교지구 재개발계획 및 조사설계 (소공지구)》, 1971, 10~17쪽.

101 홍익대학 건축·도시계획연구원, 앞의 책, 1971, 273~275쪽.

格까지 띠는 開發不振地區로 放置되어 왔다.

그 原因은 3,693坪의 狹小한 垈地에 53人의 民間地主가 割據하고 있는 外에 數十年間 住居와 零細的 生業을 維持해온 華僑들이 이곳의 極히 不良·老朽化된 建物에 群居·集結하여 一般市民의 要求에 順應하지 못했을 뿐더러 오히려 좋지 않은 印象까지 주게 되어 旣存 施設物을 代替·改良할만한 生活基盤을 構築하지 못한 데 있었다.[102]

〈표 1〉 건축시설물 및 밀도배치계획

| 구분 / Block별 | 건축면적(평) | 층수 | 연건축면적(평) | 용적률(%) | 건폐율(%) |
|---|---|---|---|---|---|
| 화교지구 | 295.68 | 18 | 4,039.4 | 1,093 | 80 |
| A지구 | 353.04 | 18 | 5,132.2 | 1,163 | 80 |
| B지구 | 25.12 | 18 | 4,186 | 1,030 | 80 |
| C지구 | 479.2 | 22 | 6,389 | 1,067 | 80 |
| D지구 | 594.24 | 20 | 7,761 | 1,045 | 80 |
| E-1지구 | 213.3 | 20 | 4,145.4 | 1,352 | 69.5 |
| E-2지구 | 749.6 | 5 | 3,528 | 428 | 90 |
| 계 | 3,018.18 | | 35,181.6 | 952 | |

출처: 홍익대학 건축·도시계획연구원, 앞의 책, 1971, 287쪽의 〈표 6〉 재인용.

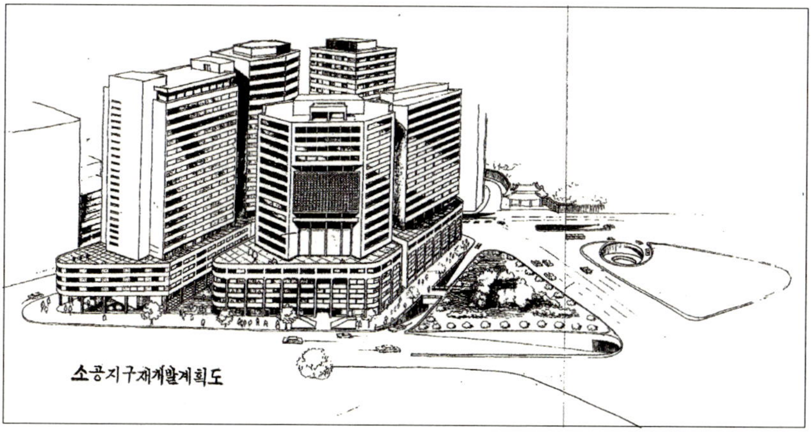


〈그림 11〉 '소공지구' 재개발 계획도

뿐만 아니라 "블록의 불규칙성, 접근도로의 협소, 비위생환경에 의한 都市美觀의 沮害 等"을 '소공지구' "재개발추진의 당위명제"로 들었다.[103] 그리고 이와 같은 분석으로부터 보고서는 다음의 〈표 1〉과 같은 토지이용계획을 세웠으며, 그를 그림으로 표현한 것이 〈그림 11〉이다.

보고서는 사업 집행 우선순위 첫 번째로 화교지구를 꼽았다.[104] 실제로도 재개발사업 집행의 초점은 어디까지나 화교지구에 맞추어져 있었다. 보고서는 사업 집행 시 문제점들 중 하나로 "도심부의 토지가격이 비싸고 토지가 세분화되어 있는 반면 토지에 대한 애착심이 대단히 강하다."는 것을 들고, 그로 인해 "입체환지방식과 토지의 공유형태 등을 기피할 가능성이 크다."고 전망했는데,[105] 보고서에 수록된 앙케이트 결과에 따르면 '소공지구'의 5개 지구 중 특히 화교지구 지주들의 재개발사업 반대가 상대적으로 컸음을 알 수 있다(〈표 2〉 참고).

그러나 정작 재개발사업을 중단시킨 것은 화교들이 아니었다. 이미 10월 18일부터는 지구 내 건물 철거가 시작되었고, 20일에는 옛 내무부 청사 부지의 가건물로 이주한 화교들의 개점이 예정되었다.[106] 그런데 다음 달에 바로 공사 중단을 알리는 기사가 보도되었다. 신문은 시공할 지하시설의 기본설계도가 아직 마련되지 않았다는 서울시의 해명보다는 공사비 부족을 그 이유로 추정했다.[107] 그러나 손정목은 화교지구로 설정된 땅에는 B지구에 속한 한국인 소유 건물들도 있었기 때문에, 화교회관

102 홍익대학 건축·도시계획연구원, 앞의 책, 1971, 278쪽.
103 홍익대학 건축·도시계획연구원, 앞의 책, 1971, 284쪽.
104 홍익대학 건축·도시계획연구원, 앞의 책, 1971, 280쪽.
105 홍익대학 건축·도시계획연구원, 앞의 책, 1971, 332쪽.
106 〈헐리는 中國人村(小公洞)〉《조선일보》 1971년 10월 19일.
107 〈小公洞 중국인촌 開發 사업 蹉跌〉《경향신문》 1971년 11월 30일.

〈표 2〉 재개발 사업 목적에 대한 찬반 앙케이트 결과

| 앙케이트 질문 및 응답 항목 | | 전체 | | 화교지구 | |
|---|---|---|---|---|---|
| | | 수량(명) | 비율(%) | 수량(명) | 비율(%) |
| 재개발사업 목적에 대한 의견 | 1. 찬동 (이해 관계 없이) | 15 | 29.5 | 5 | 36 |
| | 2. 찬동 (이해 관계로 인하여) | 12 | 23.5 | 1 | 7 |
| | 3. 반대 (이해 관계 없이) | 2 | 3.9 | 1 | 7 |
| | 4. 반대 (이해 관계로 인하여) | 13 | 25.5 | 5 | 36 |
| | 5. 모르겠다. | 4 | 7.8 | 1 | 7 |
| | 6. 무응답 | 5 | 9.8 | 1 | 7 |
| 계 | | 51 | 100 | 14 | 100 |

출처: 홍익대학 건축·도시계획연구원, 앞의 책, 1971, 258~271쪽의 앙케이트 내용 및 조사 결과를 바탕으로 작성.

을 짓기 위해서는 그들과의 사전 협의가 필요했음에도 불구하고 서울시가 그를 등한시 한 탓에, 뒤늦게 한국인 지주들이 화교지구와 B지구의 분리에 반대하고 나선 까닭이라고 설명했다.

화교회관 건립의 1차적 시한은 1972년 10월 말까지였다. 그러나 서울시는 1972년에 들어서도 아무런 조치를 취하지 못했다. 화교재개발조합은 5월부터 7월까지 진정서, 탄원서, 질의서 등을 제출했으나 이후에도 사업의 진전은 없었다. 그 사이 A지구의 대지주였던 한국화약(현재의 한화)의 김종희 회장이 화교지구 내 14명의 땅 전부와 A·B지구의 화교의 땅까지도 전부 매입해 버렸다. 감정 최고 액수인 평당 107만원으로 일괄 매수하겠다는 조건이었다. 결과적으로 화교회관에 모여 이웃하며 살기를 바랐던 화교들은 서울시의 약속 불이행을 견디지 못하고 결국 국내외로 뿔뿔이 흩어지고 말았다.[108]

이듬해 초 신문지상에 '매머드 빌딩 꿈꾸는 한국화약韓國火藥'이라는

108 '소공지구' 재개발사업이 중단된 경위에 대해서는 손정목, 앞의 책, 2003, 149~154쪽 참고.

제목의 기사가 등장했다. 기사는 다음과 같은 이유들, 첫째 한국화약이 관광산업에 손을 댄다는 풍문이 퍼졌다는 점, 둘째 한국화약 사옥이 낡아 신축이 불가피하다는 점, 셋째 서울시의 재개발계획으로 인해 고층 건물을 지을 수밖에 없다는 점 등을 근거로, 한국화약 측의 부인에도 불구하고 "다목적 효과를 노린 관광호텔을 건축하리라는 관측이 지배적"이라고 보도했다.[109] 롯데호텔 건설을 가능케 했던 〈특정지구개발촉진에 관한 임시조치법〉이 제정된 후, 새롭게 재개발지구로 지정된 20개 지역 중 소공동 또한 포함되어 그 혜택을 받게 되었다.[110] 그리고 개정 〈도시계획법〉에 의거하여 1973년 9월 6일자 건설부고시 제367·368호에 의해 재개발지구 고시가 처음으로 이루어졌다. 다시 말해서 재개발사업의 첫 단계가 지구 지정임에도 불구하고, 그동안 '소공지구' 재개발사업은 지구 지정 절차조차 밟지 않은 채 공전되고 있던 것이다.[111] 이상과 같은 일련의 과정을 두고서 손정목은 대통령 각본·연출의 "잘 짜여진 한 편의 연극"이었을 것이라고 추측했다.[112] 만약 그러하다면 화교 거주민들과 일선의 공무원들과 같이 그간의 재개발계획이 어느 순간부터는 연극이 된 줄도 모르고 있던 이들은 대본도 없는 연기를 하면서 이미 정해진 결론을 향해 나아가고 있던 셈이다.

한국화약은 1973년 7월 일본의 종합상사인 마루베니[丸紅]와 호텔 사업을 위한 합작투자계약을 체결하여 11월에 공동으로 태평개발을 설립했다. 12월에는 호텔 건립을 위한 기공식이 거행되었다. 그리고 지하 3

109 〈財界東西南北 매머드빌딩 꿈꾸는 韓國火藥〉《매일경제》 1973년 1월 29일.

110 〈열쇠는 地主 설득에〉《경향신문》 1973년 2월 19일.

111 손정목, 앞의 책, 2003, 161~165쪽.

112 손정목, 앞의 책, 2003, 154~155쪽.

층, 지상 22층 규모의 서울프라자호텔이 준공되어 정식 개관한 것은 1976년 10월 1일의 일이다.[113]

## 5. 맺음말을 대신하여: '화교촌'에서 '재벌촌'으로

한화그룹의 역사를 담은 《希望으로의 旅程 한화 50년》에서는 프라자호텔의 건립 경위에 대해 다음과 같이 설명했다. 즉 1970년대 한국경제의 비약적 성장을 배경으로 인적·물적 교류가 크게 증가하면서 이를 뒷받침할 기반시설의 확충이 요구되었고, 이러한 수요에 따라 재개발계획이 수립되고 또 그에 의거해서 한국화약 본사가 위치한 시청 맞은편 자리에 국제수준의 관광호텔 건설이 검토되었다는 것이다. 다만 한국화약은 본래 이 자리에 대형오피스빌딩의 건설을 계획하고 있었고 이미 사옥에 인접한 화교들 소유의 대지도 매입하여 부지를 확보해 놓은 상태였으나, "외화획득을 위한 관광사업에 참여해 달라는 정부의 요청으로 생각을 바꾸어 세계 어디에 내놔도 손색이 없는 일류 호텔의 건설을 다짐하게 되었다."고 한다.[114] 이는 아서원 자리에 롯데호텔이 들어서게 되는 과정을 떠올리게 하는 동시에, 앞서 언급한 손정목의 추측이 사실일 가능성을 높여주는 서술이라고 할 수 있다. 그런데 프라자호텔 건립 후 그 뒤쪽에 빌딩들을 신축한 한국화약은 본래의 계획 이상을 실현시켜 결과적으로는 이른바 '소공지구' 전체를 '한화촌'으로 만들었다.

그런데 도심 지역 내 '재벌촌'의 형성은 한화그룹에 한정된 일이 아

113 손정목, 앞의 책, 2003, 168~170쪽.

114 한화그룹, 《希望으로의 旅程 한화 50년》, 한화그룹, 2002, 98쪽.

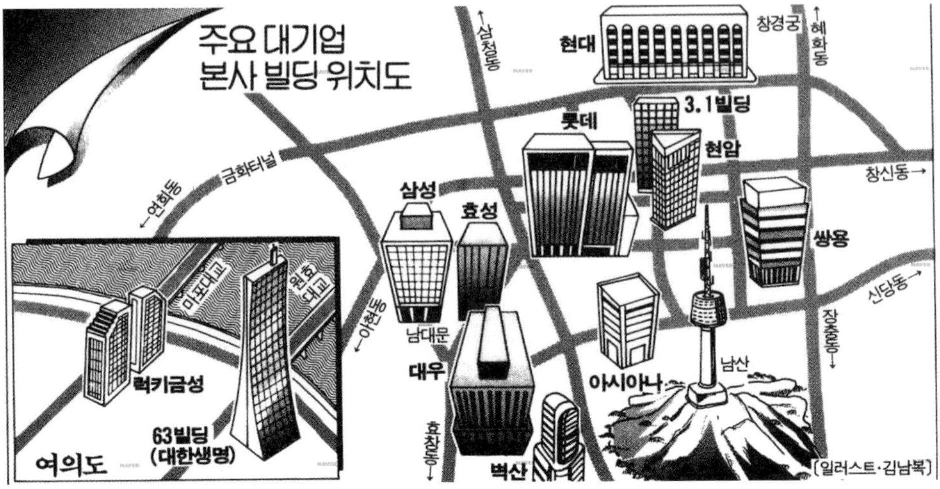


〈그림 12〉《경향신문》에 실린 1990년대 초 '재벌빌딩 新지도'
출처: 〈'황금알의 노른자위'에 아성 "우뚝"〉《경향신문》 1991년 11월 9일.

니었다. 1984년 2월 22일자 《동아일보》의 한 기사는 "재벌들의 빌딩 소유욕은 서울 도심의 판도를 빠르게 바꾸어 가고 있다."는 문장으로 시작한다. 이어서 남대문 주변을 비롯한 서울 사대문 안 노른자위 땅에 재벌들이 다투어 그들의 '성'을 짓고 있다고 하면서, 다음과 같이 그 사례들을 열거했다. 즉 삼성은 서소문 · 태평로 · 을지로입구에, 현대는 광화문 · 무교동 · 계동에, 한진은 소공동 · 서소문 · 여의도에, 대우는 서울역 앞과 남산 기슭에, 롯데는 을지로 · 다동에, 럭키금성과 신동아, 미원은 여의도에, 국제는 한강로에, 한일합섬은 서린동에, 코오롱은 무교동에 그리고 한국화약은 소공동에 터를 잡았거나 잡을 예정이라는 것이다. 이와 같은 재벌기업들의 빌딩 건축 러시의 배경에 대해 이 기사는 서울시의 도시재개발 방침을 들었으며, 그것은 1986년 아시안게임과 1988년 올림픽 개최를 앞두고서 더욱 촉진되고 있다고 지적했다. 그와 함께 "이러다간 도심의 황금땅은 재벌기업들의 소유가 되지 않겠느냐."는 우려의 목소리도 전했는데,[115] 올림픽이 끝난 후인 1991년 11월 9일자《경향신문》이 뽑은 헤드라인은 〈'황금알의 노른자위'에 아성 "우뚝"〉이었다.[116]

이처럼 우려가 현실이 되어 버린 상황에 대해 당시 서울시 당국자는 "재력있는 기업이 참여하지 않고는 재개발사업의 촉진이 어렵기 때문에 재벌들의 빌딩소유현상은 어쩔 수 없지 않느냐."고 답했다고 한다.[117] 이는 당국자의 위치에 있던 손정목의 다음과 같은 서술, 즉 "원래 재개발사업은 거액의 자금이 필요할 뿐 아니라 자금의 회임 기간이 길기 때문에 개인이나 군소기업은 엄두도 내지 못한다. 결국은 재벌기업·대기업 차지가 될 수밖에 없다."는 말을 통해서도 확인할 수 있다.[118] 전술한 바와 같이 손정목은 분명 '소공지구' 개발 과정을 3세대에 걸쳐 거주해 온 화교들을 쫓아내기 위한 "잘 짜여진 한 편의 연극"이라며 분노했지만, 그 분노는 어디까지나 당국(혹은 권력자)의 약속 불이행과 기만에 한정된 것이었음을 알 수 있다. 그에게 있어 재개발사업은 '재개발'이기에 앞서 '사업'이었으며, '사업'의 논리는 재벌이 재개발의 주체가 되는 것을 '당위'로 만들었다.

그러나 1977년 시점에서 이미 서울의 도시개발계획이 근시안적이고 즉흥적이라는 비판이 어제오늘의 이야기가 아니라는 지적이 언론으로부터 제기되고 있었다. 특히 완공 직후의 프라자호텔에 대해서는 서울을 찾은 외국인들이 찬양하는 남북의 자연경관을 배경으로 한 도시미都市美가 '무방향 무정형'의 재개발사업으로 인해 망쳐졌다고 비판했다.[119]

115 〈서울都心 '財閥빌딩'으로 築城〉《동아일보》 1984년 2월 22일.
116 〈'황금알의 노른자위'에 아성 "우뚝"〉《경향신문》 1991년 11월 9일.
117 〈서울都心 '財閥빌딩'으로 築城〉《동아일보》 1984년 2월 22일.
118 손정목, 앞의 책, 2003, 193쪽.
119 〈記者수첩 無方向 無定型〉《조선일보》 1977년 11월 3일.

1982년과 1983년의 대정부질문에서는 토지수용권을 재벌에게 주면 기업의 본질상 무자비한 약육강식을 초래할 것이라는 우려나,[120] 정부가 도심재개발이라는 미명 아래 재벌의 부동산 투기를 조장하고 있다는 비판의 목소리들이 터져 나왔다.[121] 사실 앞서 인용한 《동아일보》 기사는 서울시 당국자의 답변에 이어 현재의 재개발 방식이 서울 도심都心의 다핵화多核化라는 개발의 기본 방향과 상충될 뿐만 아니라 도시기능의 잘못된 배치 문제를 더욱 고착화시킬 것이라는 지적도 있음을 마지막에 상기시키고 있었다.[122] 더구나 1992년에는 서울 중구 당국자가 "도심지재개발사업은 대기업들에 의한 획일적인 방식보다 지주가 소규모로 시행하는 것이 훨씬 더 능률적이며 주민정착 유인 효과가 크다."고 발언하기에 이른다.[123] 이를 볼 때 재벌 주도의 재개발사업은 '당위'라기보다는 성급한 욕망이 이끈 또 하나의 '시행착오'라고 해야 하지 않을까.

서울시가 도심부 재개발사업 제1호인 '소공지구'를 '테스트 케이스'로 삼겠다고 밝혔던 것처럼, 소공동 일대 재개발사업은 도심 내 '재벌촌' 형성의 단초를 열었다. 그 점에서는 당시 재한화교의 거주권에 대한 한국사회의 무신경함이 어떤 의미에서는 '재벌촌'의 무분별한 확장을 보다 용이하게 만들었다고 할 수 있을 것이다. 다만 소공동 화교 거주지의 소멸이 화교 거주지 자체의 소멸을 의미하지는 않았다. 소공동의 '화교촌'이 '한화촌'으로의 변화를 완성해 갈 즈음이던 1990년대 중반, 언론에서는 마포구 연남동 일대에 형성되고 있던 새로운 '화교촌'에 주목하기 시작했

120 〈"私有 財産權 침해 擴大아니다"〉《조선일보》 1982년 12월 14일.
121 〈外債 모두 382億달러〉《동아일보》 1983년 10월 29일.
122 〈서울都心 '財閥빌딩'으로 築城〉《동아일보》 1984년 2월 22일.
123 〈'도심空洞化 방지' 최대 역점〉《매일경제》 1992년 8월 17일.

다. 명동에 있던 한성화교중고교의 연희동 이전과 한중수교 이후 한중무역의 활황 등을 배경으로 화교들이 다시 모이고 있던 것이다.[124] 1991년 '마지막 차이나타운'이라는 제목의 칼럼을 실었던 《조선일보》의 〈이규태李圭泰코너〉는 1996년 〈새 화교촌華僑村〉이라는 제목 아래 화교상혼의 '불사'를 이야기했다.[125] 그리고 2002년 6월 계간지 《당대비평》에서 〈한국사회의 편견과 차별의 구조〉라는 연속기획 중 하나로 '장애인', '외국인노동자', '아동', '노인' 등과 함께 '화교'를 주제로 특집 논문들[126]을 실은 것은 한국사회의 화교 인식 변화를 보여주는 일단면이라고 할 수 있다.

124 〈되살아나는 차이나타운 정취〉 《조선일보》 1996년 10월 16일.

125 〈李圭泰코너 마지막 차이나타운〉 《조선일보》 1991년 5월 12일; 〈李圭泰코너 새 華僑村〉 《조선일보》 1996년 10월 17일.

126 《당대비평》 특집에 수록된 기획의 변 및 논문들의 제목은 다음과 같다. 〈화교, 그 은폐되고 잊혀진 '타인'들〉, 〈한국화교 2세의 질곡과 소망〉, 〈한화, 그 배제의 역사〉, 〈한국인과 비한국인: 단일 혈통의 신화가 남긴 차별의 논리〉, 〈화교 교육과 젊은 세대의 문화적 감성〉.

제4장

# 용산 미군기지 주변 민·군 생활공간의 교차

## - 외인주택 건설과 미군의 거주정책을 중심으로 -

금보운(고려대학교 교양교육원 연구교수)

## 1. 머리말

미군기지가 자리 잡고있는 용산은 외국인이자 군인으로서의 미군과 한국 주민들이 함께 거주하는 공간이었다. 구성원의 계층과 생활양식에 따라 거주공간이 구분되는 것이 아니라, 다양한 구성원이 한 공간에 거주하는 것을 '잡거雜居'라고 지칭하는데, 용산의 경우 미군과 민간인의 거주공간이 공유되었다는 점에서 그 성격을 갖고 있다. 군사기지의 설립과 함께 군사적인 공간과 민간의 공간이 접점을 형성하며 전개되었기 때문이다. 군사기지는 일반인의 출입이 금지되어 있다는 점에서 민간의 공간과 구분되고 분리되었다고 생각할 수 있지만, 기지 구성원들이 민간지역에 거주하면서 군사적 주둔과 일상적 주거의 경계가 모호해지기도 했다. 이 글은 이와 같은 점에 주목하여 용산에서 군사 공간과 민간 공간이 교차하는 양상을 규명한다. 군사기지의 주둔을 계기로 기지와 인접한 지역에 미군 구성원의 주거공간이 설립되는 과정과 그 영향을 분석하여 용산의 미군-민간인의 공동 거주공간으로서의 의미를 규명하는 것을 목표로 한다. 이때 군사기지의 영향력이 민간인 생활공간으로 확장되어가는 기반으로서 기지 밖에 형성된 미군 거주공간을 조명한다. 궁극적으로 분단 이후 안보가 중시되는 가운데 미군의 주둔을 위해 기지 주변 지역의 생활공간이 변화해 가는 과정이자, 군사정책이 일상의 공간에 미친 영향으로서 주목한다.

기지 밖에 형성된 미군의 거주공간은 한국인과 생활공간을 공유하게 되는 계기로서 주목할 수 있다. 특히 미군은 서울을 미군 및 그 가족들의 거주공간이 형성될 지역으로 설정하였다. 이에 따라 용산 미군기지를 기준으로 그 주변에 형성된 미군의 주거공간은 정책적으로 형성된 미군의 주둔공간이자, 주거공간으로서의 성격을 갖는다고 할 수 있다. 또한 용산에는 주한미군사령부와 유엔군사령부 및 공병대 등이 위치하여 정책적으로 미군 및 그 가족들이 거주하는 공간으로 간주되기도 했다. 주한미군 기지운영에 따른 공간의 변화는 군사기지를 기준으로 형성된 생활공간의 연계성으로 이해할 수 있다.

용산의 군사기지 건설과 공간에 관한 연구는 일제시기 일본군의 군사기지 건설을 중심으로 식민지배 공간 및 도시화에 주목하여 전개되어 왔으며, 용산에 주둔한 외국군의 역사를 미군 주둔까지 통사적으로 서술한 연구로 이어져왔다.[1] 이 같은 사실 규명을 기반으로 기지의 주둔이 주변 지역에 미친 영향을 고려하며 일본군 기지 건설 시 발생했던 조선인 거주지역의 강제수용 과정이 규명되기도 했다.[2] 특히 일제시기 일본군 기지 주변에 형성된 일본인 거주지역을 중심으로 일본군이 재조在朝 일본인과 우호적인 관계를 형성하며 군사기지를 운영하였음을 규명한 연구는 민간 공간과 군사 공간의 연계라는 측면에서 본 연구의 문제의식과도 같은 맥락에 있다.[3] 다만 일본군의 식민국에 거주하는 자국민에 대한 정책은 한국 정부 수립 이후 미군이 주권을 가진 한국 주민과 맺은 관계의

1 한희숙, 《용산 속의 전쟁사와 군사문화》, 용산문화원, 2001; 한희숙, 《사료로 보는 용산의 역사》, 용산문화원, 2003; 김백영, 〈러일전쟁 직후, 서울의 식민도시화 과정: 비교식민지도시사적 고찰〉 《지방사와 지방문화》 8, 2006; 신주백, 〈용산과 일본군 용산기지의 변화(1894~1945)〉 《서울학연구》 29, 2007; 김천수, 〈일제시기 용산기지 형성과정에 대한 기초연구〉 《향토서울》 87, 2014; 양승우, 〈일제시대 일본인의 용산점유 과정〉 《보이지 않는 용산, 보이는 용산》, 마티, 2009; 김경록, 《외국군 주둔과 용산의 군사역사》, 국방부 군사편찬연구소, 2019.

2 송지연, 〈러일전쟁 이후 일제의 군용지 수용과 한국민의 저항-서울(용산), 평양, 의주를 중심으로-〉 《이대사학》 30, 1997; 오문선, 〈용산 둔지미의 공간적 역사와 삶의 지속〉 《향토서울》 87, 2014.

3 오문선, 〈일제강점기 용산기지 밖 일본인 거주지역의 위상〉 《서울과 역사》 108, 2021.

양상과는 구분하여 이해할 필요가 있다.

군대의 주둔으로 인한 공간의 변화에 주목하여 일본군 기지와 미군 기지의 연계성을 규명하거나 식민유산의 잔재로서 분석되기도 했다.[4] 이는 미군기지 주둔이 미친 사회·문화·경제적 영향력을 중심으로 미군 기지 주변에 형성된 성매매 공간 및 암시장을 분석한 연구로 이어졌다.[5] 하지만 미군의 기지운영 정책에 따른 주거공간의 확대에 대해서는 주목되지 않았다. 더욱 세부적인 소재로서 유엔군 및 가족 등이 거주했던 외인주택을 조명한 연구가 전개되기도 했지만,[6] 간략한 현상 서술에 그쳐 건설과정과 의미를 파악하는 데에 한계가 있다.

이 글은 이와 같은 선행연구를 기반으로 미군의 기지운영 정책의 영향 하에서 군사적 영역이 기지 바깥으로 확장되는 과정을 규명한다. 특히 외국군이 해외에서 기지를 운영할 때 안정적인 기지운영을 위해 기지 외부의 공간과 관계를 맺어왔으며, 용산의 경우 주거공간의 형성을 통해 드러난다는 점에 주목한다. 이에 용산 미군기지 주변에 형성된 외인 주택단지의 건설과정 및 주한미군의 주거공간 확보 정책을 중점적으로 분석한다. 미군기지 인접지역이 기지를 경계로 분리된 것이 아니라 기지운

4 Taejin Hwang, "Militarized Landscapes of Yongsan", *Korea Journal* 58, 2018.

5 이신철, 〈해방이후 용산의 냉전식민주의 기억 넘어서기〉《서울과 역사》 98, 2018; 오보경, 〈6·25전쟁 이후 미 제8군사령부 설치와 용산의 변화〉《6·25전쟁과 1956년대 서울의 사회변동》, 서울역사편찬원, 2018.

6 김태영, 〈서울 600년의 건축적 사건들: 서울의 외인주택단지〉, 《건축》 35, 1991; 김은실은 미군의 주둔 및 주거공간의 형성을 이태원의 '탈영토화'된 공간으로서의 성격을 갖게 된 기원으로 봤다. 이를 기반으로 이태원 지역에서 전개된 미군과 한국여성 간 성매매를 중심으로 지역적 영향력을 서술했다(김은실, 〈지구화 시대 근대의 탈영화된 공간으로서 이태원에 대한 민족지적 연구〉《변화하는 여성문화 움직이는 지구촌》, 푸른사상, 2004).

영과 연계되어 관리되었으며, 한국 정부의 정책 및 미군의 기지운영 정책이 조응하는 가운데 군사적 공간과 민간 공간이 혼재된 공간이었음을 밝힌다. 궁극적으로 미군이 주둔하며 군대 구성원의 주거공간이 기지 내에만 한정되지 않았음을 규명하고, 군사기지가 지역에 미친 공간적 영향을 분석한다. 특히 미군기지 주변의 외국인 거주공간에서 전파된 미군매체와 서구식 주거형태의 확대, 경제활동으로서 군납 업체의 분포에 초점을 맞추어 그 영향을 살펴본다.

물론 이는 용산 미군기지의 건설이 민간 사회와 갈등 없이 생활공간에 변화를 가져왔음을 의미하는 것은 아니다. 보다 근본적으로 군사기지의 주둔이 단순히 위협에 대응하기 위한 직접적 군사 활동에 한정되지 않았으며, 기지를 기준으로 주변 지역이 군사기지 운영을 위해 활용되었다는 점을 거주공간의 교차 및 공유 양상을 통해 제시하기 위한 것이다.

본 연구에서 주목하는 시기는 '6·25전쟁' 정전 이후인 1950년대 중반부터 1970년대 후반까지이다. 시기는 용산 미군기지 주변의 미군의 주거공간 형성과정에 따라 공간을 형성하는 주체를 기준으로 구분했다. 이는 한국 정부 주도의 외인주택 건설이 진행되었던 1950년대 중반 이후~1960년대와 미군의 주거공간 확보가 적극적으로 전개되었던 1960년대 이후이다. 주거공간의 확보에 따른 군사 공간과 민간 공간 교차의 영향력에 대해서는 외국인 거주공간 내에 근무 및 거주하는 한국인을 중심으로 1960년대 이후의 사례에 초점을 맞추어 서술하였다.

## 2. 용산 군사기지 형성과 기지 주변 지역의 활용

용산에 형성된 미군과 주민 간 거주공간의 교차를 군사기지 주둔으로부터 주목했을 때 용산기지의 건설과정부터 살펴볼 수 있다. 군사기지 주둔과 목적, 운영방식에 따라 기지와 주변 지역의 관계 및 영향이 다르게 발현되기 때문이다. 일제 식민지배하 건설되기 시작한 용산기지는 낮은 가격에 민유지를 수용하며 전개되었다. 기본적으로 외국인 소유 토지에 대해서는 매수, 조선인 토지 소유에 대해서는 보상금 지급이 전개되었는데, 보상금은 1,000여만 평에 대해 20만 원이었다. 이는 당시 매우 낮은 수준이라고 평가되었고, 실제로 피보상자의 반발에 부딪히기도 했다.[7] 특히 조선인으로부터 헐값에 매수하고, 재조 일본인에게 판매하는 방식으로 일종의 조차지를 만든다는 비난을 받기도 했다.[8] 군사기지 건설과 함께 기존에 거주하던 조선인 주민은 토지가 강제 수용되며 거주지에서 쫓겨나야 했던 반면,[9] 재조 일본인은 일본군의 군사적 보호를 받을 수 있다는 기대를 하며 후암동 등 일본군 주둔 용산기지 주변으로 모여 거주지를 형성했다. 식민지배하 일본군 군사기지의 건설로 식민국 국적의 주민과 피식민 주민의 거주지가 교체되고, 분리되었다고 할 수 있다.

이렇게 조선인의 거주지를 흡수하며 형성된 용산기지는 해방 이후

7 자세한 내용은 다음과 같다. ① 수용지역 내에 민유지의 지대나 구책물(構策物)의 이전에 소용되는 비용은 주차군이 배상함. ② 전항의 배상비로서 3개 지역에 대해 군사령부로부터 20만 원을 조선국의 내부에 교부할 것이니 내부는 이를 소유자에게 배상함. ③ 군사령부는 배상금 20만 원을 8월 10일까지 내부에 교부하되 그 수수 완료와 동시에 용산, 평양, 의주의 군용지는 군의 소유로 이전되는 것으로 함. 단 군사상 필요가 급하지 않을 때에는 구 소유자가 일시 경작하여도 무방함. ④ 한국 내부는 상기 수용지에 대해서 후일 구 소유자로부터 하등의 이의를 제기하지 않겠다는 보증서를 군사령부에 제출하도록 함(송지연, 앞의 글, 1997, 75~76쪽).

8 송지연, 앞의 글, 1997, 81쪽.

9 정확하게 이주 과정을 파악할 수는 없지만, 둔지미라는 조선인 거주 마을이 1908년 일본 군용철도 부설로 인해 수용되었고, 인근에 있는 학부 소관 토지로 이관되었다는 기록을 확인할 수 있다(오문선, 앞의 글, 2014, 143쪽).

점령 주체로 한국에 주둔한 미군에 의해 패전국의 자산으로서 점유되었다. 주한미군의 용산기지 복구 및 활용에 대한 구상은 정전협정이 전개되고 있던 1952년 1월 시점부터 확인된다. 1952년부터 미 극동군이 전방과 후방에서의 업무를 구분하고, 각각 미8군사령부, 후방관구사령부가 그 업무를 전담하도록 재편하면서 주한미군의 용산기지 복구 계획도 함께 전개되었다.[10] 정전 이후 미군이 사용했던 용산기지의 전체 면적은 100만 평 규모로 일본군이 주둔하던 당시 115만 평과 큰 차이가 없으며, 용산구 전체 면적의 15.9%였다.[11] 미군은 1953년 9월 15일에 동숭동 서울대학교 문리과대학에 주둔한 미8군 사령부를 용산기지로 이전하였고, 전쟁 중에 이원화되어 있던 전방지휘소와 후방지휘소를 통합하며 본격적으로 용산기지를 활용하기 시작했다. 이후 용산기지는 1953년 10월 1일 체결된 '대한민국과 미합중국 간의 상호방위조약(이하 '한미 상호방위조약')'을 근거로 미군의 장기주둔이 시작되면서 미군기지로서의 운영이 공식화되었다.[12]

주한미군의 장기주둔이 시작되면서 미군의 규모 및 배치가 변화하기 시작했고, 거주공간을 매개로 한 용산기지와 주변 지역의 관계 역시 이와 연계하여 형성되었다고 볼 수 있다. 우선 전쟁 기간 30만 명 이상의 규모로 확장되었던 미군은 정전 이후 약 6만여 명 규모로 조정되었다. 이

10 신주백 · 김천수, 《(사진과 지도, 도면으로 본) 용산기지의 역사 3(1950~1953)》, 선인, 2021, 12~13쪽.

11 김경록, 앞의 책, 2019, 172~173쪽.

12 이 협정의 제4조 '상호적 합의에 의하여 미합중국의 육군해군과 공군을 대한민국의 영토 내와 그 부근에 배치하는 권리를 대한민국은 이를 허여하고 미합중국은 이를 수락한다'는 조항을 근거로 미군은 장기주둔을 시작했다. '한미 상호방위조약'은 1953년 10월 1일 체결되었고, 1954년 11월 18일 발효되었다. 조약 원문은 외교부 홈페이지(www.mofa.go.kr) 참조.

와 함께 1954년 미8군사령부가 도쿄로 이전되었고, 극동육군사령부로 통합되었다.[13] 동아시아 지역 미군의 재배치는 일본을 중심으로 한 동아시아 지역을 운영하고자 했던 미국의 정책을 반영한 것이었다. 하지만 이는 계획대로 시행되지 않았고, 1957년 미 태평양사령부를 중심으로 동아시아 미군이 재편되면서 도쿄의 유엔군사령부가 용산으로 이전되었다. 이와 함께 주한미군사령부가 창설되면서 그 사령부가 용산기지에 설치되었다. 용산기지에는 유엔군사령부, 주한미군사령부, 미8군사령부가 함께 운영되며 미국의 대외정책에서 한국의 군사 전략적 중요성이 강조되고 있음을 드러냈다.[14]

이처럼 용산기지 는 일본의 식민지배에 이어 냉전과 분단 하 미군의 장기주둔에 이르 기까지 한국에서 군사적 목적을 수행하는 중심 공간이었다. 그런데 주한미군 주둔과 용산 미군기지 운용은 일상적인 군사 활동이 전개되었던 기지 내부에 한정되지 않았다. 미군 및 장교와 그 가족들의 주거지역으로서 기지 외부 지역이 주목되며 미군 구성원의 거주공간이 기지 외부로 확장되었던 것이다. 특히 용산은 미군의 기지운영을 위해 필요했던 미군 구성원의 숙소를 건설하는 데에 적합한 도시로 설정되었다.

주한미군이 서울을 미군 장교 및 가족들의 거주 공간으로 규정했던 이유는 두 가지 측면에서 살펴볼 수 있다. 우선 미군들이 거주하는 데에

13 오보경, 앞의 글, 2018, 345~347쪽.

14 유엔군사령부의 이동 및 주한미군사령부의 창설은 미국의 동아시아 집단안보체제 수립 정책과 효율적인 군사력 동원을 위한 재배치에 따른 결과이며, 한국이 동아시아 지역에서 일본의 군사적 역할을 대체할 대안으로 대두된 것이라 평가되기도 했다. 일본 내에서의 반미 여론 확대 및 한일관계도 변수로 볼 수 있다(오보경, 앞의 글, 2018, 350~353쪽).

필요한 시설 및 조건이 갖추어진 공간으로 파악했기 때문이다. 미군은 해외에서 기지를 운영하며 미군 구성원들이 거주할 공간에 대한 기준을 설정해 놓았는데, 한국에서 그 기준을 충족할 수 있는 대표적인 도시는 수도인 서울이었다. 특히 미군 가족의 거주를 위한 숙소의 기준은 미 공법 85-241의 407항Section 407, Public Law 85-241으로 규정되었다. 이 공법은 미군 가족들이 머무를 숙소가 충족해야 하는 기준을 설정했다. 미 본토에서는 사실상 일반적인 가옥을 임대한다 하더라도 기본적으로 갖추어져 있는 시설이었지만, 생활문화가 다른 국가에 주둔하며 미군의 일상생활을 지원할 수 있는 최소한의 조건을 제시한 것이었다. 구체적으로 서양식 화장실, 온수 공급, 냉장고 및 오븐 등 갖추어야 할 시설을 비롯해서 가옥이 설립된 토양의 상태와 교통수단과의 접근성, 주차장의 유무 등의 사항이 있었다.[15] 이와 더불어 빈민가와도 분리되어 있어야 한다는 등 치안을 위한 규정도 마련하고 있었다. 서울은 이러한 미군의 편의를 충족할 수 있는 지역으로 간주되었고, 용산 미군기지 주변 지역은 우선적인 대상이 되었다.

서울이 주한미군 장교 및 병사들과 그 가족들을 위한 숙소로 규정되었던 또 다른 이유는 용산 미군기지의 군사적 의미와 연계하여 고려해 볼 수 있다. 주한미군의 평시 장기주둔이 시작되면서 용산 미군기지가 주한미군 기지의 중심지이자 동아시아 미군기지의 중심지 역할을 수행하게

15 "Procedure for Evaluation and Administration of Public Quarters Detained Inadequate under Authority of Section 407, Public Law 85-241, approved 30 August 1957"(1957.11.29.), 620, General Correspondence Files, Eighth U.S. Army, 1957-58, Eighth U.S. Army General Admin Files, 1957 Decimals 602(Jul) to 620(Dec)(Box134), Eighth U.S. Army Adjutant General Section(EntryA1 278), Records of U.S. Army Operational, Tactical, and Support Organizations(World War II and Thereafter)(RG338).

되었기 때문에 주요 임무를 수행할 미군 장교들이 복무하였으며, 이들을 위한 거주 환경을 보완하는 과정에서 주변 지역에 전용 숙소를 마련하기 시작했다는 것이다. 이는 다시 말하면, 용산 미군기지의 운영을 뒷받침할 수 있는 공간적 자원으로서 기지 주변 지역을 활용했음을 의미한다. 용산기지가 위치한 서울을 미군의 거주공간으로 설정하여, 미군이 설정한 기준에 따라 미군 구성원을 위한 주거공간을 형성하며 기지운영을 지원했다는 것이다.

요컨대, 용산 미군기지 주변에 미군의 거주공간이 형성되었던 것은 용산이 미군의 최소한의 거주 조건을 제공할 수 있는 지역으로 간주되었으며, 용산 미군기지 내에 거주를 지원해야 하는 주요 인력이 근무하는 사령부가 위치했기 때문이다. 이 같은 군사적 목적으로 기지 주변 지역에는 미군을 위한 거주공간이 마련되었는데, 식민지 시기 일본군 기지를 기준으로 식민지 주민과 피식민지 주민의 거주공간이 분리되었던 것과 달리 미군과 한국 주민의 거주공간은 교차하였다는 차이가 있다.

## 3. 미군기지 주변 거주공간의 형성과 민·군 공간의 교차

### 1) 한국 정부의 외인주택 건설과 미군의 주거지 형성

주한미군이 서울을 미군 및 구성원의 주거공간에 적합한 공간으로 설정했던 가운데, 미군이 거주할 수 있는 공간으로서 외인주택이 건설되기 시작했다. 외인주택의 건설계획은 유엔군 및 외교관계자, 원조기구 직원과 그 가족들이 거주할 주택을 마련한다는 목적으로 수립되었으며, 그 계획이 처음 확인되는 시점은 1955년이다. 1955년 외인주택 건설 계획은 한남동에 100호를 건설한다는 내용을 담고 있었다. 그 예산은 당시 미국 대외원조를 담당하고 있던 대외활동본부Foreign Operation Administration, FOA의 자금에서 동원될 것이며, 이름은 '아리랑 하우스'로 예정되었다. 계획의 주체는 한미재단Korea America Foundation, KFA이었다. 한미재단의 명예 이사장인 밴 플리트James A. Van Fleet의 내한을 계기로 서울시 주택재건문제가 논의되면서 본격적으로 전개된 것이었다.[16] 밴 플리트가 주도하여 논의했던 것은 '6·25전쟁' 이후 전개된 재건사업의 일환으로 근대식 아파트 및 문화주택 2,000호 건설 등 서울시 내 거주공간 구축사업에 관한 것이었고, 그 계획에 외인주택의 건설도 함께 포함되었다.[17]

밴 플리트는 1951년 미8군 사령관을 맡은 바 있으며, 1954년에는 아시아 국가를 순회하며 향후 미국의 대아시아 정책에 기반이 되는 보고서를 작성하는 등 미국의 대한정책에 영향을 미쳤던 인물이다.[18] 동시에 한국에서 민간 투자 활동을 추진했던 만큼 한미재단의 한국 주택건설 사업Korea project 역시 경제적 목적을 갖고 있던 사업이었다고 볼 수 있다.[19] 실제

16 한미재단의 '근대식 아파트' 및 가옥 건축 계획은 1955년 2월 10일 사회부를 통해 전해졌다. 사회부는 한미재단의 아파트 건축 계획을 실행하기 위해 서울 시내 건축 대지를 알선해 줄 것을 서울시에 의뢰했다(〈근대식 아파트〉《조선일보》 1955년 2월 12일). 이후 같은 해 4월 한미재단 사무소에서 '100만호 주택건축'을 위한 한미 관계 책임자 회의가 개최되기도 했다(〈주택난해소될까〉《경향신문》 1955년 4월 6일). 9월 밴플리트 명예 이사장의 방한 역시 한미재단의 재건주택계획을 추진하기 위한 목적에서 이루어졌다(〈재건주택계획추진 밴프리-드 장군 착한〉《동아일보》 1955년 9월 24일).

17 〈본격화한 주택재건〉《경향신문》 1955년 9월 27일. 전쟁 이후 서울로 모여든 피난민과 이재민들을 수용할 수 있는 주택이 부족했고, 임시가건물 및 불량 무허가 건물에 거주하는 인구들을 수용하기 위한 주택건설이 시급한 대안으로 제기되었다(손정목 외, 《용산구지》, 용산구, 2001, 155쪽).

18 이동원, 〈1954년 밴플리트 사절단의 동아시아 냉전 구상과 한미관계의 구성〉《군사》 120, 2021, 44쪽.

19 "AFK Homes for Korea Project-Note for 5/18/56 Meeting with General James A. Van

로 한미재단은 주택건설 사업에 대해 한국의 건설 산업 성장의 촉진과 미국의 주택건설 산업 및 미국인 개인의 투자 확대를 지원한다는 목적을 갖고 있었다.[20] 또한 주택건설 사업의 기조가 미국의 해외원조 정책의 목표이기도 했던 '자조自助, self-help'로 설정되며 경제조정관실과 협조 하에 운영되었다.[21] 이때 '자조'의 내용은 사업의 부흥을 통한 경제성장과 거주지 제공을 통한 사회 안정이었다고 볼 수 있다. 이 같은 맥락에서 주택건설 사업은 미국 원조기구와 더불어 한국 정부의 협조를 기반으로 시행되었다. 협정을 통해 주택을 건설하기로 선정된 지역 및 건설부지에 대한 책임을 한국 정부에 부여한 것이다. 이로써 한국 정부는 한미재단이 주택을 건설하고자 선정한 부지를 확보하고, 건설을 추진하는 역할을 맡게 되었다.[22]

이처럼 계획의 수립과 시행 과정에서 한미재단의 주도하에 추진되었던 주택건축 계획에서 주목할 점은 일반 주택보다 미군 및 미국 원조

Fleet"(1956. 5. 18), from Thomas L. Metsker to Guido Nadzo, AFK Housing, Department of State, International Cooperation Administration, Mission to Korea, Executive Office, 국사편찬위원회 소장(AUS014_44_00C0196). 밴플리트가 한국에서 전개했던 경제활동에 대해서는 이동원, 〈'전쟁영웅'의 이면, 밴플리트의 대한 민간투자 유치활동〉《역사비평사》 125, 2018 참조.

20 "Report on AFK Homes For Korea Demonstration Project"(1956.6.19.), from Guido Nadzo to Grant Whitman(Deputy UNC Economic Coordinator), AFK Housing, 국사편찬위원회 소장(AUS014_44_00C0196).

21 "Housing Program"(1958.6.30.), from Wanre to Mrs. Lucy W. Adams, "Community Development Division Program Objectives, Accompishments and Goals: Housing"(1958.6.27.) from Guido Nadzo to Chief, Housing Branch, Housing, 1958, Department of State, International Cooperation Administration, Mission to Korea, Executive Office, 국사편찬위원회 소장(AUS014_44_00C0541).

22 ""Homes For Korea" Project"(1956.5.23.), from 칼 랜스(Carl G. Lans) to Mr. Knight, AFK Housing, 국사편찬위원회 소장(AUS014_44_00C0196).

사절단을 위해 사용할 외인주택의 건설이 더욱 적극적으로 추진되었다는 것이다. 실제로 서울시 후생주택의 경우 그 실행이 계획보다 지연되었으나 한남동 외인주택의 경우 활발하게 건축되고 있다고 평가되었다.[23] 이에 대해 한국에 거주하는 유엔군, 경제조정관, 외교사절 인사들이 가족들을 일본에 거주시키며 주말마다 일본을 방문한다는 실정을 알게 된 이승만 대통령이 1956년 국무회의에서 "외인주택단지를 시급히 조정하라."는 지시를 내렸기 때문이라 설명된 바 있다.[24] 미군 및 가족들을 한국에 거주시켜 일본에서 소비되는 달러를 한국에서 소비하게끔 유도하기 위한 것이다. 하지만 실제 외인주택을 건설하기 위한 실무는 이 같은 발언이 제기되기 이전인 1955년 말부터 전개되고 있었다. 1955년 12월에는 한남동 외인주택 건설을 위한 부지를 마련하기 위해 원주민에 대한 대지 및 가옥 보상금으로 1,600만 달러가 계상되어 대통령 승인을 받았다.[25] 즉 한미재단의 주택건설 계획이 수립되는 것과 같은 시점에 외인주택의 건설이 시행되고 있었을 만큼 신속하게 전개되었던 것이다.[26]

이승만 정부가 다른 주택에 비해 외인주택 건설을 적극적으로 추진

23 〈서울 후생주택 연내 건립 좌절〉《조선일보》 1955년 9월 27일.

24 손정목 외, 앞의 책, 2001, 582쪽.

25 〈불원 보상금 지불키로〉《조선일보》 1955년 12월 21일.

26 밴 플리트가 외인주택 건축안을 포함한 서울 시내 주택건축 계획을 추진한 배경에 용산의 미군주둔 및 미군의 재배치가 있었는지는 명확히 판단하기 어렵다. 다만 한미재단이 비정부원조기관을 표방하기는 하지만, 미국의 냉전정책의 수행을 지원하기 위한 미국의 목적과 정부의 지도력을 강조하고 반공정책을 수행하고자 했던 이승만 정부의 정치적 목적이 결합되어 운영되었다는 정치적 성격에 주목했을 때 위와 같은 변수를 함께 고려할 여지가 있다. 한미재단의 인적구성 및 구호활동의 성격을 중심으로 냉전 하 한미재단의 '정치적' 성격에 대해 규명한 연구로는 이소라, 〈1952-55년 한미재단의 활동과 역사적 성격〉《한국사론》 62, 2016; 이봉범, 〈한미재단, 냉전과 한미 하방연대〉《한국학연구》 43, 2016 참조.

하고 있었던 점은 국회에서도 문제로 제기되어 논의된 바 있으며, 언론을 통해서도 알려졌다. 실제로 외인주택의 건설은 소요되는 자금의 승인 절차를 무시하고 시공될 만큼 즉각적으로 추진되었다. 외인주택 건설을 위한 예산이 통과되기 이전에 이미 지출하여 시공했을 정도였다. 1955년 문봉제 국무원(구 총무처) 사무국장이 상업은행에서 사무국장의 명의로 1억 8,000만 환을 대출받고, 대충자금 6,000만 환을 외인주택 공사비에 사용했다. 이 자금으로 공병대가 공사를 하고, 외자청에서 외상으로 자재를 구입하여 1956년 7월 현재 25동의 외인주택이 완공된 상태였던 것이다. 이는 1956년 7월, 1955년도 제2회 추경예산에 대한 심의 과정에서 국무원 사무국 소관을 심의하는 중 국무원이 외인주택 안에 대해 예산서가 아닌 결산서를 제출하면서 드러나게 되었다. 특히 대충자금을 사용할 수 있도록 승인한 재무부에서 승인 배경에 대해 답변하지 못하면서 1955년도 제2회 추경예산심의 재정경제분과위원회는 외인주택 건설을 위한 6억 5,000여만 환의 예산 사용에 대해 불법으로 판단하고, 이를 비판하기도 했다.[27] 이에 대한 김현철 부흥부장관의 해명에 따르면 1956년 당시 미국의 원조기구인 국제협조처International Cooperation Administration, ICA 자금 160만 5,000달러로 외국인 주택 중 50동을 신축할 계획을 세웠으며, 1955년 11월 18일 대통령의 승인을 받아 착공한 것이었다.[28]

외인주택을 건설하게 된 경위와 자금 동원에 대해서는 명백히 밝혀지지 않은 채 국회 재정경제위원회는 주택건축비의 전액 삭감을 결의하였다. 예산이 통과되기도 전에 경비를 사용한 것이 불법이라고 규정했기 때문이다.[29] 하지만 이후 이승만 정부는 산업부흥국채 중 부흥주택자금

27 〈예산평성 졸렬 불법 문책〉《동아일보》 1956년 7월 7일.

28 〈외인주택 건축자금 경위모호〉《조선일보》 1956년 7월 8일.

으로 책정된 10억 환 중 1억 8,000만 환을 외인주택 건설용으로 사용한다고 결정하며 외인주택 건설을 추진하였다. 이에 대해 정준모 보건사회부 장관은 삭감된 예산을 충족하기 위한 용도는 아니라고 해명하였다.[30] 하지만 이후 국회 사회보건위원회의 조사에서 정 장관은 '자금 배정은 부흥부가 독단적으로 시행했으며, 부흥국채의 외인주택 건설을 위한 부흥국채 전용은 대통령의 지시'였기에 "거역할 수 없어 불법이었지만 유용시켰다."고 진술했다.[31] 문제가 되었던 외인주택은 한남동에 건설될 것으로 계획된 100동의 건물이었다. 애초에 당시 원조기구였던 대외활동본부 자금으로 자재를 구매하고자 했으나, 승인이 되지 않았던 건물이었다.

당시 자금 승인을 받지 못했던 이유는 한국 정부가 공병단을 동원하여 건축을 수행하는 가운데, 애초 경제조정관실Office of Economic Coordinator, OEC과 합의했던 건축 양식과 달라졌다는 것이었다.[32] 경제조정관 타일러 우드Tyler Wood는 손원일 국방부장관에 문서를 발송하여 "현재 건축되고 있는 주택은 규모가 작아 기대했던 요구에 맞지 않으며, 무가족자 및 한 자녀 가족만 주거할 수 있다고 예상되어 수요자인 경제조정관 및 원조기구 내 수요자의 요구에 적합하지 않다."고 전했다. 우드는 최초 합의된 계획대로 복귀시킬 수 있으나, 이 경우 현재 진행되고 있는 기공구조를 변경하고, 준공기일을 연장해야 한다고 전했다. 또한, 건축 진행 과정이 계획과 달라 1955년 당시 약속했던 미국 원조기구의 자금 지원을 제공할 수 없다는 의견도 덧붙였다. 이와 함께 애초 계획된 160만 5,000달러 중 외자

29 〈외국인주택건축비를 삭감〉《조선일보》 1956년 7월 12일.

30 〈서민주택 건설비를 유용〉《조선일보》 1956년 8월 26일.

31 〈부흥주택자금 배정경위를 청취〉《동아일보》 1956년 10월 26일.

32 제22회 제88호 국회정기회의속기록, 최용근 의원의 발언, 1956년 10월 16일, 국회회의록시스템(likms.assembly.go.kr, 이하 생략).

는 계약자 구매로 하며, 이는 임대료로 상환할 것을 제안했다. 이때 기타 환화 자금은 대충자금을 제외한 한국 정부의 자금을 의미했다. 이러한 배경으로 이승만 정부는 정부 예산을 동원하여 계획된 외인주택의 건설을 시행했던 것이다.

이와 더불어 김정호 의원(민주당)에 의해 보건사회부가 유엔한국재건단United Nations Korean Reconstruction Agency, UNKRA으로부터 배정받은 자재가 외인주택 건설을 위해 제공되었다는 점도 문제로 제기되었다. 유엔한국재건단이 보건사회부에 배정한 자재는 후생주택 건설을 위해 사용되어야 했지만, 외국인 주택건설을 위해 사용되었다는 것이다.[33] 이는 1955년 5월 부흥부장관이 유엔한국재건단과 합의하여 보건사회부에 배정된 자재를 전용하기로 결정했기 때문이다. 김정호 의원은 보건사회부가 어떠한 근거로 국민 후생 및 사회재건에 사용해야 할 자재를 외인주택 건설을 위해 제공했는지에 대해 명확히 밝힐 것을 요구하기도 했다. 같은 회의에서 박영종 의원(민주당)과 백남식 의원(무소속)은 과도한 공사비용의 책정 및 공병대의 동원 절차에 관한 해명을 요구하기도 했다. 이에 대해 최용근 의원(자유당)은 "국민 전체 복리에 악영향을 가져온 구체적인 예가 없기 때문에 책임의 한계에 대해 말할 수 없다."고 해명했다.[34] 사실상 자재 전용의 해명과 이에 대한 책임을 부정한 것이었다.

이처럼 1955년 한미재단의 계획에 따라 추진되었던 외인주택 건설은 예산 배정 및 부지 수용 과정에서 합의 절차를 제대로 거치지 않은 채 무리하게 추진되고 있었다. 예산뿐만 아니라 외인주택 부지의 원주민에

33 제22회 제89호 국회정기회의속기록, 김정호 의원의 발언, 1956년 10월 17일, 국회회의록 시스템.

34 제22회 제89호 국회정기회의속기록, 최용근 의원의 발언, 1956년 10월 17일, 국회회의록 시스템.

대한 합의도 제대로 이뤄지지 않았다. 일례로 외인주택 건축을 위한 부지를 마련하는 과정에서 재무부가 공사를 수주한 중앙산업과 한남동 일대 6,000평의 임대 계약을 맺었던 사례를 들 수 있다. 즉 거주자들과의 개별 계약 및 합의를 체결한 것이 아니라 임의로 토지를 수용하여 업체에 임대했던 것이다. 이에 대해 기존 거주민 150여 명은 '6·25전쟁' 이전부터 연고권을 갖고 있었다며 재무부를 찾아 부당성을 주장하고 항의하였다.[35] 재무부는 "보건사회부의 요청으로 임대차 계약을 한 것"이라며 "주민들의 억울함이 없을 때에 시행하도록 했다."고 안심시켰다. 하지만 주민들은 경찰에 의해 해산되었고, 시위에 참여한 주민 대표 2명은 연행되기도 했다. 주민들은 일전에 해당 부지에 대해 국방부가 시도했던 국유화 신청이 주민들의 반대로 각하되었음에도 중앙산업이 신청한 임대계약이 체결된 것은 정경유착에 의한 특혜라고 주장하였다.[36] 그러나 전말은 밝혀지지 않은 채 이후 중앙산업이 외인주택의 건설을 맡아 시공하였다.[37]

외인주택의 건설이 절차를 무시하고 빠르게 전개되면서 원주민의 불만뿐만 아니라 거주민으로부터 건물에 대한 불만도 발생했다. 1956년 완공되었던 외인주택의 경우 지은 지 1년도 되지 않은 시점에 보일러가 터지거나 수도가 나오지 않는 등의 문제가 발생하여 거주민의 항의가 이

35 〈계약에 흑막있나?〉《조선일보》 1956년 8월 23일.

36 국방부는 한남동 소재 6,000평에 대해 국유화신청을 한 바 있지만, 1956년 6월 19일 각하되었다(〈재무부서 계약보류〉《동아일보》 1956년 8월 24일).

37 민간업체와 더불어 국영기업이었던 대한주택영단(1962년 이후 대한주택공사)도 함께 참여하였다. 외인주택에 따라 건물 및 부지를 분할하여 건설할 것을 계획했던 것으로 보인다. 중앙산업의 사업수주 및 예산책정에 대한 의혹은 5·16 군사쿠데타 이후 수립된 군사정부 하에서 억지수주 및 부실공사 등을 근거로 중앙산업이 피소되는 것으로 마무리되었다(〈중앙산업 조사장을 고소〉《조선일보》 1962년 10월 2일). 1960년대 이후 외인주택공사는 대한주택공사에 의해 시행되었다.

어졌다.[38] 1958년에는 외인주택 시설이 나빠 부상을 입었다며 외인주택 주민이 시공사인 대한주택영단을 대상으로 소송을 제기하기도 했다.[39] 한국 정부가 건축을 위한 기반 및 소요 자원을 준비하는 데에 시간을 쏟기보다는 절차를 따르지 않게 되더라도 정부가 수립한 계획을 추진하는 것이 우선이라 판단했던 결과로 볼 수 있다.

이승만 정부는 국회의 비판이나 거주민들의 항의가 거듭되자 외인주택 건설의 진행과정을 시정하겠다고 응대하기는 했지만, 1957년 이후 외인주택 건축 계획은 더욱 무리하게 전개되었다. 기존 100호의 외인주택의 건설 계획과 더불어 200호 건설 계획을 발표한 것이다. 물론 기존의 비판을 무시하고 진행할 수는 없었기에 10억 환으로 예정된 자금은 기존의 주택자금이 아닌 민간업체에 대부하여 진행할 것이라고 발표하였다.[40] 이에 따라 이승만 대통령은 1957년 6월 유시를 통해 외인주택 500호의 건설을 위해 관계 당국이 자금조치 강구할 것, 중앙산업에 대한 경제조정관실과 유엔군용 주택건설 자금의 조속융자를 지시했다.[41] 하지만 실제 건축 과정에서 계획과는 달리 국민주택 건축자금으로 책정된 예산을 사용하였다. 서민들을 위한 주택 건축용 자금인 귀속재산처리 적립금 30억 환 중 10억 5,000만 환을 외인주택 90호 건축자금으로 전용한 것이다. 이에 따라 보건사회부가 이 예산으로 진행하고자 했던 2만 5,000호의 국민주택 건축 계획에는 차질이 발생했다.[42] 하지만 이승만은 건축

38 〈엉망인 외국인 주택〉《조선일보》 1957년 11월 1일; 〈엉터리 수도공사 외인주택서 말썽〉《경향신문》 1960년 9월 9일.

39 〈시설 나빠 부상당했으니 위자료 등 800만환 내라〉《경향신문》 1958년 3월 5일.

40 〈외인주택 이백호를 건설〉《조선일보》 1957년 6월 3일.

41 〈조속 융자조치 취하라〉《조선일보》 1957년 6월 13일.

42 〈국민주택건축에 차질 외인주택에 전용〉《조선일보》 1957년 10월 11일.

공사가 진행 중인 한남동 및 이태원 외인주택을 시찰하는 등 건축에 대한 의지를 보였다.[43]

기존의 국민주택 건축 계획에 차질을 입힐 정도로 이승만 정부가 외인주택 건설을 지원하며 공사도 다른 주택에 비해 빠른 속도로 진행될 수 있었다. 이승만 정부는 이에 만족하지 않고 외인주택 건설을 멈추지 않았다. 1958년 당시 계획했던 총 200호의 외인주택 건설을 위한 예산 15억 환이 책정되었으며, 125호분에 10억 환을 융자하여 약 70%의 진행률을 보였다. 같은 시기 일반주택 9,100호 계획 중 1,033호 착공(약 9%), 상가주택 400세대 계획의 미진행(0%)에 비하면 1955년 수립된 주택계획 중 외인주택 건축만 시행된 것이라 보아도 무방하다.[44] 물론 계획 건수에서 큰 차이를 보이기 때문에 수치상 비교로만 평가할 수는 없다. 하지만 1957년도 계획 및 시행을 보아도 주택자금으로 책정된 귀속재산 처리적립금 30억 환 중 10억 환만이 각 시도에 배정되었고, 나머지 20억 환은 "정부 고위층의 지시에 의해" 외인주택 자금으로 전용한 바 있다.[45] 즉 외인주택 계획이 수립되고 실행되었던 1955년부터 1957년 동안 주택건설을 위한 자금이 외인주택의 건설에 우선적으로 배치되었던 것이다.

이승만 정부가 국회 및 사회적인 비판에 직면하면서도 외인주택의 건설에 주력했던 이유는 우선 경제적인 측면에서 살펴볼 수 있다. 외인주택의 월세는 한 달 평균 150달러(7만 5,000환)로 확인되는데, 주택 영단이 건설한 이태원 부근 외인주택 79동 전체의 월세 수입의 경우 1만 4,000여 달러라고 평가되기도 했다.[46] 이처럼 달러로 지급된 월세가 한국

43 〈UN군 직원 주택을 건립 보사부서 40호〉《조선일보》 1957년 10월 5일.
44 〈주택건설〉《경향신문》 1958년 9월 29일.
45 〈계획의 일할에도 미달〉《조선일보》 1957년 12월 21일.

은행의 수입계정에 입금되고 있었다는 점에서 달러 획득처로 주목되었다.[47] 실제로 중앙산업이 건설한 한남동의 외인주택은 2개의 침실로 구성된 방의 경우 한 달 175달러(8만 7,500환), 3개의 침실로 구성된 방의 경우 한 달 200달러(10만 환)로 책정되었다. 이는 전기료와 난방비를 포함한 금액이었다. 한국 정부의 달러 획득은 원조에 의존하던 경제 상황 하에서 환율 및 물가를 안정화를 위해 활용될 수 있었다.[48] 다만 경제조정관실의 규정에 따라 월세 조정은 매년 진행되었으나, 인상은 할 수 없었다.[49] 또한 주 임대자인 미군 및 군속은 임대료의 혜택을 받고 있었으므로 경제적인 목적이 컸다고 할 수는 없다.[50]

그보다 1957년을 기준으로 외인주택 건축 계획이 확대되고, 자금 동원이 더욱 신속히 전개되었다는 점에 주목했을 때 도쿄에 위치했던 유엔

46 〈수입계정에 이체 외인주택 임대료〉《조선일보》 1957년 12월 7일. 월 임대료는 각 외인주택 호 마다 상이하고, 추정치만 확인된다. 위에서 언급한 같은 주택으로서 주택영단 건설 이태원 부근 외인주택의 경우 평균 월세가 200~300불에 달한다고 평가되기도 했다(〈이태원 외인주택의 결함〉《조선일보》 1957년 11월 3일).

47 〈이태원 외인주택의 결함〉《조선일보》 1957년 11월 3일; 〈수입계정에 이체 외인주택 임대료〉《조선일보》 1957년 12월 7일.

48 1950년대 경제상황과 이승만 정부의 외환 정책에 대해서는 김낙년, 〈1950년대 외환배정과 경제적 지대〉《경제사학》 33, 2002; 류상윤, 〈이승만정부의 환율정책 재론-안정화 프로그램과 "영구" 환율〉《경제사학》 53, 2012 참조.

49 "경제조정관 원(William E. Warne)이 중앙산업(Central Mill Supply Company, Ltd.)에 보내는 문서"(1956.10.22.), Housing-Han River Housing, 1957, Department of State, International Cooperation Administration, Mission to Korea, Executive Office, 국사편찬위원회 소장(AUS014_44_00C0281).

50 미 공법 85-241의 407항은 임대비용에 관한 규정도 명기하고 있는데 전기 및 수도 등의 사용료를 포함하여 일반적인 임대비용의 90%를 넘지 않는 선으로 설정한 것으로 보아 일종의 임대 혜택을 부여했다고 할 수 있다("Procedure for Evaluation and Administration of Public Quarters Detained Inadequate under Authority of Section 407, Public Law 85-241, approved 30 August 1957"(1957.11.29.), Ibid).

군사령부의 용산 이전을 직접적인 이유로 들 수 있다.[51] 실제로 미 육군 사령부 준장 제임스 해니건James P. Hannigan은 한국에서 미군 장교를 포함한 병사와 미군 관련 민간인을 위한 숙소가 부족하다고 지적하며, 그 이유를 일본으로부터 미8군 사령부가 이전되었기 때문이라고 보고했다.[52] 주한미군의 배치 및 용산기지 운영이 변화하면서 용산기지로 파견되는 인원의 규모에도 변화가 발생했고, 이들을 수용하기 위한 주거공간의 확장이 필요하게 된 것이다. 또한 경제조정관실 및 주한미임시군사고문단 PROVOMAAG/K의 구성원이 1년간의 복무기간 동안 가족과 거주하며 안정적인 생활을 영위하며 업무 성과를 달성할 수 있도록 거주공간의 마련이 필요하다는 점이 지적되기도 했다.[53]

실제로 용산 미군기지에 파견된 미군 구성원의 규모 증가와 함께 군사고문단과 경제조정관실, 주한민사처Korean Civil Assistance Command, KCAC 등의 원조기구 활동이 강조되는 가운데 이들을 위한 주거공간의 수요가 증가하게 되었다. 미국 역시 그 수요를 충족시키기 위해 이태원에 건설된 외인주택을 임대하거나, 조선호텔, 반도호텔, 국제호텔, 수도호텔 등 미국 경제조정관실 관리 하에 있던 숙박시설을 활용하였다.[54] 하지만 1957년

51 보건사회부에서는 유엔군 사령부의 한국이동에 따라 외인주택의 건설 계획을 200호로 확대한다고 발표한 바 있다(〈외인주택 이백호를 건설〉《조선일보》 1957년 6월 3일).

52 "Legal Control of the Chosun and Kookje Hotels"(1956.4.8.), from James P. Hannigan(Brigaider General, United Sstates Army Commanding) to William E. Warne(UNC Economic Coordinator), Housing, 1958, Department of State, International Cooperation Administration, Mission to Korea, Executive Office, 국사편찬위원회 소장(AUS014_44_00C0541).

53 "The housing of OEC personnal"(1958.6.24.), from Warne ro ICA, Housing, 1958, 국사편찬위원회 소장(AUS014_44_00C0541).

54 "The housing of OEC personnal"(1958.6.24.), Ibid.

이후 미군 구성원의 규모가 증가하면서 미군이 조선호텔과 국제호텔을 사용한다고 통보하였고, 기존에 숙박하던 거주자의 이동을 위한 새로운 숙소가 필요하게 되었다.[55] 경제조정관실은 미군 및 원조기구 직원들과 그 가족들을 적절한 시설이 갖추어진 것으로 하루속히 이동시키며, 가족 단위의 거주공간 및 1인 거주자의 주거공간을 분리하여 배정하도록 했다. 미군 및 가족들이 안정적인 숙소로 이동하여 거주한다는 것은 해외에 주둔 혹은 거주하고 있는 미군 및 정부 구성원들이 안전하고 편안하게 지내고 있음을 강조하는 데에도 주요했다.[56] 이들은 기존에 거주하던 호텔에서 이태원 지구의 외인주택으로 이동하기도 했다.[57]

이처럼 미군의 해외 주둔 기지의 재배치 및 용산 미군기지의 역할 변화를 배경으로 1957년 이승만 정부의 외인주택 건설계획이 확대되었고, 이후 건설이 계속되었다. 외인주택은 주로 용산 미군기지 주변 지역인 한남동, 이태원동, 이촌동을 중심으로 건설되었다. 용산 미군기지 주변의 대표적인 외인주택은 한남동 11번지 2대지(현 유엔빌리지)의 주택단

55 "Legal Control of the Chosun and Kookje Hotels"(1956.4.8.), Ibid. 조선호텔과 국제호텔 등은 미군정 점령 시기부터 미군이 사용하였으며, 조선호텔의 경우 점령 종료 이후 반환되었으나 전쟁 중 다시 미군에 의해 사용되며 1950년대 후반까지 미군 및 경제조정관실의 관리하에 운영되었다. 국제호텔과 수도호텔의 경우 1948년 9월 미군정이 한국정부에 행정권을 이양하며 체결했던 '대한민국 정부 및 미국 정부간의 재정 및 재산에 관한 최초협정(이하 '재정이양협정')에서 '미군 숙소 용도로 계속 보유한다'고 규정되어 미군이 사용하고 있던 건물이었다.

56 원(William Warne) 경제조정관은 미군 및 가족들의 거주공간 확보 단계를 설정하면서 "한국에서의 현 상황은 다른 대부분의 해외 주둔지에서처럼 계속해서 좋은 상황을 유지할 것"이라고 보고했다("The housing of OEC personnal"(1958.6.24.), Ibid.).

57 "Reassignment of Housing"(1958.12.12.), Housing, 1958, 국사편찬위원회 소장 (AUS014_44_00C0541).

지(1956년 건축)와 이태원동 단독주택 108동(1956년 건축), 한강로와 잠수로 사이 군사시설지역 내부의 군 장교 관사 및 가족들의 주택군과 서빙고동·동빙고동 및 한남동 일대의 고급주택지들이었다.[58] 외인주택촌 계획 및 건축은 1964년 한남동 51가구를 수용할 현대식 아파트 신축,[59] 1970년 이촌동 외인주택 500세대 규모 건축 계획, 1972년 남산 외인아파트 건설로 이어졌다.[60]

하지만 연이은 건축 계획에도 불구하고 국내의 외인주택은 외교관 및 군인의 수요를 채우지 못한다고 평가되었고,[61] 1970년대 강남개발의 흐름과 더불어 잠실(1976년), 서초동(1978년)으로 그 지역을 확대해 나갔다.[62] 이와 같은 외인주택 건설의 확장 과정에서도 미군 및 군속과 그 가족들이 거주하는 공간은 용산기지와 인접한 한남동과 이태원동의 외인주택에 밀집되어 있었다.[63] 실제로 1970년대 중반부터 한남동에는 주한미군 전용 아파트의 건축도 계획되기 시작했고, 1980년 1차분이 완공되어 212가구가 입주하였다. 한국 정부는 1982년까지 4개년에 걸쳐 주한미군 전용 주택 건설 계획을 수립하였다. 주한미군 전용 아파트는 서울에만 건설되었던 것은 아니었다. 한남동 등 서울에 총 684가구를 비롯하여 미군이 주둔하고 있는 오산 201가구, 대구 200가구 설립이 계획되

58 김태영, 앞의 글, 1991, 43쪽.

59 〈외인아파트 신축 건설부에서 승인〉《경향신문》 1964년 6월 2일.

60 〈20억 들여 연내완공 이촌동 외인아파트〉《매일경제》 1970년 1월 8일; 손정목 외, 앞의 책, 2001, 980쪽.

61 〈한국에서의 외인의 주생활〉《조선일보》 1973년 1월 19일.

62 〈주공 잠실에 외인전용 아파트〉《매일경제》 1976년 11월 12일; 〈외인 아파트 단지 지정 서울시〉《매일경제》 1978년 11월 9일.

63 〈서울 새 풍속도(152) 외국인촌(2)〉《경향신문》 1971년 5월 8일.

었다. 이 역시 정부의 재정지원이 큰 비중을 차지하고 있었는데, 총 사업비 336억 원은 정부지원(80%), 대한주택공사 자체자금(20%)로 충당한다고 전해졌다.[64]

용산 미군기지 인접 지역의 외인주택은 주한미군만을 대상으로 설립된 것은 아니지만, 외인주택이 용산 미군기지 주변에 건설되고 확대되었던 배경에는 주한미군의 주둔 및 사령부의 이전이 있었다. 이때 한국 정부는 사회적으로 제공되어야 하는 주택건설 자금을 전용하면서 외인주택의 건설을 지원했다. 또한 기존 거주민, 국회 및 행정기구와 합의 절차도 무시하였다. 한국 정부의 무리한 외인주택 건설 추진에는 미군의 용산기지 운영이 연계되어 있었다. 기지 외부의 미군 거주공간 확장 및 민간인 거주공간의 공유는 군사적 목적을 기반으로 한 정부의 정책적·재정적 집중지원으로 시행되었던 것이다.

### 2) 주한미군의 기지 밖 거주지 확보와 생활공간의 공유

주한미군은 한국 정부가 제공하는 주택을 수용하면서도 스스로 건설하기도 하는 등 일종의 자구책을 마련하였다. 물론 미군이 병사 및 가족들을 위한 거주 공간을 마련했던 것은 1945년 미군이 주둔하기 시작했던 시기에도 확인할 수 있다. 다만 점령기에는 기존 건물을 활용하더라도 호텔 등 '가장 좋은 시설'에 거주하였으며,[65] 일반 가옥에 거주하게 되

64 〈미군 전용 아파트 1차분 완공 한남지구 212가구 입주〉《매일경제》 1980년 6월 19일.

65 박남수, 김득중 편, 《주한미군사》 1, 국사편찬위원회, 2014, 198~199쪽; "Procedure for Evaluation and Administration of Public Quarters Deterained Inadequate under Authority of Section 407, Public Law 85-241, approved 30 August 1957" (1957.11.29.), 620, General Correspondence Files, Eighth U.S. Army, 1957-58, Eighth U.S. Army General Admin Files, 1957 Decimals 602(Jul) to 620

더라도 거주 조건 역시 서양식 시설을 갖추어야 한다는 등 조건이 적용되어 기존에 한국인이 거주하는 공간과 구별되었다. 이와 달리 주한미군의 장기복무를 조건으로 한 가족동반 복무가 권장되면서 미군이 확보해야 하는 거주공간 역시 증가하였고, 아파트 및 주택건설의 확대 등으로 주거환경이 변화하면서 점차 한국인의 거주지역을 공유하게 되었다. 이는 주한미군이 거주공간 확보에 적극적으로 나서게 된 시기인 1960년대 후반을 중심으로 살펴볼 수 있다.

주한미군의 기지 밖 거주공간 확보는 1960년대 말 해외 주둔 미군 규모 감축 및 미군의 군사기지 운영 정책 변화와 연계하여 살펴볼 수 있다. 이 시기 국제정세의 변화와 함께 미군 및 그 가족들을 위한 기지 외부의 거주지에 대한 정책도 변화했던 것이다. 주한미군은 한국에 주둔하는 미군의 규모를 감축하며 주요 인력key personnel들을 오래 복무하게 함으로써 중요한 업무를 맡은 인력이 안정적으로 기지운영에 협조할 수 있도록 했다.[66] 중요 인력에 대한 조치는 다른 미군 주둔 아시아 국가에서도 확인되는데, 태국에서는 단기복무 지역에서 중요한 인력이 배치되었을 때 머무를 수 있는 공간으로 "주요 빌렛key billet"을 운영했고, 가족들을 동반하건 동반하지 않건 정부 숙소를 제공하며 편의를 도모했다. 즉 주한미군은 주요 인력의 활용이 안정적인 기지운영에 효율적이라고 판단하며, 이들

(Dec)(Box134), Eighth U.S. Army Adjutant General Section(EntryA1 278), Records of U.S. Army Operational, Tactical, and Support Organizations (World War II and Thereafter)(RG338).

66 "Key Billet Positions EUSA and USARUPTHAI"(1970.5.27.), 501-01 Family Housing-Korea (74), USARPAC DCSPER(Box3), EntryUDWW37, General Records 1960-1975(EntryUDWW36), Records of the U.S. Army, Pacific, 1945-1984(RG550).

〈표 1〉 1969년 주한미군 및 소속 민간인의 주요 직위 규모 (단위: 명)

| | USFK total | 8th Army | KMAG |
|---|---|---|---|
| **서울** | **842** | **333** | **107** |
| 오산 | 119 | 119 | 0 |
| 대구 | 181 | 74 | 72 |
| 애스컴 | 45 | 45 | 0 |
| 인천 | 8 | 8 | 0 |
| 부산 | 99 | 13 | 83 |
| 캠프캐롤 | 21 | 21 | 0 |

출처: Acquisition of Family Housing for Key Personnel, (1969.9), 501-01 Family Housing-Korea (74), USARPAC DCSPER(Box3), EntryUDWW37, General Records 1960-1975(Entry UDWW36), Records of the U.S. Army, Pacific, 1945-1984(RG550).

의 장기주둔을 위한 대우를 미군 규모 감축의 대안으로 제시했던 것이다. 1969년 한국에 주둔한 미군 및 민간인 중 주요 직위key position에 복무하는 인원의 규모는 〈표 1〉과 같다.

〈표 1〉에서 보듯이 용산은 주요 직위 인원이 가장 많이 근무하는 지역이었다. 이러한 주요 임무를 맡은 인력은 업무의 연속성 측면personnel continuity, position continuity에서 중요하게 여겨졌다.[67] 일반적인 병사들의 복무기간으로서 13개월마다 인력이 교체되는 것보다 장기적으로 임무를 수행하게 하는 것이 업무의 효율성을 도모할 수 있다고 판단한 것이다. 이에 따라 주요 인력을 장기 복무하도록 유도하기 위해 거주지를 마련하는 것이 중요했고, 그 인력의 규모가 컸던 용산은 주요 거주지역으로 고려되었다.

특히 한국에 장기간 복무하는 일은 병사들이 자진해서 선택해야 하

67 "Report on the Review of the Utilization of Family Housing in the Republic of Korea"(1969.5.28.), 감사 부사관(Deputy Comptroller) 조셉 웰치(Joseph P. Welsch)가 작성한 문서. 501-01 Family Housing-Korea (74), USARPAC DCSPER (Box3), EntryUDWW37, General Records 1960-1975(EntryUDWW36), Records of the U.S. Army, Pacific, 1945-1984(RG550).

는 사항이었고, 한국은 병사들이 선호하는 복무지가 아니었다. 실제로 1968년 푸에블로호 사건 발생을 계기로 한국에서 장기 복무하기를 희망하는 수가 줄어들기도 했다.[68] 이에 주한미군은 장기복무를 유도할 수 있는 보상이 필요하다고 판단했고, 가족과의 동반 복무를 보상으로 부여하도록 했다.[69] 주한미군사령부는 이에 수반하는 가족들의 거주공간을 마련해야 했는데, 기지 내에는 부지 및 건물이 부족하여 기지 밖 숙소를 확보방안이 고려되었다.

기지 외부에서 거주를 하는 방법은 크게 두 가지로 구분되는데, 기존의 건물을 임대하는 '지역사회 지원community support'과 신축이 그것이다. 우선 '지역사회지원'은 주한미군의 거주지를 지역사회에서 구하는 방안으로, 미군 및 그 가족들이 머무를 숙소를 기지 밖 지역off-post에서 구할 때 이미 건설되어 있는 지역주민의 시설에 머무는 것을 말한다. 이는 미 육군부의 정책으로 수립되었다.[70] 이때 기지 밖 지역은 차가 몰리는 시간을 기준으로 개인차량 및 대중교통으로 1시간 혹은 그보다 적은 시간이 걸

68 "Report on the Review of the Utilization of Family Housing in the Republic of Korea"(1969.5.28.), Ibid.

69 "United States Forces, Korea Housing Requirement"(1967.9.28.), 201-05 15th meeting(28 Sept 67) US-ROK Joint Committee COFF 31 Dec 74, Trf ORCEN Jan 76, Retire WNRC Jan 78. Permanent, 1967 Minutes 1THRU 19 1968 Minutes 20 THRU 33(Box1), Meeting Minutes of the United States-Republic of Korea Joint Committee,(EntryUDWW130), General Records 1960-1975(EntryUDWW36), Records of the U.S. Army, Pacific, 1945-1984(RG550).

70 "Organization, Functions, Responsibilities, and manning" "Memorandum of understanding"(1969.8.2.) 문서 내 첨부, 1501-01 Family Housing Staff Responsibility (74), USARPAC DCSPER(Box3), EntryUDWW37, General Records 1960-1975(EntryUDWW36), Records of the U.S. Army, Pacific, 1945-1984 (RG550).

리는 거리에 위치해야 했다.[71] 세부적인 방식은 지역주민의 가옥을 임대하여 월세를 내고 사용하는 것이었다.

미군이 지역사회에서 거주하는 방식을 고려했던 이유는 비용의 측면에서 살펴볼 수 있다. 우선 미국의 달러 소비 감소 및 기지 비용 감축 프로그램cost reduction program과 관련이 있다. 월세의 경우 미군 및 정부 등으로부터 제공된 거주지원금[72]으로 지원하기도 하지만, 개인의 돈으로 지불되기도 했는데, 임대료가 매년 5,000달러를 넘으면 육군부의 허가를 받아야 했다.[73] 또한 총 비용은 월급을 초과할 수 없었다. 즉 지출되는 임대료를 낮게 유지하기 위해서 상대적으로 저렴한 월세로 사용할 수 있는 현지 임대숙소 사용을 독려한 것이다.

미군이 기지 외부에서 거주하는 두 번째 방안은 새로운 건물을 건축하는 것이었다. 이는 미군의 거주기준을 기반으로 검토했을 때 가장 적합한 방안으로 고려되기도 했다. 이때 새로운 건물 건축의 경우 서울, 대구, 부산과 같이 대도시로 분류할 수 있는 지역에 우선 건축하도록 규정되었다.[74]

71 "Family Housing Management", Headquarters United States Army, Pacific, Reg 210-50, (1968.4.), Suppl 1 to AR 210-50, Family Housing Management, USARPAC Recorded PUBS(Box5), General Records 1960-1975(EntryUDWW36), Records of the U.S. Army, Pacific, 1945-1984(RG550).

72 거주보상금(Living Quarters Allowance)은 미군 내 군인 및 민간인에 지급되었고, 가족동반 여부와 계급에 따라 금액이 달랐다("Allowance for U.S. Citizen Civilian Employees"(1971.1.22.), RG550 EntryUDWW36 Box7. 1979년 기준 LOQ의 경우 독신자 2,700달러, 가족동반 3,500달러였다(Housing situation Det28 AFCMC, RG550 EntryUDWW403 Box1).

73 "Family Housing Management", Headquarters United States Army, Pacific, Reg 210-50, 1968.4., Ibid.

74 미군은 주요 인력 및 그들의 가족들이 머무를 숙소가 부족하다고 판단하며 이에 대한

이처럼 주한미군의 규모 변화 및 운영 정책의 변화에 따라 주요 인원들의 장기복무가 강조되었고, 장기복무의 유도요인으로 제시된 가족동반 거주를 위한 숙소가 더 많이 필요하게 되었다. 이러한 변화에 맞추어 숙소 확보에 중점을 둔 가운데 미 대통령이 주한미군의 추가 감축은 없다는 발표를 했던 1970년대 후반에 들어서 미군의 주거공간에 관한 구체적인 연구가 전개되기도 했다.[75] 이는 미군 참모총장 로버트 킹스턴Robert Kingston의 거주공간 대안의 실행 및 검토 지시에 따른 것이었다.[76]

그 대안은 주한미군이 활용하는 숙소의 종류와 이에 대한 평가를 기반으로 작성되었다. 평가 대상은 미8군사령부가 주둔하고 있는 서울이었고, 이를 기반으로 대구 및 부산에 대한 추후 연구가 기약되었다. 다만 이를 통해 주한미군이 기지 외부의 숙소를 규정하고 관리하고자 했으며, 기지 인접 지역사회와의 관계를 기반으로 대안을 마련하고 있음을 확인할 수 있다.

대안을 고려하였는데, 서울, 부산, 대구가 그 연구 대상이 되었다("Status of Comptroller's Family Housing Management Study"(1979.4.18.), 217-01 Management Survey Case Files-Family Housing Study-Follow-Up, Perm mixed series(Box1), Management Survey Case File Institutional Files and Planning Files(EntryUDWW403), Records of the U.S. Army, Pacific, 1945-1984(RG550)).

75 이 지시서에는 대구지역을 비롯한 다른 지역의 가족 숙소 연구 진행에 대한 지시도 포함하고 있다("Directives By Chief of Staff Family Housing Study"(1978.11.8.), 217-01 Management Survey Case File(79)-Family housign Study-Yongsan, Perm mixed series(Box1), Management Survey Case File Institutional Files and Planning Files(EntryUDWW403), Records of the U.S. Army, Pacific, 1945-1984(RG550)).

76 "Family Housing Study"(1978.12.13.), 217-01 Management Survey Case Files-Family Housing Study-Follow-Up, Perm mixed series(Box1), Management Survey Case File Institutional Files and Planning Files(EntryUDWW403), Records of the U.S. Army, Pacific, 1945-1984(RG550).

우선 이에 따르면 미군 및 그 가족들이 숙박할 수 있는 거주 형태는 정부숙소Government Housing와 경제숙소Economy Housing로 구분된다. 정부숙소의 경우 공급량에 비해 수요량이 많아 대기시간이 길며, 수리 및 유지 사업이 오래 걸린다는 단점이 있었다. 또한 계급에 따른 차별이 있다는 점도 확인할 수 있다. 경제숙소의 경우 '지역사회지원'과 관련한 숙소라고 볼 수 있는데, 지역주민들의 거주공간을 임대하는 것이었다. 경제숙소는 미국식 주택 형식 및 환경보다 열악하다고 평가되었다. 단전 및 단수, 온수 공급의 불안성, 온돌의 위험성, 비위생적 환경, 보안문제, 짧은 임대조건, 임대비용의 상승, 낮은 수질, 언어장벽 등이 기피 이유로 지적되었다.[77]

주한미군은 이와 같은 현황을 기반으로 다음과 같은 대안을 마련했다. 첫째, 동반할 수 있는 가족 수의 제한, 둘째, 대한주택공사와 협조하여 거주공간 배정, 셋째, 한국 정부에 임대수익에 대한 세금 감면 요청, 넷째, 사령관 지원금의 삭감, 다섯째, 보증금 지급 등을 위한 지원금 미리 지원(보증금 상승에 대비), 여섯째, 복무기간 조정, 일곱째, 내자호텔의 숙소 전환 등이었다. 한국의 임대수익에 대한 세금감면 요청은 임대수익에 대한 세금 증세가 임대료 증대의 원인이라고 판단했기 때문이며,[78] 복무기간 조정은 주요 인력이 3년간 복무할 시 주택 배정 등의 문제를 안정화할 수 있다고 판단했기 때문이었다. 특히 복무기간이 길어질수록 비용

77 "Family Housing Study"(1978.12.13.), Ibid.

78 1978년 당시 임대료는 아래와 같다("Family Housing Study"(1978.12.13.), Ibid).

| 침실수 | 수 | 범위 | 평균 |
|---|---|---|---|
| 1 | 9 | 85-200 달러 | 149 달러 |
| 2 | 59 | 100-425 달러 | 223 달러 |
| 3 | 52 | 100-550 달러 | 265 달러 |
| 4 | 56 | 140-550 달러 | 306 달러 |
| 5+ | 31 | 160-600 달러 | 399 달러 |
| 합계 | 207 | | |

을 약 33%를 절감할 수 있다고 평가되었다.

이와 함께 장기적인 대안도 수립되었는데, 주로 미국 정부가 부동산을 구입하거나 이동 가능한 숙소를 도입하는 것이었다. 그 중 한국의 사기업 등으로부터 자원을 얻어 주한미군 거주공간을 확보한다는 대안을 주목할 수 있다.[79] 한국 경제상황을 고려하여 사적 자본의 투자를 유도하고, 거주공간을 확보했던 것이라 볼 수 있기 때문이다. 이와 더불어 기존에 미군이 사용하던 한국 건물을 인수하는 방식도 고려되었는데, 대표적인 사례가 내자호텔(내자아파트)이었다. 내자호텔의 경우 미군이 보유하고 있던 재산으로 당초 독신자 숙소로 활용하고 있다가 워커힐 호텔에서 사용했던 휴양센터Rest & Recreation, R&R Center의 사용 기간이 종료되면서 주로 전방지역에 근무하는 군인들을 대상으로 한 휴양센터로도 사용되고 있었다. 다만 1979년 혹은 1980년에 반환하도록 계획되고 있었기 때문에 미군 거주 연구가 수립되었던 당시에는 자금전환이 불투명했다. 결과적으로 이 시기 내자호텔은 가족 숙소로는 적합하지 않다고 판단되었다.[80]

최종적으로 '지역사회 지원'에 속하는 임대 방식이 가장 적합한 대안으로 선정되었다. 경제숙소의 주거환경이 열악하다는 인식에는 변화가 없었지만, 새로운 주거공간을 건축하는 것보다 임대하는 것이 현실적인 대안으로 판단되었던 것이다. 이에 미군은 기지 밖에서 숙소를 구하는

79 "Family Housing Study"(1978.12.21.), 217-01 Management Survey Case File(79)-Family housign Study-Yongsan, Perm mixed series(Box1), Management Survey Case File Institutional Files and Planning Files(EntryUDWW403), Records of the U.S. Army, Pacific, 1945-1984(RG550).

80 "Family Housing Study"(1978.12.21.), Ibid. 내자호텔의 반환은 결국 1990년에 들어 시행되었다(〈주한미군 사용 내자호텔 4월초 한국에 공식 반환〉《한겨레》 1990년 3월 23일).

일을 지원하기 위해 숙소 위탁 및 배정을 담당하는 사무소로서 주거위탁소Housing Referral Office, HRO를 운영했다.[81] 주거위탁소는 기지 밖 숙소에 대한 수요가 있을 때 적합한 숙소를 배정하는 업무를 맡았다. 미군이 정한 기준에 맞는 숙소를 확보해 놓고 있다가 수요자에게 적합한 숙소를 제공하는 것으로, 일종의 중개사 역할을 하는 것이었다. 특히 주거위탁소가 중점을 두었던 것은 미군에 배정할 수 있는 기지 밖 지역의 거주공간, 즉 경제숙소를 많이 확보하는 것이었다. 이에 주거위탁소는 지역의 주거 정보에 익숙한 한국인 주민을 상근직원으로 고용하기도 했다. 한국인과의 소통을 위해 주거위탁소 내에 한국어를 잘하는 미국인을 직원으로 두어야 한다는 규정도 마련하였다.[82] 이들은 병사들의 기지 밖 거주 희망이 전달되면 적합한 거주 환경을 검토하고, 집주인과 임대인의 불만을 조정하며, 기지와 연결될 수 있는 전화를 설치하기 위해 집주인과 논의하는 등 제반 환경을 조정하는 역할을 했다.[83]

주한미군은 구성원의 장기복무를 독려하면서 이에 대한 보상으로서 가족 동반 복무를 제시했고, 이들을 위한 숙소를 마련하기 위해 기지 주변 지역의 민간인 주거공간을 활용하게 되었다. 건물을 새로 짓는 방식 역시 민간인이 거주하는 기지 외부를 대상으로 한다는 점에서 민간인의 생활공간과 접점을 형성하는 계기로 볼 수 있다. 하지만 기지 외부에 이미 존재하는 건물, 그 중에서도 민간인의 주거 공간을 직접 활용한다는 것은 민군 생활공간의 교차를 더욱 가시적으로 드러내는 계기라고 할

81 기지 내의 숙소에 대해서는 가족숙소분과(Family Housing Branch)에서 담당했다("Family Housing Study"(1978.12.21.), Ibid).

82 "Directives By Chief of Staff Family Housing Study"(1978.11.8.), Ibid.

83 "Family Housing Study"(1978.12.13.), Ibid.

수 있다. 또한 주한미군의 민간 생활공간의 활용이 정책적인 측면에서 전개되며 주민의 거주공간에 대한 경계와 구별보다 공유의 양상이 드러난다는 점도 주목할 수 있다.

주한미군은 기지 외부의 지역사회에서 숙소를 구하기 위해 직접적인 조사 및 수집에 나섰다. 구체적으로 숙소 주인과 접촉하여 주한미군에 임대할 것을 홍보하거나 주한미군이 거주하는 지역을 조사하여 해당 지역 내 주민을 대상으로 정보를 수집하기도 했다. 부동산 중개인 방문 등 직접적인 활동도 포함되었다. 이와 더불어 대중광고 수단을 모색하여 미군 병사 거주를 위한 숙소를 모집하는 광고를 계획하기도 했다. 주한

〈표 2〉 주한미군 조사에 따른 광고 매체와 장단점 분석

| 매체 | 장점 | 단점 |
|---|---|---|
| 지역 미디어 광고 | 모든 지역신문 및 TV에 배포 / 소요비용 없음 / 다양한 대상 포괄 | - |
| 공보(카투사 신문) | 소요비용 없음 | 포괄성 장담할 수 없음* |
| 광고지(Flyer) | 매일 선택된 지역에 배달 / 선택적 포괄성 (조선호텔에 비치되는 KORUS에 끼워서 배포) | 비용 소요 |
| 한국 TV 인터뷰쇼 | 주한미군이 쇼에 출연해 직접 홍보 | 비용 예측 불능 / 사전작업 필요 |
| AFKN | 영어로 발행 / 미군 대상으로 정보 공유 | - |
| 신문광고 | 넓은 포괄범위 | 높은 비용 |
| KBS TV | 넓은 포괄범위 / 소요비용 없음 | 한국 정부와 협상 필요 |
| 상업 TV 광고 | 넓은 포괄범위 | 높은 비용 / 시간 선택 어려움 |
| 한국 라디오 방송국 | - | 청자의 성향 확인 안됨 |

* 카투사 및 카투사 가족들을 대상으로 광고를 계획했던 이유는 이들이 한국 상황에 익숙하면서도 미군숙소 관련 상황을 잘 알고 있을 것이라 판단했기 때문이다. 물론 동시에 카투사들은 부유한 가정환경을 가진 경우가 많다며 임대 수익을 얻고자 하는 이들이 적을 것이라는 우려도 제기되었다("Family Housing Study"(1978.12.13.), Ibid.

출처: "Family Housing Study," (1978.12.21.), Ibid.

〈그림 1〉 미군의 기지 밖 지역 내 거주 공간 확보를 위한 광고

출처: 《조선일보》 1978년 11월 26일.

미군은 〈표 2〉와 같이 자신들이 활용할 수 있는 대중매체를 조사하여 각 장단점을 분석하는 등 적극적으로 나섰다.

위와 같은 조사를 분석으로 미군이 거주할 숙소 제공에 대한 〈그림 1〉의 광고가 일간지에 게재되었다.

이와 같이 주한미군의 용산 내 미군 거주지 확보는 1970년대 주한미군 감군에 대한 대안으로서 기존의 단기복무가 아닌 업무의 연속성을 담보할 수 있는 장기복무를 계획하며, 이를 유도하기 위해 가족동반 복무기간 설정 및 숙소 마련이 함께 전개되는 과정에서 이루어졌다. 주한미군은 필요한 거주공간을 기지와 인접한 지역에서 구하고자 했고, 대중을 대상으로 한 광고를 게재할 만큼 숙소 확보에 적극적으로 나섰다.

미군이 밝힌 이유 외에도 이 시기 주한미군이 '지역사회지원'을 통한 거주공간 확보를 선택한 원인은 서울의 공간적 변화에서도 찾을 수 있다. 이미 외인주택이 건설되어있기도 하거니와, 주한미군이 규정한 주거 조건을 충족할 수 있는 주택들을 구하는 데 다른 지역에 비해 '상대적으로' 용이하다고 판단했다는 것이다. 또한 주한미군이 갖고 있던 기지 밖 지역에 대한 경계심이 한국의 사회적 변화에 조응하여 기지 외부 지역사회에 대한 신뢰감으로 변화하였다는 점도 고려할 수 있다. 궁극적으로 주한미군의 지역사회 내 미군 거주공간 확보 계획은 주한미군의 기지운영 정책에 따라 군사적 영역과 민간 영역의 경계가 교차하는 공간의 형성 계기로 작용할 수 있었다.

## 4. 미군의 거주공간 확장과 용산 '잡거'의 의미

한국 정부와 미군에 의해 용산 미군기지 인접 지역에 미군 구성원의 거주공간이 형성되면서 용산은 미군과 주민의 거주공간이 뒤섞여 공존하는 지역이 되었다. 미군의 주둔 형태에 따라 미군의 거주를 매개로 형성된 기지 주변의 민간 공간과 미군의 관계는 그 성격을 달리한다. 이를 정리하면 위 〈표 3〉과 같다.

〈표 3〉 미군 주둔 변화에 따른 거주 형태와 특징

| 주둔 성격 | 거주 형태 | 특징 |
|---|---|---|
| 미 군정 점령<br>(1945~1948년) | 민간인 가옥 점유<br>호텔, 아파트 등 점유 | 현지 민간공간 경계(警戒)<br>미군권리 우선 보장 |
| 전쟁 수행 및 지원<br>(1950~1953년) | 전선에 따른 거주지역 이동<br>민간 가옥 점유 | 계약절차 및 보상·배상 부재<br>미군권리 우선 보장 |
| 평시 장기 주둔<br>(1954~1971년) | 외인주택 거주<br>기지 내 거주공간 건설 | 미군 거주 목적 공간 마련 |
| 미군 감군과 철군 논의<br>(1971~1978년) | 민간인 가옥 임대<br>기지 주변 거주공간 건설 활성화 | 기지 주변 지역 경계 완화<br>공식적인 임대 및 공유 |

미군의 주둔이 장기화되고, 규모가 조정됨에 따라 기지 주변 지역과의 관계가 밀접해지고, 거주공간도 기지 외부로 확장되어 나가는 것을 확인할 수 있다. 물론 이는 한국 경제 규모의 확대 및 사회·문화적 변화를 반영한 결과이기도 하다. 특히 민간인과의 거주 및 일상활동 공간의 교차에 따라 문화적 교류도 확대하였다. 이는 이태원동과 한남동의 생활공간을 기반으로 전개된 미군과 한국 주민의 교류 및 생활양식의 변화를 통해

확인할 수 있다. 생활공간의 교차를 기반으로 형성된 생활양식의 변화는 미군이 주둔한 다른 지역 및 국가에서 발견되는 것처럼 유흥업소의 확산과 더불어 이른바 미군과 한국 여성 간의 성매매가 전개되었던 '기지촌'의 양상도 포함한다.[84] 문화적으로도 미군 및 군무원들을 상대로 한 쇼 무대가 증가하면서 대중문화의 미국문화 유입이 확대되기도 했다.[85] 하지만 이 장에서는 용산의 미군 주거공간을 중심으로 형성된 한국인 사회와의 관계 및 한국인 주거공간의 형성에 미친 영향에 중점을 둔다.

1976년 이태원에 등록된 거주민 중 외국인은 430명으로 이 중 미국인은 70%를 차지하고 있었다. 용산에 외국인의 거주가 집중되었던 이유 역시 용산의 미군기지 주둔과 무관하지 않다. 미군의 편의를 위해 마련된 시설들이 외국인의 편의도 충족시켰기 때문이다.[86] 대부분 민간인 기술자, 회사고문, 군속, 군인들로서 동민 1만 4,927명에 비하면 큰 규모라고 할 수는 없다.[87] 하지만 미군의 거주 공간 내에서의 접촉과 소유권을 매개로 공간이 연계되는 측면에 주목하면 규모와 상관없이 더욱 밀접하고 직접적인 교류의 양상을 확인할 수 있다.

기본적으로 용산 미군기지는 서울에서 발생하는 재해나 사건에 대해 지원하는 역할을 수행하고 있었는데, 이 역할이 새롭게 형성된 외인주택에도 적용되었다. 일례로 용산 미군기지는 서울시와 상호원조협정을 체결하여 화재 진압시 지원을 하도록 규정되어 있었다. 이에 이 지역

84 이신철, 앞의 글, 2018, 312~313쪽.

85 이나영 · 정민우, 〈탈/식민성의 공간, 이태원과 한국의 대중음악-이태원 '클럽'들의 형성과 변화과정을 중심으로(1950~1951년)〉《사회와 역사》 87, 2010, 200~202쪽.

86 〈서울 용산구 외국인 2만여명이 몰려산다〉《경향신문》 1992년 7월 12일.

87 〈서울 · 아메리카①: 한국속의 미국을 가다 아메리카 타운〉《조선일보》 1976년 7월 27일.

에 외인주택이 건설될 때에도 해당 주택에 화재가 발생했을 때 미군의 지원을 받을 수 있도록 구비되어야 하는 시설 등을 확인받기도 했다.[88] 제도적인 측면 외에도 생활공간의 공유 측면에서 확인할 수 있는데, 하나는 미군과 함께 거주 혹은 근무하는 것이며, 다른 하나는 미군이 거주하던 공간을 인수하는 것이었다.

우선 미군 거주공간 내에 거주 및 근무하는 한국인들은 미군 및 직원들과 결혼한 한국인과 전화교환원, 사무직원, 경비직원 등 한국인 고용원을 들 수 있다. 경제조정관실은 이태원 지구 외인주택에서 근무하는 한국인 직원들의 통근을 위해 셔틀버스를 운영하기도 했다.[89] 1971년 미군들이 가장 많이 거주한다고 조사된 한남동에는 국제결혼을 한 한국인 여성들이 60명이 거주하고 있었다.[90] 함께 거주하는 것 외에도 전화교환원의 경우 외인주택에 거주하는 주민들의 항의를 듣거나, 생활에 필요한 요청을 들어야 하는 등 일반적인 의사소통을 해야 하는 경우가 많았다. 특히 이들은 거주민이 필요로 하는 곳으로 전화를 연결하는 업무를 맡았기 때문에 교대 근무를 하며 상근해야 했다. 외인주택 중 개별 전화가 있는 곳도 있었지만, 한남동 유엔빌리지와 이태원의 외인아파트에는 총 24명의 전화교환원이 배치되어 있었다. 이들은 모두 여성이었으며, 영어 회화 및 작문에 어려움이 없어야 했다. 이에 서울시 내 대학 영문과 출신

88 "포병사령부 대령 맥널(W.H.McNaul)이 알브레트(Albrecht)에게 보내는 문서"(1957.10.8.), Housing Itaewon 1957-1958, Department of State, International Cooperation Administration, Mission to Korea, Executive Office, 국사편찬위원회 소장(AUS014_44_00C0546).

89 "Transportation for Domestic Servants of OEC Itaewon Residents"(1958.6.27.), Housing Itaewon 1957-1958, 국사편찬위원회 소장(AUS014_44_00C0546).

90 〈서울 새 풍속도(152) 외국인촌(2)〉《경향신문》 1971년 5월 8일.

이 지원하여 근무하는 경우도 있었다. 전화교환원들은 미국인만 상대했던 것은 아니었지만, 거주자들과 일상적으로 접하며 각국의 생활문화를 비롯해서 성향 등을 파악할 수 있었다.

무엇보다 주목할 점은 미군들을 대상으로 배포되었던 매체를 접하며 미군에게 전달되었던 정보를 접할 수 있었다는 것이다. 이는 해외 주둔 미군을 대상으로 만들어진 공보지, 성조(기)지[stars and stripes]였다.[91] 전화교환원들은 필요한 기본 지식을 얻기 위해 성조(기)지를 읽었다.[92] 성조(기)지는 주한미군 주둔지에 배포되던 공보지였다. 성조(기)지에 담긴 정보가 미 국방부의 공식적인 의견을 반영했던 것은 아니지만, 미 국방부의 지원 하에 제작되었던 매체였다. 흥미 위주의 내용부터 해외 미군 주둔 지역에서 발생한 주요한 사건들을 담고 있었다. 미군들을 대상으로 배포되었기 때문에, 미군 및 군속들이 거주하던 외인주택에도 배포되어 한국인 전화교환수도 성조(기)지를 접할 수 있었다. 즉 외인주택에서 근무하던 한국인들은 직접적인 접촉 외에도 미군이 접할 수 있는 매체를 습득하며 미군에서 발행하는 매체를 접하는 등 생활공간을 기준으로 문화적 경험을 하게 되었다.

다음으로 미군 거주공간의 인수를 통한 생활양식의 연속성을 들 수 있다. 한남동에 건설된 유엔빌리지는 1959년 중앙산업이 대한주택공사에 100여 채를 인계한 이후 A · B · 클로버 · 힐탑 · 선라이즈 등 추가로 건축된 6개의 아파트를 포함한 단지이다. 하지만 단기간에 건축되었던 만

91 당시 한국에서는 '성조지'로 번역하여 지칭했는데, 이후 연구에서 이를 '성조기지'로 번역하기도 했다. 현재 언론 등에서는 따로 한국어로 지칭하지 않고 '스타스앤드스트라이프스'라고 지칭하거나, 'stars and stripes'라고 기술한다. 본고에서는 당대 번역어를 사용하되 기존 연구에서 언급된 번역어를 반영하여 '성조(기)지'를 사용한다.

92 〈서울 새 풍속도 (164) 외국인촌 (14)〉《경향신문》 1971년 5월 25일.

큼 외인주택 시설에 대한 외국인 거주자의 불만이 이어졌고, 시설이 노후함에 따라 새로운 거주공간을 요구하기 시작했다. 이에 기존에 거주하던 외국인 거주자들이 새로운 거주공간으로 이주하기 시작했고, 그 빈 곳은 한국인 거주자가 채우기 시작했다. 실제로 1976년 현재 이 중 180여 채는 한국 사람들이 구입하였고, 외국인들이 전세를 얻어 살고 있는 집은 30여 채에 불과했다. 이는 기존 거주민인 외국인들이 지어진지 오래된 건물을 처분하고 이동한 것이라 볼 수 있다. 신축된 외인아파트가 증가하고 있었으며, 이촌동 한강맨션 근처인 '리버사이드 빌리지' 24동에 500가구, 1,700명, 남산 외인 아파트(뉴 이태원, 탑라인, 남산 아파트)에 524가구 2,000여 명이 거주하고 있었던 것으로 보아 미군 및 외국인의 거주 규모 자체가 줄었다고 볼 수는 없기 때문이다.[93] 말하자면 한국인들과 외인들의 거주 공간이 승계되었다는 것이다. 이처럼 주로 미군을 대상으로 건축되었던 시설을 한국인이 사용하면서 생활공간의 연계성이 형성되었다고 볼 수 있다.[94]

생활공간의 연계성은 외인주택이 기존 한국 주택건축 양식에 미친

93 〈서울 새 풍속도 (164) 외국인촌 (14)〉《경향신문》 1971년 5월 25일.

94 이는 미군 보유 재산 반환과는 다른 문제이다. 미군이 1948년 '재정이양협정'과 '대한민국과 아메리카 합중국 간의 상호방위조약 제4조에 의한 시설과 구역 및 대한민국에서의 합중국 군대의 지위에 관한 협정(이하 '주둔군지위협정')'에 의해 소유할 수 있었던 건물의 반환과는 다른 문제이다. 미군은 한국 정부와 체결한 협정을 근거로 '군사적 목적'에 따라 필요한 한국 내 건물을 보유할 수 있었다. 한국 정부는 1950년대 후반부터 서울 시내 특정 건물에 대해 반환 요청을 한 바 있었다. 이에 대해서는 금보운, 〈이승만 정권기 민·관의 주한미군 재산반환 요청과 주권 인식〉《국학연구》 46 2021 참조. 하지만 외인주택의 경우 미군 개인의 선택에 따른 임대 계약으로 사용되는 건물이었기 때문에, 거주자 개인의 선택 및 임대 계약에 따라 이주할 수 있었다. 또한 한국인이라고 해서 사용이 제한되어 있었던 것이 아니었기 때문에 서양식 구조를 선호하는 거주자에 의해 사용될 수 있었다.

영향을 통해서도 확인할 수 있다. 외인주택은 거주인의 수에 따른 침실용 주택과 아파트, 상점들로 이루어진 양식 주택단지로서 대부분 산 중턱의 공원부지에 위치하여 넓은 대지를 확보하고 있었다. 이에 건물 배치 및 구성과 외관에 이르기까지 다양한 방식을 추구할 수 있었고, 1960년대 이후 한국의 현대주택 건설 방식에 지대한 영향을 미쳤다고 평가된다. 미군이 자신들의 거주를 위한 주택에 서양식 시설을 갖추어야 한다는 조건 때문에 미군의 거주공간이 확장됨에 따라 서구식 구조가 존속 및 계승되었기 때문이다. 실제로 재건주택·복구주택·부흥주택 등 공영주택의 건설시 양식주택에 나타난 부엌과 화장실 구조, 거침 및 식침의 분리, 입식 생활 등의 적용이 일반화되었다. 특히 경사지를 이용한 주택구조, 일률적이지 않은 외관으로 구성된 단지 등 외인주택의 양식은 대한주택공사에서 시행한 주택단지 구성방식으로 이어졌다.[95] 1970년대 중반부터 외인주택이 한국인에게 분양되고, 매각되는 과정에서도 미군과 군속 및 외인들이 사용하던 생활공간이 형성한 고급주택 및 서구식 시설을 갖춘 '서양식 주거공간'이 공유되고 있었음을 알 수 있다.

실제로 경제조정관실은 외인주택을 건설할 때 방 배치와 시설, 부지 등을 검토한 후에 예산을 승인하고 계획을 시행했다. 일례로 1957년 외인주택 건설을 맡은 민간 시행사인 중앙산업은 1956년 한남동 외인주택을 건설하며 자신들이 건설할 주택의 구조와 구성을 보고하였는데, 이때 그 계획은 제시된 평면도에 따른 것이었다. 구체적으로 2개의 침실과 3개의 침실로 이뤄진 숙소 총 60동을 건설할 계획이었으며, 각 주택에는 개별 창고가 구비되어 있었다. 증기 및 열풍을 통한 난방시설, 수도와 전기시설 등과 주택이 들어설 곳의 도로 상태 등을 포함하고 있었다.[96] 중앙

95 김태영, 앞의 글, 1991, 43쪽.

산업은 경제조정관실에 보고서를 제출했고, 경제조정관실은 주택 구성과 더불어 임대료와 건물 내 부대시설을 검토한 뒤 유엔군사령부에 보고했다.[97]

앞에서 언급한 바와 같이 경제조정관실이 1955년 애초 한국 정부와 합의했던 것과 달리 예산 승인을 하지 않았던 것은 한국 공병대가 외인주택 건설에 참여하며 정해진 도면에 따르지 않았기 때문이었다. 말하자면 외인주택의 시공사는 한국 기업과 한국인 기술자였지만, 외인주택은 외국인의 거주, 특히 미국인의 거주를 위해 구축된 건물인 만큼 서구식 생활을 기준으로 정해진 양식에 따라 구축하게 되었다는 것이다. 미군 역시 미군 구성원이 거주할 만한 부지와 장소에 대한 기준을 마련하고 있었던 만큼 외인주택의 건설은 서구식 생활양식이 확대되는 데에 영향을 미칠 수 있었다. 외인주택 외에도 미군은 자체적으로 서구식 생활양식을 반영한 새로운 건물을 짓거나, 기지 주변 지역에서 적합한 거주공간을 확보하여 거주하는 방식으로 서구식 생활양식을 전파하고 공유할 수 있었다.

이처럼 용산에 미군기지가 건설되고, 사령부의 이전 등 미군 규모의 재배치가 전개되면서 더욱 적극적으로 구축된 미군기지 주변의 거주공간은 생활공간의 공유를 기반으로 한 문화적 영향력뿐만 아니라 거주공간의 연속성을 보였다. 이와 더불어 용산의 미군-민간 거주공간의 교차

96 "중앙산업 상무이사(managing Director) 조성철(Cho, Sung Chul)이 경제조정관 원(Willam Warne)에게 보내는 문서"(1956.12.7.), Housing- Han River Housing 1957, 국사편찬위원회 소장(AUS014_44_00C0281).

97 "Housing (Han River Hills District II)"(1957.1.9.), 서울사령부 위트먼(Whitman)이 유엔군사령부에 보내는 문서, Housing- Han River Housing 1957, 국사편찬위원회 소장(AUS014_44_00C0281).

및 공유는 생계수단의 연계라는 측면에서도 그 성격을 드러냈다. 이는 군납업체와 기업을 중심으로 살펴볼 수 있다. 군납은 주한미군이 필요로 하는 물자를 납품하는 것으로 1954년 군납업자들이 '국련소비물자 국내 조달 추진위원회'를 결성하면서 본격적으로 장려 및 추진되었다고 볼 수 있다.[98] 한국 정부는 미군이 필요로 하는 물자를 판매하여 외화를 획득할 수 있는 산업을 독려하면서 특별 융자 및 세금 혜택 등의 지원을 하기도 했다.[99]

이때 용산 미군기지는 미군사령부가 주둔하고 있다는 점에서 군납 기업을 비롯해 군 관련 토목·건축을 담당하는 기업들의 입지로 적합했다. 주한미군 구매기관으로는 군납품 및 미군의 구매를 위한 주한미군 구매처US Army Korea Procurement Agency, USAKPA, 미 극동공병단US Army Engineer District, Far East, USAEDFE, 군속·민간인이 이용할 수 있는 미 태평양교역처Pacific Exchange Service, PACEX, 미 제5공군이 있다. 이 외에도 미국대외원조기관United States Operations Mission, USOM 및 단위부대 등을 통한 소액구매가 이루어지고 있다(〈표 4〉 참고).[100]

즉, 용산 미군기지는 구매 규모가 큰 주한미군 구매처와 미 극동공병단 등 구매처가 위치한다는 점에서 군납업 입지조건을 갖추게 된 것이다. 주한미군사령부를 비롯해서 주요 기관들이 주둔하고 있다는 점은 미

98 〈국내조달추진 재한 유엔군 소비물자〉《동아일보》 1954년 1월 29일.

99 이 같은 혜택은 특권이라고 비판받기도 했다. 국회국방위원회의 회의 중 이철승 의원(민주당)과 박병배 의원(무소속)은 미국의 방위지원이 줄어든 때에 군사비를 정상적으로 지출할 대책 및 군경유가족연금 120억 환 지불 대책 등을 추궁했다. 특히 군납업자를 빙자한 특권층에 대한 융자의 특권화를 비난하기도 했다(〈군납업자 특융비난〉《동아일보》 1959년 11월 22일).

100 이철기, 〈한국의 외화표시군납에 관한 고찰-군납수출진흥책을 중심으로〉, 고려대학교 석사학위논문, 1967, 52쪽.

〈표 4〉 미군 구매기관별 구매규모 (단위: 1,000달러)

| | 1964 | | 1965 | | 1966 | |
|---|---|---|---|---|---|---|
| | 금액 | 비중(%) | 금액 | 비중(%) | 금액 | 비중(%) |
| USAKPA | 16,561 | 48 | 18,460 | 48 | 40,345 | 68 |
| USAEDFE | 7,669 | 22 | 6,079 | 16 | 4,906 | 8 |
| PACEX | 5,605 | 17 | 5,880 | 15 | 7,789 | 14 |
| 5th USAF | 2,397 | 7 | 1,498 | 4 | 1,008 | 2 |
| 기타 | 2,179 | 6 | 6,623 | 17 | 4,510 | 8 |
| 계 | 34,411 | 100% | 38,542 | 100 | 58,558 | 100 |

출처: 이철기, 〈한국의 외화표시군납에 관한 고찰-군납수출진흥책을 중심으로〉, 고려대학교 석사학위논문, 1967, 52쪽.

군기지 주변의 미군 거주공간 형성과 더불어 미군기지 주변 기업의 분포, 즉 지역 구성원의 생계수단에도 영향을 미쳤다. 실제로 후암동을 비롯하여 갈월동, 남영동과 삼각지에 이르기까지 용산기지 '메인 포스트main post' 인근에는 건설업, 경비업 등의 기업체를 비롯하여 군납과 무역업을 중심으로 하는 기업들이 밀집되어 있었다.[101]

이와 더불어 미군 및 외국인 관사가 건축되면서 외국인 기업인도 거주하게 되었고, 이에 따라 인근 지역에 다국적 기업 및 외국인 투자기업이 건설되게 되었다고 평가되었다.[102] 물론 외국인 기업은 1970년대 중반 이후 본격적으로 유입되어 1980~1990년대에 대규모로 확대되었다는 점에서 1950년대 중반부터 전개되었던 용산 미군기지의 주둔 및 재배치에 따른 거주지역 형성과 직접적으로 관련이 있다고 볼 수는 없다. 또한 주한 외국인 기업의 증가는 1980년대 이후 한국 경제정책 변화와 더불어 고려해 볼 필요가 있다.

101 손정목 외, 앞의 책, 2001, 573쪽.
102 손정목 외, 앞의 책, 2001, 582쪽.

다만 용산 미군기지 인접 지역의 외국인 집단 거주공간은 안보적 측면 및 기존에 거주하고 있는 외국인과의 연계성 측면에서 외국기업이 밀집하는 데에 유인요소가 되었다고 볼 수 있다. 기업뿐만 아니라 비영리단체이지만 미군을 지원하기 위해 주재했던 미국기관도 용산 미군기지 인접 지역에 위치했다. 해외에 주둔한 미군들의 생활복지를 지원하는 민간단체로서 미군위문협회United Service Organization, USO가 그것인데, 1954년 1월 갈월동에 자리를 잡고 미군이 필요로 하는 물자 및 서비스를 제공하는 역할을 했다.[103]

이처럼 용산 미군기지 인접 지역에 형성된 미군의 거주공간은 용산 미군기지의 군사적 의미가 변화함에 따라 확대될 수 있었고, 미군과 민간인이 생활공간을 공유하는 '잡거'의 의미를 갖게 되었다. 용산 내 민군 생활공간의 공유는 미군의 배치 및 기지운영 정책의 변화에 따른 미군 거주의 기지 외부 확장, 한국 정부의 적극적인 개입 및 지원으로 전개되었다. 결과적으로 미군의 생활조건을 수용한 거주공간의 연계와 미군 공보지를 매개로 한 문화교류, 미군을 매개로 한 생계수단의 연계는 용산에서 발현된 민군 거주공간의 교차 및 공유의 성격을 드러냈다.

## 5. 맺음말

이 글은 공간의 성격이 거주민의 구성 및 거주지의 배치를 통해 형성

103 '미군위문협회'의 용산 주재는 손정목 외, 앞의 책, 2001, 583쪽에서 확인할 수 있다. '미군위문협회'는 25명의 인원으로 운영되고 있었다. 다만 이 책에서는 기업으로 분류가 되어 있는데, 비영리단체이기 때문에 기업으로 볼 수는 없다.

된다는 점에 주목하여 미군의 주둔으로 인한 용산의 공간적 변화와 민군 공동의 거주공간으로서의 성격 및 의미를 분석했다. 군사기지가 처음 건설되었던 일제시기부터 기지의 운영을 위한 기지 주변 지역의 동원 및 활용은 전개되었다. 하지만 미군의 장기주둔 이후 용산은 미군 및 가족의 주거지로 선정되었다는 특징을 갖는다. 또한 미군의 해외 군사기지 재배치와 용산 미군기지 위상의 변화에 따라 한국 정부의 지원 하에 거주지역이 형성되기도 했고, 미군의 기지운영 정책에 의해 미군의 거주공간이 기지 외부로 확대되기도 했다. 즉 외국 군사기지의 주둔으로 인한 군사활동과 그 영향은 기지 내에서만 소화되었던 것이 아니며, 기지 주변 민간 공간과 생활반경을 공유하며 기지 밖으로까지 확장되었다는 것이다. 이는 용산 내 민군 '잡거'의 형성 배경이 되었다.

특히 이 글은 용산에서 형성된 민군 거주공간의 공유 및 교차가 주한 미군의 주둔으로 인한 '자연스러운' 결과가 아니라 한미 정부 간의 합의 및 정책적 지원 하에서 주거공간을 형성하는 방식으로 전개되었다는 점에 주목했다. 한국 정부가 행정적 절차도 무시하며 외인 주택의 건설을 무리하게 추진했다는 점에 착안하여 용산 미군기지를 중심으로 한 동아시아 미군의 재배치, 미군의 거주 규모 확대 등을 함께 분석했다. 이와 더불어 미군 역시 안정적인 기지운영을 위한 주요 인력의 장기복무 독려를 시행하며 보다 적극적으로 기지 외부에 대한 거주를 장려했다는 점을 규명했다. 이는 1940~1950년대 미군의 기지 외부 주거정책과 달리 민간인 거주공간과의 분리가 아니라 공유에 초점이 맞추어져 있다는 특징을 갖는다. 즉 군사적 구성원과 민간 구성원의 거주공간 공유가 전개되었던 것이다. 용산 내 미군-주민 간 생활공간의 공유는 미군의 한국 주둔 및 동아시아 지역 내 미군 배치를 배경으로 한국 정부의 지원과 미국의 대한정책이 조응하는 과정에서 군사 공간과 민간의 생활공간이 교차하며 형성된 것이다. 본 연구는 이러한 생활공간의 교차 결과로서 미군과 생활공간을 공유한 주민의 서구식 생활공간 경험 확대, 군사 매체의 교류, 생계수단의 연계성을 제시했다.

현재 용산의 미군기지와 주거공간의 흔적은 한남동의 '유엔빌리지'라는 명칭으로만 남아있다. 하지만 용산 미군기지의 반환과 반환 이후의 활용을 통해 군사 공간의 전환 혹은 '군사 공간의 민간화'를 전망할 수 있는 시점에서 미군 주거공간을 기준으로 형성된 용산 내 민군 거주공간의 공유가 갖는 의미를 반추해 볼 시점이기도 하다. 이는 주한미군의 주둔이 단지 기지 내의 군사적 활동에 한정되지 않았다는 점과 분단 이후 군사·안보적 가치가 중시되는 가운데 군사 활동이 일상생활에 미친 영향의 단면을 드러낸다.

제5장

# 한일 국교 '정상화'와 일본인 집거지의 형성
## - 동부이촌동 '재팬타운'의 시작 -

신재준(전주교육대학교 사회교육과 조교수)

## 1. 머리말

한강대교 북단 동쪽에서 동작대교 북단 서쪽까지, 위로는 국립중앙 박물관을 마주보고 아래로는 한강과 닿는 서울시 용산구 이촌1동은 흔히 행정동의 공식 명칭보다는 동부이촌동이란 별칭으로 더 자주 불린다. 그리고 이 별칭은 다시 '재팬타운' 또는 '일본인마을'이란 이미지로 연결되곤 한다.[1]

'재팬타운'이란 별칭이 무색하지 않게 이 일대에서는 일본인 거주자들을 그리 어렵지 않게 만날 수 있다. 2015년 현재 서울시 등록일본인 8,386명 중 1/5을 약간 넘는 1,727명이 용산구에 거주했고, 다시 이들의 78.6%에 달하는 1,357명이 동부이촌동과 인접한 한강로동에 집중되어 있었다(동부이촌동 852명). 같은 해, 용산 다음인 서대문구의 일본인 인구가 878명인 것을 감안하면 이들이 동부이촌동에 어느 정도 집단적으로 거주하고 있는지 대략이나마 가늠할 수 있다.[2]

적지 않은 일본인 거주자가 모여 있다 보니 구로구 대림동 차이나타운에 비할 바는 아니더라도 조금만 세심히 관찰하면 거리 곳곳에서 '일본인마을'임을 느낄 수 있다. 무엇보다 부동산 · 병원 · 약국 등 일본어가 가능하거나 간판에 일본어를 적어둔 점포가 많다. 또 일본인이 운영하는 일본식 선술집이나 요릿집, 식자재마트 등도 이곳에서 느낄 수 있는 일본의 정취이다. 명실상부 동부이촌동 '재팬타운'은 서울 속의 외인촌이

1 일간지에서 '재팬타운'이나 '일본인마을' 등 그에 준하는 표현이 본격적으로 등장하기 시작한 것은 1990년대 이후였다(〈용산구 동부이촌동 일본인 집단거주지역, 김치 냄새 나는 '재팬타운'〉《조선일보》 1997년 4월 26일).

2 서울 열린데이터 광장(www.data.seoul.go.kr)의 '서울시 등록외국인 현황(국적별/동별) 통계' 해당연도.

자 글로벌 도시 서울을 이루는 한 부분이다.

때문에 일대를 걷다보면 자연 이곳에 언제부터 일본인들이 모여들었고, 어떤 계기였을지 궁금해진다. 그러나 막상 '재팬타운'의 연원, 즉 일본인들의 집거가 언제 어떻게 시작되었는지, 해방 후 서울의 일본인 거주 역사는 구체적으로 알려져 있지 않다. 일본인 집거지 형성에 관한 몇몇 연구가 있지만 주로 2000년대 이후를 개괄적으로 다루었다.[3] 그 외에 해방 후 한국에 남았던 일본여성(소위 재한일본인 처)이나 종교적 성격이 개재된 결혼 이민자들에 대한 연구가 넓은 범위에서 '재한'일본인 이해를 도울 뿐이다.

19세기 개항 이후 오늘에 이르는 150여 년의 한국 근현대사에서 일본·일본인은 좋든 싫든 지울 수 없는 흔적을 남겼다. 특히 수의 많고 적음의 차이는 있을지언정 일본인은 이 기간 늘 서울의 구성원이었다. 따라서 이들의 서울 거주 이력을 밝히는 것은 곧 서울의 역사를 밝히려는 것에 다름 아니다.[4] 재조일본인에 대한 관심이 고양되는 가운데 특히 일제강점기 일본인의 서울 거주 및 도시개발에 대해서는 2000년대 이후 많은 연구가 축적되었다.[5] 해방 후 썰물처럼 자취를 감췄던 일본인들이

3 임영언·야마모토 노부히토, 〈재한일본인의 이주역사와 동부이촌동 일본인집거지 형성배경 고찰〉《전남대학교 글로벌디아스포라연구소 국내학술회의》 12, 2011; 임영언·허성태, 〈재한일본인의 집거지 공동체 형성과 디아스포라적 문화의 특성 고찰〉《동북아연구》 27-2, 2012 등.

4 서울에는 개항 이후 일찌감치 다양한 국적과 문화적 배경의 사람들이 어울려 거주했다. 특히 외국인 거주지가 조선인과 분리된 조계로 제한되었던 부산·인천 등 개항장과 달리 서울은 처음부터 별다른 제한 없이 전역이 일거에 개방된 독특한 雜居地로서의 역사를 가진다. 한성 開市와 잡거지로서 공간의 재편과정은 박준형, 〈'잡거' 공간의 기원, 한성〉《서울학연구》 74, 2019를 참고. 해방 이후에도 서울은 기본적으로 토박이보다 이주민들이 더 많은 유동적인 도시였다. 관련해 송은영, 《서울 탄생기 - 1960~1970년대 문학으로 본 현대도시 서울의 사회사》, 푸른역사, 2018을 참고.

1960년대 이후 다시 서울에 등장하고 집거지를 형성하는 과정은 1945년 이후부터 2000년대 이전까지 연구사의 공백기간을 메움으로써 근현대 서울의 일본인 거주사를 통시적으로 이해하는 데 기여할 수 있을 것이다.

이 글은 이 같은 문제의식을 바탕으로 1960~1970년대, 특히 그 가운데서도 1960년대 후반부터 1970년대 초반을 거치며 선명해진 용산구 한남동·이태원동·동부이촌동을 중심으로 한 일본인 집거지의 형성과정을 역사적 안목에서 실증적으로 분석하고자 한다.

선행 연구에서 일본인 집거지의 형성과정은 1965년 한일 수교 이후 특히 1970년대 외인아파트 단지가 건설되면서 일본인들이 모여들었다는 정도의 서술에 그친다. 큰 틀에서는 대체로 맞는 설명이지만 그 과정의 사실관계를 보다 촘촘히 복원할 필요가 있다. 더하여 고민과 그에 대한 나름의 해답이 필요한 지점들이 있다. 하나는 일본인 집거의 범위이다. 현재 기준으로는 동부이촌동을 집거지로 보는 게 보통이지만 1970년 전후 시점에서는 외인촌이었던 부근의 한남·이태원까지 범위를 확대해야만 집거지 형성의 역사적 맥락을 보다 정확히 이해할 수 있다. 이것과 연결될 수 있는 또 하나의 논점은 왜 동부이촌동, 넓히면 한남·이태원을 포괄하는 외인촌이었는가 하는 것이다. 일대에 외국인을 대상으로 한 주거시설이 많았기 때문이라는 얼핏 답이 뻔한 질문일 수도 있지만 여

5 김백영, 《지배와 공간》, 문학과지성사, 2009; 김종근, 〈식민도시 경성의 이중도시론에 대한 비판적 고찰〉 《서울학연구》 38, 2010; 박찬승, 〈서울의 일본인 거류지 형성과정: 1880년대~1903년을 중심으로〉 《사회와역사》 62, 2002; 염복규, 《서울의 기원 경성의 탄생 – 1910~1945 도시계획으로 본 경성의 역사》, 이데아, 2016; 토드 헨리 저, 김백영·정준영·이향아·이연경 역, 《서울, 권력도시》, 산처럼, 2020 이외에 다수의 연구를 참고.

기에서 일본인 또는 한일관계의 특수성을 발견할 순 없을지 고민해보고자 한다.

많은 사람들이 느끼고 있듯, 근현대 한일관계는 중층적이고 복잡하다. 한미관계만큼 중요하면서도 그와는 또 다른 특수성을 가진다. 주목해야 할 점은 복잡 미묘한 한일관계의 부침이 서울, 나아가 한반도 전역에 거주하는 일본인의 거주·거주양상과 긴밀히 연동되어 왔다는 것이다. 이 점을 상기하면 이것은 서울 그리고 한일관계를 보다 폭넓게 이해하기 위한 작업인 동시에 비교사적 시각에서 볼 때, 피식민지 국가가 독립한 후 구 식민자 집단의 귀환과 새로운 관계설정의 과정을 엿본다는 의미도 가질 수 있을 것이다.

## 2. 1960년대 초 일본인 입국허가와 거류의 재개

개항 후 1880년대 초부터 시작된 근현대 일본인의 서울 거주 역사는 1945년 광복을 계기로 극적인 변화를 겪었다. 이전에는 조선인에 비해 민족적으로 우월한 '내지인'으로서 경성의 정치경제를 주도했지만 이후에는 '패전국민'으로서 미국의 대일점령정책 및 한일분리정책에 따라 모두 일본으로 돌아가야 했다. 이처럼 극단적인 위상 변화는 인구에도 영향을 미쳤다. 해방 직전 15만 명을 넘어 경성 총인구의 약 16%에 달했던 일본인은 1946년 연말에는 통계상 산업 분야의 단 3명만 남아 사실상 서울 그리고 한국에서 자취를 감추었다.[6]

6 서울특별시 시사편찬위원회, 《서울 인구사》, 2005, 412쪽. 미군정 외사과에서 작성한 주간보고서 〈Census of Japanese Civilians Residing in Korea, South of 38°〉. RG

이후 1950년대까지는 서울에 일본인이 살고 있었는지, 있다면 그 규모는 대략 어느 정도였을지 정확히 알기 어렵다. 서울시는 1950년부터 외국인 인구를 파악했지만 국적별 인구는 집계하지 않았다. 한일관계가 분리·단절되면서 통상 재한일본인 처라고 하는 일본인 여성 다수가 남겨졌지만 이들은 지방 각지에 흩어져 있었고 자신이 일본인임을 숨기는 등 사회적으로 잘 드러나지 않았다.[7]

1960년대부터는 서울의 일본인을 조금 더 구체적으로 가늠할 수 있다. 1960년 한 외무부 관계자의 발언에 따르면 이 해, 외무부에 등록된 재한일본인은 561명이었고, 서울 거주자는 22명이었다.[8] 〈표 1〉과 같이 서울시 자료 및 간행물에서는 1961년부터 1966년까지 일본인 인구를 확인할 수 있다. 그에 따르면 1961년 서울시 일본인은 47명이었고, 1965년에는 222명으로 증가했다.[9] 1966년에는 대략 270명 안팎이었다. 〈도표 1〉과 같이 이 6년간 서울의 일본인 인구는 연평균 52%씩 증가했고, 전체 외국인 대비로는 0.3%에서 2.7% 정도까지 상승했다. 절대적으로는 미미한

332, USAFIK, XXIV Corps, G-2, Historical Section, Box No. 32.

7 이들은 대개 1945년 이전 일본에서 조선인 남성과 결혼하고 해방 후 남편을 따라 한국에 와 정착하게 된 경우이다. 정식으로 혼인신고를 하고 남편 호적에 입적하면 한국국적을 가질 수 있었지만 일본의 부모가 반대했거나 남편에게 본처가 있다든지, 또 주변의 냉대나 남편의 외도로 별거하게 되는 등 무국적으로 전락한 이들이 많았다. 緫谷智雄, 〈在韓日本人妻의 形成과 生活適應에 關한 硏究〉, 고려대학교 석사학위논문, 1994; 김응렬, 〈在韓日本人妻의 生活史〉 《한국학연구》 8, 1996; 김석란, 〈재한일본인아내의 국적에 관한 연구〉 《일어일문학》 36, 2007 등의 연구를 참고. 이들의 숫자는 정확히 알기 어렵지만 언론에서는 1,500명 안팎으로 추산했다(〈재한일인들 중 귀국희망 120명〉 《동아일보》 1961년 8월 12일).

8 〈재한일본인〉 《경향신문》 1960년 7월 12일.

9 참고로 한국사회복지사업회 국제사회사업위원회에서 1962년 12월, 서울 거주 일본인 41가구 135명에게 연말선물을 선사했다는 기사가 있다(〈서울에 사는 일인에 연말선물을 나눠줘〉 《동아일보》 1962년 12월 29일).

수준이지만 외국인 인구가 정체 상태인 것과 비교하면 상대적으로 증가세가 두드러졌다.

〈표 1〉 1960~1966년 서울시 일본인 인구 (단위: 명)

| | 일본인 | 외국인(계) | 서울시(계) |
|---|---|---|---|
| 1960 | 22 | 6,458 | 2,445,402 |
| 1961 | 47 | 7,934 | 2,577,018 |
| 1962 | 80 | 10,666 | 2,983,324 |
| 1963 | 149 | 11,323 | 3,254,630 |
| 1964 | 165 | 11,168 | 3,424,385 |
| 1965 | 222 | 11,718 | 3,470,880 |
| 1966 | 268~277 | 10,080 | 3,805,261 |

출처: ① 서울시(계): 서울시, 《서울통계연보》, 1967(제7회). '인구추이' 항목. ② 외국인(계): 1960~65년은 서울시, 《서울통계연보》, 1966(제6회). '외국인상주인구' 항목. 1966년은 서울특별시시 사편찬위원회, 《서울육백년사6(1961~79)》, 1996, 595~596쪽(서울시 거주 외국인의 성장추이). ③ 일본인: 1960년은 《경향신문》 1960년 7월 12일. 1961~62년은 서울시, 《서울통계연보》, 1962(제2회), 1963(제3회). '체류외국인등록 수' 항목. 1963~65년은 서울시, 《서울통계연보》, 1964(제4회), 1965(제5회), 1966(제6회). '외국인 국적별 · 직업별 인구' 항목. 1966년은 서울특별시 시사편찬위원회, 《서울육백년사6(1961~79)》, 1996, 595~596쪽, '서울시 거주 외국인의 성장추이'에서 외국인 총인구 대비 일본인 비율(2.7%)을 토대로 한 추정치(반올림하여 2.7%가 되는 상한과 하한).

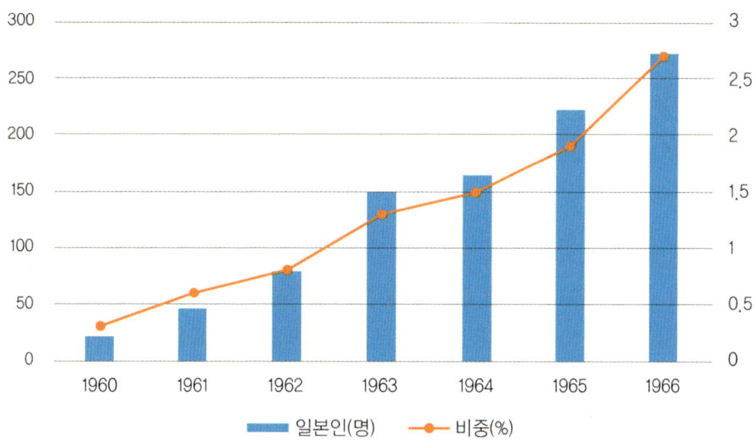


〈도표 1〉 1960~1666년 서울시 일본인 인구 및 외국인 총인구 대비 비중

비고: 1966년의 경우 〈표 1〉의 해당연도 추정 상한과 하한 중 2.7%에 가장 근사한 272명을 적용해 작성.

자료를 종합하면 1960년대 초 서울에는 100여 명 이상의 일본인이 있었다. 아직 한일회담 타결 전이었던 것을 감안하면 결코 적은 숫자가 아니다. 1950년대 이승만 정부는 원칙적으로 일본인 입국을 금지했다. 따라서 이들은 위에 언급했듯 해방 이후부터 서울-한국에 거주했지만 잘 드러나지 않았던 이른바 '올드커머'와 1960년 4·19혁명 이후 한일관계 개선에 발 맞춰 새롭게 건너온 '뉴커머'로 대별할 수 있다. 1963년 한 일간지 기사는 일본인들이 눈에 띄게 늘어난 것을 두고 "게다(나막신) 소리"가 귓전을 울리게 되었다고 했는데[10] 이것은 '뉴커머'들을 염두에 둔 표현이었다.

새로운 일본인들의 대표적인 직업군으로는 기자와 상사주재원을 꼽을 수 있다.[11] 이 가운데 가장 먼저 한국에 들어온 것은 기자들이었다.[12] 4월혁명 후 허정 과도정부는 5개 시정방침을 발표하면서 한일관계 정상화를 가장 중요한 외교 현안으로 들었다. 이어 대일외교개선책의 일환이자 양국 이해증진 명목으로 일본인기자 입국을 허용했다.[13] 1960년 5월에 신문·통신·방송기자 및 촬영기사 15명이 입국한 이후 대체로 수 명의 기자들이 1~2년 체재 후 교대하는 방식으로 상주했고, 일본 주요 정

10 〈광복 18년에 입국 잦은 일본인(상)〉《경향신문》 1963년 8월 14일.

11 덧붙여 비록 수는 적었지만 외교관들도 빼놓을 수 없을 것이다. 한국은 일본이 아직 연합국의 점령 치하에 있던 1948년 일본에 대표부를 설치해 외교관들을 상주시켰지만 일본의 주한 외교공관 설치는 국민감정을 앞세워 허용하지 않았다. 그러나 회담 타결이 임박한 1965년부터는 비공식적으로 일본 외교관들의 서울 상주를 허용했다.

12 6·25전쟁 중 정전회담을 계기로 유엔군사령부의 사증을 받은 일본인 기자 18명이 입국해 종로구 내자아파트에 투숙하며 취재한 前歷이 있다(〈서울에 18명 출입기자들 활약〉《동아일보》 1951년 7월 20일). 이들 일부는 정전 후에도 남아 있었던 것으로 보이는데, 1956년 11월 한국정부의 퇴거 지시로 남은 4명의 기자가 일본으로 돌아갔다는 기사가 있다(〈철거명령을 부인〉《동아일보》 1956년 11월 22일).

13 〈실질적 반공태세 강화〉《조선일보》 1960년 5월 3일.

〈표 2〉 1965년 서울 거주 외국인(일본인)의 직업군 (단위: 명)

| | 상업 | 공업 | 농업 | 문화 | 종교 | 자유업 | 학생 | 군속 | 무직 |
|---|---|---|---|---|---|---|---|---|---|
| 일본인 (222) | 57 | 83 | 1 | 7 | 11 | 18 | 2 | - | 43 |
| 외국인 (11,718) | 1,874 | 236 | 155 | 195 | 623 | 1,209 | 2,739 | 93 | 4,584 |

출처: 서울특별시 시사편찬위원회, 《서울 육백년사6(1961-79)》, 1996, 599~600쪽. 원자료는 서울시, 《서울통계연보》, 1966(제6회). '외국인 국적별 · 직업별 인구'.

치인의 방한 같은 특별한 때에는 증파되기도 했다.

수적으로 다수를 차지했던 것은 주한일본상사의 주재원들이었다. 이와 관련해 1965년 서울 거주 외국인의 직업군 통계를 참고할 만하다. 〈표 2〉와 같이 일본인의 경우 공업(37.4%)과 상업(25.7%) 종사자가 가장 많았다. 이 둘을 합하면 거의 2/3에 달한다.[14] 무직(19%)을 포함해 학생(0.9%) 등 비경제활동인구의 비율이 저조한 것도 특징이다. 이 점은 〈도표 2〉에서 보는 바와 같이 무직이 39%에 달하고, 상업과 공업이 각각 16% 및 2%에 불과한 외국인 전체 직업군과 대조할 때 더 두드러진다(도표 2). 즉 이 시기 서울의 일본인 '뉴커머'는 대개 상사, 크게 보면 경제관계 인물들이었다. 이는 전체 외국인 집단과 구별되는 일본인들의 특수성이기도 했다.

이 '뉴커머'들은 모두 한일관계의 새로운 기운을 타고 한국에 왔지만 동시에 수교 전으로 인한 제약 또한 받았다. 가장 대표적인 것이 체재기간의 제한과 그로 인한 거주의 불안정이었다. 기자나 상사 주재원들은 대개 3개월에서 6개월의 단기 체류사증을 받았는데 그나마 후자의 경우 출입국관리법상 상용商用 목적을 인정받지 못해 15일짜리 통과사증으로

14 공업은 대개 기술자들을 가리키는데 이들이 상대적으로 입국사증을 발급 받기 쉬웠기 때문에 실제로는 상사원이면서도 기술자로 사증을 신청하는 경우가 많았다.

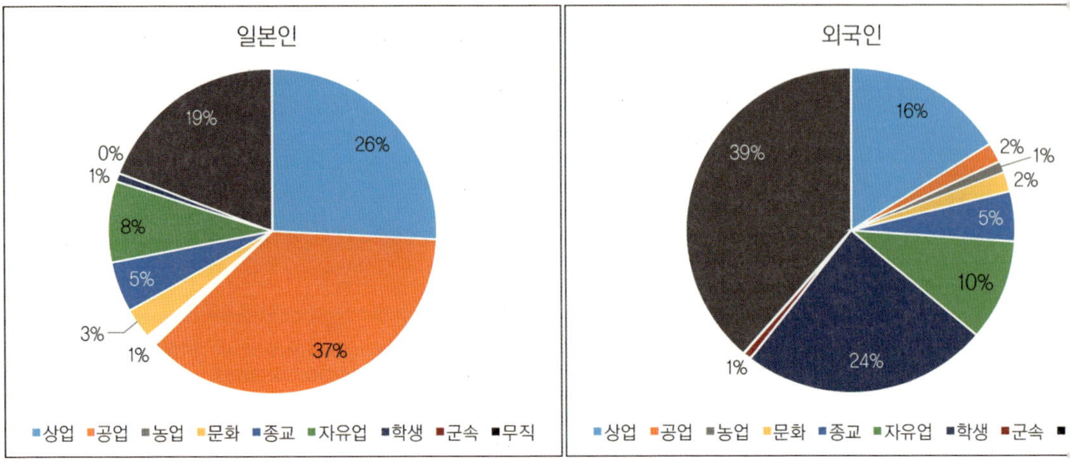


〈도표 2〉 1965년 서울 거주 일본인(좌) 및 전체 외국인(우)의 직업군 비교

입국하는 경우가 적지 않았다. 체재기간을 연장할 수 있었지만 갱신절차를 거쳐야 한다는 것 자체가 번거로운 일이었다.

체재기간이 길지 않다 보니 거주형태 또한 안정적이기 어려웠다. 예컨대 요미우리신문의 서울특파원 시마모토 겐로[嶋元謙郞]는 일본 잡지에 서울 생활에 대한 간단한 소개 글을 기고하면서 "서울시내에 일본인 집은 자신들 하나"뿐이라고 적었다.[15] 말 그대로 서울의 일본인 집이 실제로 한 채 뿐이진 않았을 것이다. 이것은 같은 주재기자들, 나아가 그가 서울에서 알고 지내는 동료들 가운데 가옥 거주가 그 자신 밖에 없다는 의미로 이해된다. 이 시기 일본상사들도 시내 유수의 호텔 객실을 임시 사무실로 쓰는 경우가 많았다. 주요 상사 중 마루베니이다[丸紅飯田]·도요멘카[東洋棉花]·아타카[安宅産業]·카네마츠[兼松]가 반도호텔에 사무실을 두었다. 이런 경우 주재원 숙소도 같은 호텔인 경우가 보통이었다. '뉴커머'들에

15 嶋元謙郎,〈短信 ソウル衣食住〉《親和》101, 1961, 40~42쪽.

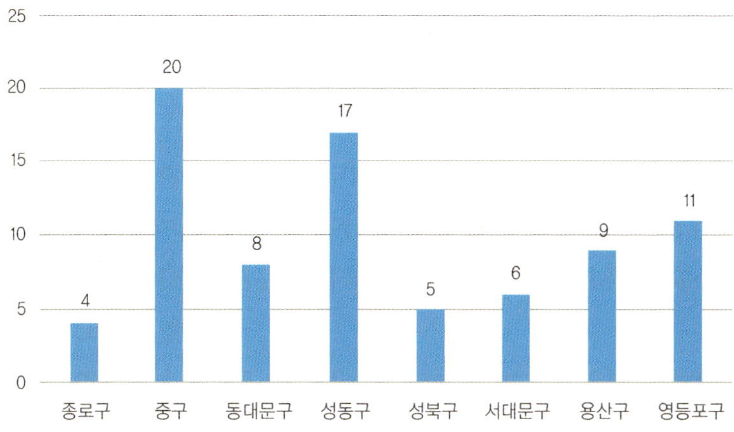


〈도표 3〉 1962년 서울시 일본인(80명)의 구별 거주현황
출처: 서울시, 《서울통계연보》, 1963(제3회). '체류외국인등록 수' 항목.

게 적어도 이 시기까지는 호텔 등 임시 거처에 머무는 형태가 일반적이었다.[16]

이처럼 1960년대 초 '뉴커머'들은 주로 호텔에 머무는 등 잠정적·임시적 거주의 성격이 짙었다. 인구 증가 추세는 분명했지만 아직 절대적 규모가 크다고 할 정도는 아니었다. 때문에 집단적 거주지를 형성하는 데에는 이르지 못했다. 이 점은 이들의 구별 거주현황에서 확인할 수 있

16 이러한 양상은 한일협정 체결 전의 보편적인 모습이었다. 1965년에 한 일간지는 현재 서울에 체재 중인 8명의 일본 기자들 가운데 1명을 제외하곤 모두 반도·사보이·메트로 등의 호텔에 묵고 있다고 보도했다(〈보이지 않는 손 한국 속의 일본사람들 ②보이지 않는 매스콤의 첨병들〉《조선일보》 1965년 4월 27일). 비슷한 때 다른 기사도 일본인들 생활 근거지로 반도·그랜드·아스토리아·메트로 등 소위 1급 호텔을 들었다(〈일본은 들어오고 있다(사회)〉《경향신문》 1965년 2월 15일). 기사 중 "어떤 사람은 집까지 전세를 얻어 들어있다"는 부분이 흥미롭다. 이들이 집을 얻는 것은 여전히 일반적으로 비춰지지 않았지만 협정 체결과 맞물려 그런 경우가 점차 많아지리란 것을 예상할 수 있는 대목이기도 하기 때문이다.

다. 〈도표 3〉에서와 같이 1962년 일본인 80명의 거주지를 보면 시내인 중구 거주자가 20명으로 가장 많았고 성동구가 17명으로 그 다음이었다. 다음 11명의 영등포구부터 4명의 종로구까지 비교적 고르게 분포했다.[17] 1970년대 이후 집거지가 되는 용산구의 경우 전체의 10%를 약간 상회하는 9명이 거주했고, 별다른 특이점은 찾기 어렵다.

그렇지만 1965년 8월, 한일협정이 국회에서 비준된 것을 계기로 이 같은 거주양상에 조금씩 변화가 생기기 시작했다. 무엇보다 그전까지 호텔에 머물던 일본인들이 전월세를 얻어 주택가로 나가려는 경향이 점차 뚜렷해졌다. 한 호텔의 경우 7월 하순까지 평균 60명의 일본인 투숙객이 있었으나 이 숫자가 갑자기 절반으로 감소했다. 반면 신당동과 후암동의 복덕방들은 8월 들어 한국인을 앞장세워 독채 가옥의 전월세를 물색하는 일본인들의 내방을 수차례씩 받았다. 약수동·효자동 등 "갑지甲地 주택가"의 가옥소개업자들이 전하는 동향도 비슷했다.[18] 언론은 일본인을 대신해 집을 보러 다니는 한국인들을 곱지 않은 시선으로 보았지만 수교修交에 따라 그 같은 추세는 더 짙어질 수밖에 없었다.

17 중구의 경우 일차적으로 이들이 업무와 숙식을 해결했던 호텔 및 빌딩 사무실의 주소를 반영하는 것으로 생각된다. 그에 더해 중구와 성동구는 각각 일제강점기 고급 주거지였던 장충동과 신당동(1975년 10월에 성동구에서 중구로 편입. 서울특별시 중구 편, 《중구지》 하, 1994, 1113쪽) 주택지 소재지라는 점도 고려할 필요가 있다. 바로 이어서 서술하는 소위 '갑지 주택가'가 있던 구들이다. 고급 주택지로서 장충동·신당동의 명성은 1970년대 강남 개발이 본격화할 때까지 지속되었다. 식민지기 장충동과 신당동의 주택지 개발에 대해서는 서울특별시 중구 편, 《중구지》 상, 1994, 515~522쪽 및 이경아, 《경성의 주택지 - 인구 폭증시대 경성의 주택지 개발》, 집, 2019, 161~222쪽을 참고.

18 〈슬금슬금 눈치 보며 일인들 주택가 침투〉 《경향신문》 1965년 8월 18일.

## 3. 1965년 한일협정 체결 이후 일본인 집거지의 형성

### 1) 한일 국교 '정상화'와 교류의 확대

1965년 6월 22일, 한일 양국의 외무부장관은 도쿄에서 기본조약을 비롯해 청구권 · 재일동포법적지위 · 어업 · 문화재 4개의 협정과 기타 30여 종의 부속문서에 서명했다. 1951년 10월 미국의 중재로 예비회담을 시작한 지 14년여 만에 한일회담이 타결되는 순간이었다. 회담은 여섯 번에 걸쳐 중단과 재개를 거듭했을 만큼 지난한 과정을 거쳤다. 협정이 체결된 이후에도 마지막까지 양국 사회의 거센 반발과 논란이 그치지 않았다. 그러나 결국 이 문서들은 각기 국회비준을 거쳐 같은 해 12월 18일, 서울에서 교환-발효되었다. 이로써 한일은 해방 또는 패전으로부터 꼭 20년 만에 국교를 수립했다.

단 한일회담이 양국 간의 모든 문제를 일거에 해결한 것은 아니었다. 오히려 그것은 미봉彌縫에 가까웠다. 교류와 '협력'이 가장 활발했던 경제 분야만 하더라도 오랜 쟁점이었던 무역불균형과 무역협정 체결을 비롯해 특허권 보호 · 이중과세 방지 등 미해결 현안이 수두룩했다. 식민지지배 청산 문제에 대해 서로 다른 인식을 좁히지 못한 것도 두고두고 문제가 되고 있다. 요컨대 한일협정 체결은 길고 긴 대립의 끝이 아닌 새로운 시작이었고, 때문에 그것이 진정으로 양국관계를 '정상화'했는지 의문을 남겼다.[19]

이처럼 여전히 도처에 지뢰가 있는 상황이었음에도 불구하고, 양국

19 이 같은 문제의식에 대해서는 신재준, 〈1960년대 대일청구권 및 '경제협력' 교섭 연구〉, 서울대학교 박사학위논문, 2019를 참고. 한편 당대 문학 텍스트를 통해 한일관계 정상화의 '비정상성' 또는 '허구성'을 독해한 연구로는 정창훈, 《한일관계의 '65년 체제'와 한국문학》, 소명출판, 2021을 참고.

〈표 3〉 1963~1972년 외국인 입국자 (단위: 명)

| | 미국인 | 일본인 | 계(외국인)* | | 미국인 | 일본인 | 계(외국인)* |
|---|---|---|---|---|---|---|---|
| 1963 | 10,214 | 2,169 | 16,729 | 1968 | 38,701 | 24,521 | 77,281 |
| 1964 | 11,463 | 2,320 | 18,349 | 1969 | 46,274 | 30,916 | 93,493 |
| 1965 | 13,970 | 5,095 | 24,746 | 1970 | 48,557 | 47,671 | 116,099 |
| 1966 | 30,126 | 16,871 | 55,911 | 1971 | 52,698 | 89,820 | 164,654 |
| 1967 | 39,274 | 19,740 | 70,519 | 1972 | 56,989 | 206,646 | 289,125 |

* 재외동포 제외.
출처: 법무부 출입국통계자료 해당연도(www.immigration.go.kr).

관계는 점차 긴밀해졌다. 정치경제 사회문화 제 방면에서 '협력'을 앞세우며 활발한 교류가 행해졌다. 협정 체결 이듬해, 경제각료간담회가 열린 데 이어 1967년부터는 외교부처를 포함한 각료회의가 매년 개최되었다. 그 외에도 무역회담, 과학기술장관회의 등 수다한 정기협의채널이 만들어졌다. 무역액은 1963년 3억 1,950만 달러에서 1967년 9억 9,370만 달러, 1971년 26억 8,320만 달러로 매년 약 30%씩 증가했고, 대일차관 도입도 폭증했다. 한 일간지가 "태풍의 북상과도 같이 밀려"온다고 할 정도였다.[20] 일본을 알고자 하는 요구도 높아져 서울 등 주요 도시의 일본어 강습소는 당국이 미처 다 파악하지 못할 정도였으며 서점가에는 수십여 종의 일본어 교본과 일본어 서적 및 소위 해적판이라고 하는 번역서들이 가득했다.[21]

20 〈3억 불 알파의 상한선〉《매일경제신문》 1966년 6월 30일. 무역액 수치는 한국은행, 《경제통계연보》, 해당연도 '국별 수출' 및 '국별 수입' 항목.

21 〈일본은 들어오고 있다(사회)〉《경향신문》 1965년 2월 15일; 〈일인 입국 월 천 명〉《조선일보》 1966년 6월 16일. 한 연구에 따르면 1960년대 한국에서 번역·출간된 일본문학 작품은 353편으로 1950년대의 약 50배에 달했다(이한정, 《일본문학의 수용과 번역》, 소명출판, 2016, 37쪽). 물론 이러한 일본 '붐'의 한편에는 그에 대한 우려와 경계의 시선이 있었다.

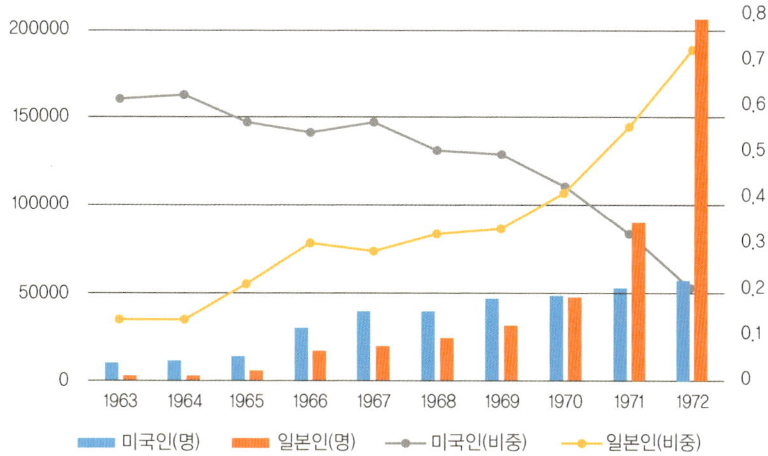


〈도표 4〉 1963~1972년 미국인·일본인 입국자 및 비중

양국의 접근은 무엇보다 인적 교류의 확대에서 명확히 드러났다. 〈표 3〉에서 보듯, 1960년대 한국의 외국인 입국자 수는 매우 빠르게 증가했다. 1972년 입국자 28만 9,125명은 1만 6,729명이 입국했던 10년 전(1963년)에 비해 17배 늘어난 수치였다. 그리고 이 같은 급증세에 중요한 역할을 한 것이 바로 일본인이었다. 1963년, 미국인에 이어 두 번째이면서도 그 1/5인 2,169명에 불과했던 일본인 입국자는 1972년, 미국인의 3.6배인 20만 6,646명으로 이 기간 무려 95배 증가했다.[22]

일본인 입국자의 증가 추세와 관련해 〈도표 4〉를 보면 특히 1964~1966년과 1969년 이후, 두 구간이 주목된다. 전자의 경우 1963~1964년은 2,169명에서 2,320명으로 약간 증가했을 뿐이지만 1965년에는 5,095

22 증가 추세는 1970년대에도 쭉 이어졌다. 일본인 입국자는 절정에 달했던 1978년 약 66만 7,000여 명, 1979년에는 약 65만여 명을 기록했다. 이 두 해의 일본인 입국자 비율은 각각 전체의 70.2%, 65.9%였다.

명으로 전년 대비 2.2배, 다시 1966년에는 1만 6,871명으로 역시 전년 대비 3.3배 증가했다. 이것은 한일회담 타결의 영향일 것이다. 후자는 1966년 이후 다소 완만한 증가 추세가 급증세로 반전되는 국면이다. 1969년 3만 916명에서 1972년 20만 6,646명까지, 이 기간 연평균 88%씩 증가해 1963~1969년의 연평균 56% 증가율을 훌쩍 뛰어넘었다. 이때는 한일 상표권협정(1968)과 조세협정(1970)이 연이어 체결되며 경제관계가 한층 긴밀해진 동시에 부산-시모노세키 여객선, 이른바 부관페리호의 취항(1970년 6월) 등을 계기로 한국정부가 적극적인 한국 홍보-관광객 유치 사업을 전개하던 시기였다.

또한 1970~1971년은 이전까지 줄곧 수위를 차지했던 미국인 입국자와 두 번째였던 일본인 입국자 순위가 뒤바뀌는 기간이기도 했다. 역전 양상도 매우 뚜렷했다. 1963년 미국인 입국자는 전체 외국인의 절반을 훌쩍 넘어 60%를 상회했다. 반면 일본인은 10%를 약간 넘는 수준으로 미국과의 격차는 매우 컸다. 그렇지만 이후 미국인 입국자는 절대적으로는 증가함에도 불구하고 상대적 비율은 꾸준히 감소해 1971년 32%, 1972년 20% 수준까지 하락했다. 반면 일본인 입국자의 비율은 꾸준히 증가해 1971년 55%, 1972년에는 70% 수준까지 도달했다.[23]

이렇듯 1965년 전후부터 일본인 입국자가 지속적으로 증가한 데는 제도적으로 일본인들의 한국 입국과 체재, 나아가 활동 여건의 꾸준한 개선이 한몫 했다. 앞서 서술했듯, 이 시기는 제도적 미비에 대일 경계·

23 이 기간 한국인의 일본 방문도 눈에 띄게 증가했다. 향선지별 출국자 수가 확인되는 1966년의 경우 한국인 출국자 3만 5,095명 중 1만 3,723명(39.1%)이 일본으로 떠났다. 1972년에도 전체 출국자 8만 4,245명 중 3만 2,799명(38.9%)이 일본행을 택해 비슷한 비율을 나타냈다. 1966~1972년, 한국인 전체 출국자와 일본 출국자는 모두 2.4배 증가했다(법무부 출입국통계자료).

불신이 더해져 일본인의 입국과 체재 문턱이 높았다. 일본 경제계는 입국수속의 신속화, 체재허가기간의 연장 및 제한 완화 등을 자국 정부에 건의했고, 일본정부도 이를 받아 한일협정이 정식으로 체결되기 전부터 수시로 한국정부에 교섭을 요청했던 사안이었다.[24]

이와 관련해 논란이 되었던 게 일본상사의 지위·과세 문제였다. 4·19혁명 이후 한국에 진출하기 시작한 일본상사는 수교 전 이미 약 40여 사에 달했고, 1966년에는 124사가 조달청에 등록했을 만큼 경제관계의 개방에 발 빠르게 대응했다. 그렇지만 수교 후에도 한동안은 상거래업체로 정식 등록되지 않아 이들의 법적 지위, 그에 따른 상거래 및 과세 여부가 문제가 되었다.[25]

이 쟁점들은 각료회의·무역회담과 같은 양국의 공식적인 회의석상은 물론 총리 등 주요 정부인사의 방일·방한 시 비공식적인 면담 등 양국이 대면할 때마다 중요하게 논의되었다. 한국으로서는 이러한 문제를 해결하기에 앞서 일본으로부터 한국산품 수입 확대를 포함해 양국의 무역불균형 해결 전망을 듣고자 했다. 반면 일본은 역으로 이들이 선결되어야 경제협력 나아가 균형무역으로 나아갈 수 있다며 맞섰기에 만만치 않은 대립이 지속되었다. 다만 대일청구권자금과 차관, 직·합작투자 등을 통해 양국 경제관계가 보다 긴밀히 연결되면서 중장기적으로는 해결되

24 〈日韓貿易会議のフォローアップについて〉(1965.4.22, 5.13, 経亞)《第1回日韓貿易会議/フォローアップ》(일본 외교사료관, 2010-3993);〈日韓貿易会談に対する要望(写)送付について〉(1965.12.13, 東京商工會議所)《日韓経済案件 / 第2次日韓貿易会議》(일본 외교사료관, 2010-3997).

25 1964년 9월, 한국정부가 미쓰이[三井物産] 등 주한일상 8사의 1962~1963년 거래액에 대해 과세하자 상사들이 납부기일 연기를 신청하고 이의를 제기하는 한편 법원에 소송까지 걸며 반발했다(신재준, 앞의 글, 2019, 193~194쪽).

〈표 4〉 1966년과 1970~1975년 서울시 일본인 상주인구 (단위: 명)

| | 일본인 | 외국인(계) | 서울시(계) |
|---|---|---|---|
| 1966 | 277 | 10,302 | 3,805,261 |
| 1970 | 309~319 | 10,463 | 5,536,377 |
| 1971 | 1,193 | - | 5,850,925 |
| 1972 | 1,798 | 21,103 | 6,076,143 |
| 1973 | 3,414 | 27,323 | 6,289,556 |
| 1974 | 3,185 | 28,805 | 6,541,500 |
| 1975 | 1,742 | 10,038 | 6,889,081 |

출처: ① 서울시, 《서울통계연보》 각 연도. ② 1966, 1970년: 표1과 동일(서울특별시사편찬위원회 편, 《서울 육백년사6(1961-79)》, 1996). 1970년 일본인 인구는 표1과 동일한 방식으로, 해당연도 외국인 총인구 대비 일본인 비율(3.0%)을 토대로 한 추정치. ③ 1971년: 《경향신문》 1971년 5월 6일. ④ 1975년: 인구총조사 자료. 국가통계포털(kosis.kr)의 '시도/국적/성/연령별 외국인수' 항목.

는 방향으로 나아갔다.[26]

이에 따라 자연 '뉴커머'들의 입국·체재가 한결 편리해졌다. 1970년 상사의 법적 지위가 확립되면서 일본 측이 중시했던 상사 주재원들의 상용 목적 입국이 보다 수월해졌다. 같은 해 양국 정부는 상호주의 원칙 하 입국 간소화의 일환으로 각각 도쿄와 서울 현지 공관의 사증 재량발급범위를 확대했다. 이전까지 주일한국대사관의 사증 발급범위는 15일 이내의 한국 관광 또는 통과자, 30일 이내의 학술·문화활동 종사자, 60일 이내의 국제회의 참석자 등으로 극히 제한되었지만 이후로는 상사 주재원, 친인척 방문자, 언론보도기관 관계자 등에 대해서도 60일 이내의 사증을 발급할 수 있게 되었다.[27] 그에 앞서 1968년에는 양국이 언론기관 등 특파원 체재기한을 3년으로 연장하고 회수사증을 발급하는 데 합의했다.

26 일본상사는 1967년 4월부터 무역법상 정식 등록된 데 이어 1970년 조세협정 체결로 과세 문제까지 모두 해결되었다.

27 〈한일 사증 발급 간소화〉《동아일보》 1970년 6월 11일; 《한일 간의 현지 사증발급권한 확대교섭》(외교사료관, 3367).

비록 대상인원에 제한이 있긴 했지만 이전까지 매 6개월마다 갱신해야 했던 것과 비교하면 분명한 진전이었다.[28]

양국의 인적 교류가 활발해지고 단기 방문만이 아닌, 장기 거주를 가능케 하는 일련의 제도 보완이 더해지면서 일본인 인구도 뚜렷한 증가 추세를 보였다. 현재 1966년과 1970~1975년의 서울시 일본인 거주자 통계를 〈표 4〉에서 확인할 수 있다. 1967년부터 1969년까지 3년간 자료의 결락이 있긴 하지만 이 기간 인구가 증가 추세였던 것은 분명하다. 특히 1970년부터 1973년까지 대폭 증가했다. 즉 1970~1971년과 1972~1973년은 단 1년간 각각 3.8배, 1.9배라는 믿기 어려운 증가율을 기록했다.[29] 〈도표 5〉에서 확인되듯이, 덩달아 서울 거주 외국인 총인구에서 일본인의 비율도 증가했다. 1970년까지만 해도 일본인은 전체 외국인의 3% 수준이었지만 1972년에는 8.5%로 대폭 상승했다.[30]

28 〈특파원 비자 연장, 한일정부간 합의〉《동아일보》 1968년 10월 19일;《한일 간의 회수사증발급협정 체결교섭》(외교사료관, 2747). 참고로 한국정부는 1970년 일본 오사카 엑스포70 대비 관광객 유치계획의 일환으로 일본인에 대한 관광사증 발급회수 제한을 철폐하는 한편, 무사증입국기간을 기존 72시간에서 120시간으로 연장했다(〈시험대에 오른 한국관광〉《조선일보》 1970년 3월 15일). 거주와 직결되는 것은 아니지만 〈표 3〉에서 보듯 일본인 입국자의 대폭 증가에는 결정적이었고, 중장기적으로는 거주자 증가에도 영향을 미쳤을 것이다.

29 다만 같은 표에서 외국인 총인구의 증가 추세도 비슷한 수준이었음을 확인할 수 있다. 일본인 인구의 이 같은 급등세는 신문기사에서도 언급되었다(〈한국 속의 일본인 動과 靜〉《동아일보》 1971년 8월 14일).

30 거주자가 절반 가까이 감소한 1975년에도 외국인 총인구가 더 많이 줄어든 바람에 상대적 비율은 16.9%까지 늘어났다. 구체적인 수치는 약간 다르지만 서울특별시 시사편찬위원회,《서울 육백년사 6》, 1996에 수록된 자료도 거의 같은 경향을 나타낸다. 즉 통계청의《인구 및 주택 조사보고》자료를 인용한 이 책 595~596쪽에 따르면 1970년과 1975년, 서울시 거주 외국인 중 일본인의 비중은 각각 3.0%, 17.4%였다.

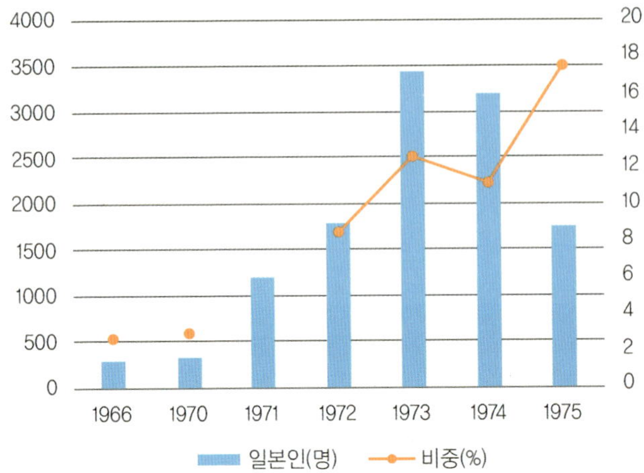


〈도표 5〉 1966년과 1970~1975년 서울시 일본인 상주인구 및 비중
비고: 1970년의 경우 〈표 4〉의 해당연도 추정 상한과 하한 중 3.0%에 가장 근사한 314명을 적용해 작성.

이처럼 1970년대 들어 서울 거주 일본인이 1,000명을 넘어서면서 느슨한 형태로나마 이들의 집거 양상이 나타나기 시작했다. 대상 지역은 동부이촌동을 중심으로, 넓게는 인접한 한남·이태원을 포괄하는 용산구 한강변 일대였다.

### 2) 한남·이태원 외인촌의 일본인

조선시대 용산은 한성부 관할이지만 도성 밖에 위치한 성저십리 지역으로 주민이 적고 한적한 강촌이었다. 양난 이후 인구가 증가하면서 영조 때 5부 46방제에서는 서부 용산방에 속했다. 현 원효로와 대건로가 만나는 지점 부근에 있던 용산진은 조운선의 선착장으로 조세 및 기타 물자수송의 집적지였다.[31]

31 서울시 용산구, 《용산구지》, 2001, 53~54·66~67·75쪽. 용산이란 지명은 인왕산-무악에서 이어지는 한 산줄기가 악현·만리현을 거쳐 한강으로 뻗어 내려간 산세가

개항 이후에는 일본인의 용산 개발과 거주가 본격화되었다. 일본인은 1880년대 중반부터 이미 용산에 살기 시작했고, 1904년 러일전쟁 발발 이후에는 현재의 한강대로 일대에 신시가지가 형성되면서 현재 원효로 일대의 구용산과 신용산으로 분화되었다. 특히 광범한 지역에서 일괄 토지수용을 통해 시가지가 형성된 신용산은 후암동 등 극히 일부를 제외하면 조선인 거주자가 드문 일본인사회에 가까웠다.[32]

용산의 한강은 1960년대 후반 한강개발계획으로 현재의 한강제방이 축조되기 전까지는 백사장이었다. 이촌동의 본래 명칭인 사평리진沙平里津, 즉 나루터가 있는 모래벌판이라는 지명이 옛 모습을 짐작케 한다. 이곳은 또한 수해우범지역이기도 했다.[33] 현재의 한강제방이 축조되기 전의 동부이촌동 제방은 경원선 철길 바로 옆에 위치했는데 여기서 흑석동까지의 한강은 비가 오지 않을 때는 큰 백사장을 이뤘다. 겨울에는 스케이트를 즐겼고, 해방 후 국군의 날과 같은 행사 때는 낙하산 강하시범을 하던 장소였다.[34] 이곳이 강변을 매립하고 대규모 주택지를 건설하면서 서울시 아파트촌의 효시가 되고 일본인을 비롯해 외국인들이 집거하게 되었던 것이다.

용의 모양과 같다 하여 붙여진 것이다(서울시 용산구, 앞의 책, 2001, 53~54쪽).

32 용산의 일본인 거주 이력과 일본인사회 형성에 대해서는 박준형, 〈용산 지역 일본인 사회의 형성과 변천(1882~1945)〉 《서울과 역사》 98, 2018을 참고.

33 이 때문에 신용산 쪽이면서도 조선인이 많이 거주했다. 1925년 10월 현재, 이촌에는 조선인 1,890명(95.5%), 일본인 89명이 거주해 조선인이 절대 다수를 차지했다(서울시 용산구, 앞의 책, 2001, 134쪽). 참고로 해방 이후 1947년 12월과 1949년 6월 서울시 호구조사에서는 이촌동에 거주하는 외국인은 없는 것으로 파악되었다(서울특별시 시사편찬위원회, 《서울시통계 자료집: 미군정기》, 1997, 29~44·46~63쪽).

34 손정목, 《서울 도시계획 이야기》 1, 한울, 2003, 289~290쪽.

〈그림 1〉 한남동 일대 한강변(좌, 1958)과 흑석동 쪽에서 바라본 한강(우, 1959)
출처: 서울특별시 시사편찬위원회, 《사진으로 보는 서울》 3, 2004, 472~473쪽.

한편 이태원동은 조선시대 이태원이란 역원驛院이 있던 곳이며, 한남동은 조선시대 한강리로서 식민지기 한강과 남산의 머리글자를 따 한남이 되었다. 식민지기 각각 경성부 이촌동과 경기도 고양군 한지면(각각 이태원리, 한강리)이었던 두 지역은 1936년 경성부에 편입되었고, 1943년 모두 용산구에 속했다.[35] 특히 한남은 배후에 남산을 등지고 전면은 한강에 접한 '적호適好의 주택지대'로서 일반 주거지역과 구분되는 고급 주택지역으로 상정되기도 했다.[36]

한 가지 특기할 사항은 한남동과 이태원동 일대에는 1950년대부터 다수의 외인주택이 조성되어 일종의 외국인마을을 이루었다는 점이다.[37] 외인주택은 일차적으로 유엔 등 주한외국기관에 근무하는 외국인

35 서울시 용산구, 앞의 책, 2001, 968~976쪽.

36 염복규, 앞의 책, 2016, 133~134·208~210쪽.

37 대한주택공사에 따르면 1950년대 주택은 자금의 출처를 기준으로 크게 산업부흥국채발행기금 또는 귀속재산처리적립금 중 주택자금 융자로 건설하는 주택(국민주택)과 UNKRA 원조 자재 및 자금으로 건설하는 주택(재건주택)으로 대별할 수 있다. 외인주택은 전자 즉 국민주택 중 외국인용 주택을 지칭한다(대한주택공사, 《대한주택공사 30년사》, 1992, 86·92~93쪽). 좀 더 일반적으로는 '국내에 체류 중인 외인들의 장기적 거주와 이에 따른 국가이익을 고려해 건설된 서구식 주택'으로 정의할 수 있다(임형선, 〈1960, 70년대 서울 외인아파트 연구〉, 서울시립대학교 석사학위논문, 2016, 14~15쪽).

직원들의 주거지를 제공하기 위한 것이었지만 동시에 한국정부로서는 임대 수입을 통한 외화 획득이라는 부수적 효과도 기대할 수 있었다. 1956년 국무회의에서 외인주택단지를 시급히 조성하라는 이승만 대통령의 지시가 있었고, 그 즈음부터 한남동과 이태원동 등지에 외인주택이 건설되기 시작했다.[38] 이른바 유엔빌리지로 불리는 한남동 11번지 일대는 일제강점기 일본군 고급장교의 관사지역으로 외인주택을 건설하기 위해 한남동공원 일부를 해제해 주택지로 변경하는 절차를 거쳤다.[39]

이들 외인주택은 육군공병대 또는 민간업체(중앙산업)가 건설하기도 했으나 1950년대 후반부터는 대한주택영단(1962년 대한주택공사로 개편)이 일괄적으로 관리했다. 주택영단은 1957년 3월, 국무원 사무처로부터 이태원의 단독주택 168동을 인수해 외인주택관리소를 개설했고, 1959년 12월에는 중앙산업주식회사로부터 한남동의 108동(건평 6,316평, 대지 3만 1,708평)을 넘겨받았다.[40] 영단은 1953~1961년, 총 6,555호의 주택을 지었는데 그중 365호가 외인주택이었다.[41]

그렇지만 1960년대 외인주택 공급은 수요를 따라가지 못했다. 1964년 11월 현재, 미8군 영내주택을 제외하고 주택공사가 관리하는 외인주택에 입주한 외국인은 404세대인데 반해 입주 대기자는 208세대로 입주자의 절반이 넘었다. 1967년 11월에도 이태원(200세대)과 한남동(378

38 일간지에는 1955년, 서울시 주택재건사업의 일부로서 미 대외활동본부(FOA) 원조자금으로 한남동 일대 외인주택 100여 호를 건설하는 방안에 대한 기사가 확인된다(〈외인주택 건축에 130만 불을 염출〉《동아일보》 1955년 6월 7일; 〈본격화한 주택재건〉《경향신문》 1955년 9월 27일).

39 김태영, 〈서울의 외인주택단지〉《건축》 35-2, 1991, 43쪽.

40 대한주택공사, 앞의 책, 1992, 89쪽.

41 대한주택공사, 앞의 책, 1992, 97쪽. 연도별 실적은 다음과 같다. 1956년(25호), 1957년(54호), 1958년(90호), 1959년(176호), 1961년(20호).

세대)에 각각 425세대와 240세대가 대기 중인 실정이었다.[42] 정부는 주택, 특히 아파트를 건설해 외국인 급증에 따른 주거 수요를 충족시키고자 했다.

외인촌은 어떤 모습이었을까. 우선 이곳에서는 "일본 하나꼬상도 미국 도로시 여사도 그리고 한국여성까지" 각국 사람들을 만날 수 있었다. 또 "뚝섬을 거쳐 한남동 벼랑을 끼고 도는 푸른 한강수와 백사장이 한눈아래 굽어볼 수 있"는 풍광 좋은 곳이기도 했다. 그렇지만 한남동의 경우 "8개 초소에서 24명의 가드들이 3교대로 근무"했고, 이태원의 경우 "온수 값만 … 웬만한 월급장이 한 달 몫"에 해당했기에 일반 시민들이 접근하기는 어려웠다. 그렇기에 "주제넘게 한 번 들어가 살고 싶은 곳"이란 감상은 말 그대로 '주제넘은' 것일 수밖에 없었다. 또 바로 지척의 "가난에 쪼들린 적막"과 대비되는 이곳을 한 일간지는 서울의 '조계'라고 표현했다.[43] 요컨대 한남·이태원의 외인촌은 당대인들에게 기본적으로 폐쇄적이며 현실과 동떨어진 모습으로 비춰졌다.

1960년대 초에는 아직 일대 외인촌에 일본인이 많지 않았다. 예컨대 1962년 한남동 유엔빌리지에는 201가구(270명)가 거주했는데 미국인이 절대 다수를 차지했다(남자 148명 중 98명). 반면 일본인 여성은 단 세 명이었다고 한다.[44] 일본인 가구도 그 정도였을 것이다. 비슷한 시기 이태원 외인촌에는 14개국 162세대가 거주했는데 여기도 미국인이 110세

42 〈외인주택건설사업계획에 관한 건〉(건설부, 1965.2), 《경제장관회의안건 11차~20차에 관한 서류》(국가기록원, BA0138598); 〈외인주택건설계획〉(건설부, 1968.1), 《경제장관회의(제1차)》(국가기록원, BA0138771).

43 〈서울조계(1) 유엔비레지(상)〉《경향신문》 1962년 7월 18일; 〈서울조계(4) 이태원 외인촌(하)〉《경향신문》 1962년 7월 23일.

44 〈서울조계(1) 유엔비레지(상)〉《경향신문》 1962년 7월 18일.

〈그림 2〉 한남동(좌, 1958)과 이태원동(우, 1963)의 외인주택
출처: 국가기록원.

대로 대부분이었고, 일본인은 1세대에 불과했다.[45] 단 1962년은 서울의 일본인 총인구가 아직 80명 정도에 불과하던 때라는 것을 고려해야 한다. 외인촌에 입주할 '뉴커머'들의 숫자는 더 적었을 것이다.

그렇지만 일본인 거주자가 늘어나면서부터는 동부이촌동뿐만 아닌 한남·이태원의 외인아파트 입주자도 점차 증가했다. 외인촌에서 외국인들이 나름의 커뮤니티를 형성하고 하나의 집거지를 형성한 것이 1970년대 인근의 외인아파트 건설로 이어진다는 점도 고려할 필요가 있다. 이어서 서술하듯 한강맨션·한강외인아파트 등 1970년 전후 초창기에 조성된 동부이촌동 아파트단지들은 공무원아파트를 제외하면 외인주택 수요에 대응하기 위한 목적이 중요한 비중을 차지했다. 외국인 거주 인구가 계속 늘어나면서 기존의 외인촌에 주택이 아닌 아파트를 건설하기 시작했고 그러한 흐름이 새로 조성된 동부이촌동 택지까지 확대되었던 것이다. 그 점에서 한남·이태원 외인촌은 일본인 집거의 배경 또는 첫 단계였고, 이후에도 동부이촌동을 중심으로 한 집거지의 연장·배후 역할을 했다고 볼 수 있다.

45 〈서울조계(3) 이태원외인촌(상)〉《경향신문》 1962년 7월 21일.

### 3) 동부이촌동 아파트단지와 일본인의 집거

(1) 한강 개발과 아파트단지의 건설

큰 비만 오면 물에 잠기는 백사장이었던 이촌동 일대는 '불도저'란 별칭을 갖고 서울시 도시개발에 굵직한 족적을 남긴 김현옥이 시장 재임 기간(1966~1970년)으로 부임한 직후 자동차 전용도로 개설과 한강개발을 계획하면서 변화의 전기를 맞이했다.

애초 김현옥의 구상은 제1한강교(한강대교)에서 김포공항을 연결하는 도로를 개설하는 것이었다. 자동차 전용도로이면서 제방을 겸하는 것으로 계획된 이 도로는 한강교에서 영등포 입구까지를 1차 사업으로 1967년 3월에 착공해 같은 해 9월에 준공되었다.[46] 이와 동시에 서울시는 한강개발3개년계획을 마련했다.[47] 한강을 서울의 중심생활권으로 들어오게 한다는 큰 목표를 가진 3개년계획은 여의도개발, 강변도로 건설, 한강변 택지조성(공유수면 매립)을 골자로 했다.[48]

이촌동 아파트단지 건설은 도로를 겸하는 제방을 쌓는 과정에서 생기는 광대한 면적의 토지, 즉 공유수면을 택지로 개발한다는 구상에서

46 당시 서울시 건설국장 이상련에 따르면 이 강변도로의 당초 이름은 '제1한강교 - 영등포간 연안도로'였고, 준공 시 강변1로로 개칭되었다(손정목, 앞의 책, 2003, 306·308쪽).

47 강변도로를 처음 계획할 때부터 종합개발계획을 염두에 두었던 것이 아닌, 강변도로 건설 과정에서 새롭게 생긴 택지에 주목해 추가적인 계획을 수립한 것이다(손정목, 앞의 책, 2003, 311~312쪽).

48 3개년계획에 대해서는 서울특별시 시사편찬위원회, 앞의 책, 6 1996, 566~567쪽; 서울시 용산구, 앞의 책, 2001, 160~168쪽을 참고. 제방도로는 한강 남안과 북안, 총 74km에 걸쳐 9개 구간 개설을 계획했다. 제1로에 해당하는 강변1로는 계획 발표와 동시에 준공했고, 이어 양안의 거의 모든 제방에 대한 보강 또는 신축공사가 추진되었다. 제2한강교에서 천호대교에 이르는 남북 양안의 강변대로가 대체로 완성된 것은 1974년이었다.

비롯했다. 건설부 산하 수자원개발공사가 발족 직후 소양강댐 건설재원의 일부로 충당한다는 명목 하에 공사 사업 1호로 동부이촌동 공유수면 매립면허를 신청했다. 매립면적은 사유지 1만 1,450평, 시유지 3만 9,200평, 공유수면(하천부지) 5만 2,300평, 계 10만 2,950평에 달했다. 1968년 11월에 시작해 1969년 5월 마무리된 매립사업으로 12만 1,827평의 택지가 생겼다. 이 중 총무처 공무원연금기금에 매각된 북쪽 택지에는 전체 약 1,300세대의 공무원아파트가 들어섰고, 주택공사가 매입한 남쪽 택지가 바로 동부이촌동에 해당했다.

동부이촌동에 가장 먼저 들어선 것은 한강맨션이었다. 대지 2만 3,500평에 5층 아파트 23개 동(700세대)으로 1969년 10월 착공해 1970년 9월 완공된 한강맨션은 우리나라 최초로 중앙공급식 중온수보일러가 설치되는 등 주공이 그전까지 역점을 두었던 서민용이 아닌 중산층 이상을 대상으로 한 아파트였다. 내부는 27평부터 55평까지 5개 면적으로 구성되었는데, 1960년대 전반에 지어졌던 공영주택들이 대개 6~7평에서 10평 내외에 화장실도 4~5가구가 공동으로 사용하는 구조였던 것과 비교하면 엄청난 차이였다.[49]

한강맨션 공사가 한창이던 1970년 3월에는 박정희 대통령의 특별지시로 20억 원을 투입해 바로 이웃한 대지 1만 7,000여 평에 5층 아파트 18개 동(500세대) 규모의 한강외인아파트를 긴급 건설하는 기공식이 있었다. 1970년 기준 주택공사가 관리(임대)하는 외인주택은 560여 세대에 불과한 데 비해 한국에 장기 체재 중인 외국인은 4,700여 세대에 달해 입

49 서울특별시 시사편찬위원회, 앞의 책, 1996, 661·1003쪽. 때문에 국영기업체가 사치를 조장한다는 사회적 비난을 받기도 했다. 다른 한편 1970년대 이후 아파트 대형화를 선도한 것으로도 평가된다.

〈그림 3〉 동부이촌동 한강맨션(좌, 1970))과 한강외인아파트(우, 1971)
출처: 국가기록원.

주 희망자가 입주자 수를 훌쩍 넘고, 더욱 외국인 거주자가 매년 10% 가량 증가할 것으로 예상되는 상황에 대한 대응책의 일환이었다.[50] 같은 해 11월 준공식에는 대통령은 물론 건설부장관(이한림)과 각부 장관, 국회 건설위원장, 주한외교사절 등이 대거 참석했다.[51]

한편 한남동·이태원동 등 기존 외인 집거지에서도 외인주택 수요를 충족시키기 위한 아파트 건설이 잇따랐다. 외인아파트 건설종합계획에 따라 한강외인아파트와 같이 계획된 남산외인아파트가 대표적이다. 2개 동(427세대) 규모의 이 아파트는 1969년 6월에 착공해 1972년 12월 준공되었다. 그 외에도 힐탑(1968년 10월, 한남동, 120세대), 탑라인(1970년 1월, 이태원, 80세대), 선라이스(1970년 5월, 한남동, 30세대) 등

50 〈20억 들여 연내 완공, 이촌동 외인아파트〉《매일경제신문》 1970년 1월 8일;《주한외국인거주실태조사보고 1969》(대한주택공사)(국가기록원, C12M36609).

51 〈외인어파트 준공〉《경향신문》 1970년 11월 18일. 한편 동부이촌동의 동쪽인 서빙고의 경우 자갈·모래 등 골재채취 전문기업 공영사가 1970년 4월 공유수면매립면허를 얻어 1973년 6월 6만 505평을 매립 준공했다(6만 505평)(손정목, 앞의 책, 2003, 330~331쪽). 이곳에는 신동아건설에 의해 1983년 신동아아파트(15개 동 1,326가구)가 건설되었는데, 이 역시 1980년대 이후 일본인들의 주요 집거지가 된다.

이 비슷한 시기 연달아 건축되었다.

〈표 5〉 1971년 5월 용산구 한강변(한남·이태원·이촌) 외인 대상 주택·아파트 현황

| | 한남동 | 이태원동 | 동부이촌동 | 계 |
|---|---|---|---|---|
| 주택(채) | 108 | 148 | - | 256 |
| 아파트(세대) | D(33)<br>크로바(24)<br>힐탑(120)<br>선라이스(30) | 탑라인(80)<br>남산외인(427)** | 한강외인(500) | 1,214 |
| 기타* | 74 | - | - | 74 |
| 계 | 389 | 655 | 500 | 1,544 |

비고: 이상은 모두 주택공사가 관리.
*《경향신문》 기사 중 주택인지 아파트인지 확인할 수 없는 가구 수.
** 1969년 6월 기공해 아직 준공 전이었으나 포함시켰음.
출처: 임형선, 〈1960, 70년대 서울 외인아파트 연구〉, 서울시립대학교 석사학위논문, 2016, 35쪽 및 〈서울 새 풍속도 외국인촌(1)〉《경향신문》 1971년 5월 6일을 토대로 재작성.

한 가지 짚어둘 부분은 이처럼 용산 한강변 일대 일군의 외인주택을 건설하는 과정에서 대일차관 의 역할이 작지 않았다는 것이다. 대표적인 것이 1966년 10월 착공해 1968년 10월에 완공된 힐탑이다. 대지 2,450평에 지하 1층 지상 11층 단일 건물 총 120세대 규모의 이 외인아파트에는 내자 약 2억 8,308만 원에 일본의 유력 건설사인 다이세이[大成建設]가 제공하는 상업차관 100만 달러(약 2억 7,591만 원)가 외자로 투입되었다. 일본자본이 총 공사비의 49%에 달했다. 특히 이것은 전액 물자차관으로 철근·목재 등 기본자재는 물론 양변기·싱크대·냉난방기구·냉장고 등 설비자재 거의 대부분이 일본제였다.[52] 단순히 건설비를 보조하는 차원을 넘어 아파트 자체가 일본(차관)에 크게 의지했던 셈이다.[53]

52 〈외인아파트 건설을 위한 자본재도입계약의 수정〉(1966.4, 건설부), 《외자도입(대한주택공사)》(국가기록원, BA0139580).

외인아파트 건설에 대일차관을 들여온 것은 일본인들의 입주에 영향을 미쳤다. 한국정부 외교문서에는 서울의 일본대사관에서 1967년 10월과 1968년 3월, 두 차례에 걸쳐 현재 건설 중인 한남동 120세대 아파트에 자국 대사관 직원들이 우선 입주할 수 있도록 해달라고 요청했다는 기록이 있다.[54] 힐탑을 가리키는 게 분명한 이 아파트가 '차관'아파트로 적혀 있는 것도 흥미롭지만 더 눈길을 끄는 것은 외무부의 대응이다. 외무부는 주택공사에 이 요청을 전달했고, 주공으로부터 일본대사관 직원은 우선적으로 예약 받도록 조처하겠다는 답을 받았다. 당시는 외무부가 주한외교사절단의 주택 관련 애로 및 요구사항을 청취하며 해결방안을 모색하던 때였지만, 그렇더라도 특정 아파트에 입주 우선권을 준다는 것은 그것이 '차관'아파트였기 때문에 가능했을 것이다.[55]

힐탑 공사가 한창 진행 중이던 1968년, 한국정부는 이태원에 11층(150세대) 규모의 외인아파트를 건설하기 위해(제2차 서울 외인아파트 건설계획) 150만 달러 규모의 건설차관 추가 도입 안을 다이세이건설 측과 협의하고 있었다.[56] 그러기 위해서는 최종적으로 일본정부의 수출승

53 그 외에 선라이스와 남산외인아파트 등을 건설하는 데도 대일차관이 들어왔다. 총공사비 1억 2,300만 원이 소요된 전자는 대일차관액이 약 20만 달러(1970년 기준 약 6,200만 원)였고, 후자도 미국·일본차관을 재원의 대부분으로 계획되었다(임형선, 앞의 글, 2016, 62·81쪽).

54 〈주한일본대사관 직원 주택 알선〉(1968.5.13., 건설부-외무부), 《주한공관 및 공관원 주택문제》(외교사료관, 4840).

55 힐탑 완공 시점에 실제 일본인이 몇 세대나 입주하게 되었는지는 알기 어렵다. 다만 참고로 1975년부터 3년간 서울에서 근무했던 NHK 기자에 의하면 그가 거주한 힐탑의 경우 세대 절반이 일본인 가족이었다고 한다(持田直武, 《ソウルの横顔》, 1979, 15쪽).

56 〈외인주택건설계획〉(1968.1, 건설부), 《경제장관회의(제1차)》(국가기록원, BA 0138771).

인(E/L)이 필요했는데 당시 일본 측은 1965년 이후 한국의 대일상업차관 도입이 단기간 폭증했다며 E/L 발급속도를 조절하고 있었다. 일본대사관이 힐탑 우선 입주를 요청하고 한국 측이 '소원수리'한 것과 이런 맥락이 무관하진 않을 것이다. 이런 점에서 초창기 일본인의 외인촌 집거 또한 한일관계와 유관했다고 할 수 있다.[57]

(2) 일본인의 집거 양상

짧은 기간 동안 이촌동은 그야말로 환골탈태했다. 1967년 4월, 처음 공무원아파트가 준공되었을 때 "한강변 수재촌의 변모"라는 평을 들은데 이어 한강맨션과 한강외인아파트까지 완공된 후에는 "강둑을 따라 약 1.5km, 각종 시설 · 상가 합쳐 훌륭한 지역도시의 모습"을 형성하기에 이르렀다. 이곳은 2만여 명의 "어파트족族"이 사는 명실상부 "우리나라 최대의 어파트타운"이었다.[58]

이처럼 외국인 거주자를 겨냥한 대규모 아파트단지가 조성되고, 일본인 거주인구가 천 명을 넘어서면서 1970년대 초부터는 서서히 그들의 집단적 거주 양상이 드러나기 시작했다. 구체적으로 1960년대 초 일본인 여자 단 세 명이 거주한다고 했던 한남동 유엔빌리지의 경우 이 무렵에는 전체 450가구 중 약 100가구가 일본인이었다. 한강외인아파트의 입주자는 80%가 미국인, 일본인은 11%로 보도되었다.[59] 좀 더 나중이지만 남산

57 주택 건설과 일본의 관계는 건축자재 생산으로까지 이어졌다. 1971년 4월, 주택공사는 다이세이건설과 51:49 합작으로 총자본금 4억 3,000만 원의 건축자재생산회사(한성프리훼브주식회사)를 설립했다(대한주택공사, 앞의 책, 1992, 121~122쪽).

58 〈한강변 수재촌의 변모 공무원어파트〉《경향신문》 1967년 4월 24일; 〈서울 새 풍속도(2) 한강〉《경향신문》 1970년 10월 2일.

59 〈한국 속의 일본인 動과 靜〉《동아일보》 1971년 8월 14일.

외인아파트가 완공된 후 1974년 6월 기준 이 아파트에는 미국인 250세대, 일본인 121세대가 입주했다.[60] 특히 1970년 6월 부관페리 취항 후 "일본 넘버의 자가용들이 외인촌 안에 뻔질나게 드나"든다고 한 기사에서 일본인들의 숫자가 부쩍 늘어난 주변 풍광을 그려볼 수 있다.[61] 대체로 이 무렵에는 일본인들의 용산구 한강 일대 집거 양상이 보다 뚜렷해졌다.

무엇보다 1972~1974년 서울시 외국인의 구별 거주현황에서 이러한 경향을 〈표 6〉에서 확인할 수 있다. 먼저 일본인이 1,798명이었던 1972년의 경우 중구 거주자가 596명으로 가장 많았고 이어서 영등포(365명), 용산(262명), 종로(222명) 순이었다. 서울시 전체 거주자 가운데 이들 구의 비율은 각각 33.1%, 20.3%, 14.6%, 12.3%였다. 이 같은 분포양상은 〈도표 6〉에서 보듯, 1962년의 그것과 기본적으로 크게 다르지 않다. 중구(25%)가 수위를 차지한 것이나 다음 성동구(21.3%), 영등포구(13.8%), 용산구(11.3%)로 이어지는 순서 및 각 구의 비율은 성동구를 제외하면 예측 가능한 범위에 있다. 용산구의 경우 11.3%에서 14.6%로 소폭 상승했지만 그것은 중구(25→33.1%)나 영등포구(13.8→20.3%)의 경우도 마찬가지였다.

60 김연경·변명희·한영실,〈남산외인 아파트 실태조사〉《婦學》8, 1975. 거주자의 대략적인 직업별 구성은 다음과 같았다. 외교관(43), 유엔대표(30), 군인(124), 군속(135), 일반(193).

61 〈서울 새 풍속도 외국인촌(2)〉《경향신문》1971년 5월 8일. 참고로 1987년 남산외인아파트에는 480세대 중 미국인 248세대, 일본인 92세대가 거주했다고 한다(〈서울의 인종전시장 남산 외인아파트〉《경향신문》1987년 7월 4일).

〈표 6〉 1972~1974년 서울시 일본인의 11개 구별 거주현황

(단위: 명)

| | 종로 | 중구 | 동대문 | 성동 | 성북 | 도봉 | 서대문 | 마포 | 용산 | 관악 | 영등포 |
|---|---|---|---|---|---|---|---|---|---|---|---|
| 72 | 222 | 596 | 21 | 111 | 85 | | 91 | 45 | 262 | | 365 |
| 73 | 226 | 1048 | 35 | 138 | 54 | 33 | 135 | 62 | 1456 | 27 | 157 |
| 74 | 231 | 1124 | 26 | 130 | 63 | 31 | 130 | 56 | 1022 | 71 | 221 |

출처: 서울시, 《서울통계연보》, 1973(제13회) '등록외국인 수', 1974~1975(제14, 15회) '외국인등록 수' 항목.

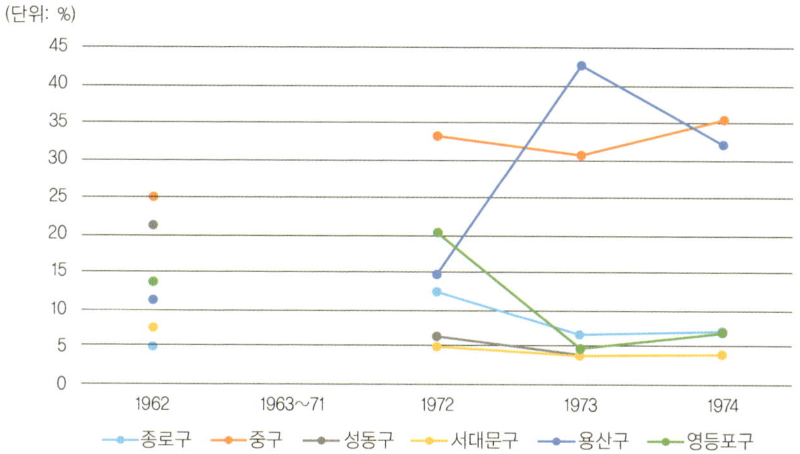


〈도표 6〉 1962년 및 1972~1974년 서울시 일본인의 주요 6개 구별 거주현황 변화

그러나 1973~1974년의 거주지 분포양상은 불과 1년 어간임에도 1972년과는 확연히 다르다. 가장 두드러지는 것은 용산구가 영등포와 중구를 제치고 단번에 1순위로 발돋움한 것이다. 1972년 용산구에는 일본인 262명이 거주했으나 1973년에는 1,456명으로 4.6배 급증했고 총인구 대비 비율도 14.6%에서 42.6%로 수직 상승했다. 일본인 총인구가 3,414명에서 3,185명으로 다소 줄어든 1974년에도 1,022명(32.1%)으로 중구(1,124명, 35.3%)와 더불어 유이하게 1,000명을 넘겼다.

반면 상대적으로 다른 구들은 정체 또는 감소세를 면치 못했다. 중구

를 제외하면 1972~1973년간 나머지 4개 구의 거주비율은 모두 유의미하게 감소했다. 특히 영등포(20.3→4.6%)와 종로(12.3→6.6%)의 감소폭이 컸고, 성동구(6.2→4%)와 서대문구(5.1→4%)도 하락을 면치 못했다. 중구의 경우 1972~1974년간 절대 인구는 1.9배 증가했지만 상대적 비중은 33.1→30.7→35.3%로 횡보했다.

요컨대 통계상 1972~1973년, 좀 더 큰 틀에서 1970년대 초는 해방 후 서울 일본인사회의 중요한 전환기였다. 이 기간 거주자 1,000명을 넘어선 일본인들은 기존/신규 거주자를 막론하고 상당수 한남과 이태원의 외인촌 및 특히 동부이촌동 등지에 조성되기 시작한 외인'아파트' 등을 거주지로 택했다. 이것은 중구·성동구 등 도심 또는 일제강점기 고급'주택'지가 있던 곳을 위주로 했던 기존 거주양상과는 분명 달랐다.

단 이때의 집거는 외국인의 하나로서 일본인 다수가 이 지역에 모이기 시작했다는 것만을 의미한다. 외인촌에는 다른 외국인들도 많았고, 특히 절대적으로는 일본인보다 미국인이 훨씬 더 많았다. 그런 점에서 '재팬타운'이란 표현을 쓰는 것은 다소 이른 감도 있다. 다만 전체 인구의 1/3 또는 그 이상의 용산 거주는 현대 서울 일본인사회의 거주 전형典型으로서 적어도 2000년대 초반까지 지속되는데 그러한 전형의 출발점이라는 의의는 분명하다.[62]

이때 서울의 일본인들 중 수적으로 다수를 차지했던 것은 1960년대 초 '뉴커머' 가운데서도 상사 주재원 등 상용 목적의 거주자들이었다. 예컨대 1971년 6월 현재 서울에 3개월 이상 장기체류 중인 일본인은 516명(단기체류자 포함 시 1,045명)이었는데, 이 가운데 상용이 446명(86%)

62 일단 사람들이 모인 후 점차 편의시설 등이 갖춰지면서 동부이촌동을 중심으로 '재팬타운'이란 평을 들을 수 있게 된다.

에 달했다. 대부분의 일본상사 및 투자회사, 차관공여사 등이 서울에 적어도 1～2명씩 주재원을 둔 결과였다. 이들은 대개 한남동 외인아파트, 유엔빌리지, 한강외인아파트, 약수아파트 등에 집단적으로 거주했다.[63]

또 서울의 일본인들은 일찌감치 서울일본인회(1966.2.), 서울일본인상공회(1967.7.)라는 단체를 만들고 상호 연락 및 교류활동을 했다.[64] 직업 또는 체재 목적과 거주지의 동질성, 업무 외에 한국인 친구를 사귀기 쉽지 않은 점 등이 이들의 결집을 촉진했을 것이다. 두 단체는 서울 중심가인 을지로1가 삼홍빌딩에 회의실·담화실을 갖춘 공동 사무실을 두어 회원들이 이용할 수 있도록 했고, 주기적으로 야구·골프·바둑대회 등을 통해 친목을 도모했다.[65]

한편 거주자 증가 및 집거지 형성을 보여주는 바로미터이자 동시에 그것을 촉진시키는 데 중요한 역할을 한 것이 학교의 설립이다. 해외 일본학교 중 31번째였던 서울일본인학교는 1972년 5월 한남동 107-8번지 현대예식장 3층 건물 중 2층에서 문을 열었다. 주재원 부인들 사이에서 처음 이야기가 나온 것은 1970년 7월이었지만 실제 개교까지 근 2년이나 걸린 것은 한국의 여론을 감안했기 때문이었다.[66] 외무부는 재일한국인

63 〈한국 속의 일본인 動과 靜〉《동아일보》 1971년 8월 14일. 입국자 기준으로는 관광이 80% 이상이었고 상용이 그 다음(1971년 기준 12%)이었다. 그렇지만 단기체류자들은 발급절차가 간편한 관광여권으로 입국하는 경우가 많았다는 점을 고려해야 한다. 당국자들도 실제로는 상용 목적의 입국이 가장 많고 그 다음이 관광객인 것으로 보았다(정영일, 〈르뽀 한국 속의 일본〉《신동아》 190, 1972, 90쪽).

64 〈잡지노트〉《동아일보》 1966년 8월 18일; 〈서울일본인상공회 창립〉《동아일보》 1967년 7월 22일. 서울일본인회의 애초 결성의 계기는 일본상사에 고용된 한국인 노조가 임금 인상을 요구하며 파업한 데 대처하기 위한 것이었다. 두 단체는 1997년 서울재팬클럽(SJC)으로 통합되어 현재까지 이어지고 있다.

65 정영일, 앞의 글, 1972, 93쪽.

66 〈わたしたちのソウル日本人学校〉(ソウル日本人会会報, 1972.6), 《주한서울일

학교를 들어 상호주의에 따라 일본인학교를 인가해야 한다는 입장을 비교적 쉽게 도출했지만 국무총리실에서 신중한 처리를 위해 교육정책심의회의 자문을 지시하는 등 한국정부도 전체적으로는 속도를 조절하는 모습을 보였다.[67] 또 일본인학교는 운동장이 없는 것은 물론 겨우 손바닥만 한 간판 하나 걸어 언론으로부터 "간판을 걸지 않은 저자세의 외교"라는 평을 듣기도 했다. 이 역시 한일관계의 특수성을 반영하는 한 단면이었다.

그렇지만 한국정부의 협조를 요청하면서 일본대사관의 한 외교관이 말했듯 서울 일본인사회가 학교 설립에 나선 것은 가족을 동반하는 이들이 그만큼 많아졌음을 의미했다.[68] 이는 그들의 체재-거주 모습에서 주목할 만한 변화였다. 개교 당시 유치부와 초등(국민), 두 과정 6학급에 학생 33명으로 시작한 학교 규모는 빠르게 커져 1년 만에 학생 수 77명으로 늘어났고, 중학 과정을 신설했다. 1977년 6월 현재는 260여 명의 학생이 재학 중이었다(유치부 63명, 중등부 167명, 중등부 31명).[69] 이처럼 교세

본인학교 중등부 설치, 1973.4.1》(외교사료관, 5735). 일본인학교의 한 운영위원은 학교를 설립하는 데 어려움이 정말 많았다고 토로하기도 했다(〈서울의 일본인학교 조심스런 수업 두 달〉《동아일보》 1972년 7월 7일).

67 〈서울일본인학교 설립〉(외무부-대통령, 1972.2.12), 〈서울일본인학교 설립의 일〉(문교부-외무부, 1972.3.20.), 《주한서울일본인초등학교 설립, 1971~1972》(외교사료관, 4838).

68 〈면담요록〉(1971.1.13), 《주한서울일본인초등학교 설립, 1971~1972》(외교사료관, 4838).

69 〈한남동에 일인학교〉《경향신문》 1972년 5월 8일; 〈일본인국교·유치원 해방 후 첫 상륙〉《동아일보》 1972년 5월 8일; 〈서울에 첫 일인학교〉《조선일보》 1972년 5월 9일; 〈한 돌 맞는 서울의 일본인학교〉《동아일보》 1973년 5월 7일; 〈재한일본인학교의 이전 신축계획에 따른 문제점과 대책〉(1977.6), 《주한서울일본인학교 신축 이전 및 부지 취득허가 문제, 1976~1978》(외교사료관, 10254).

의 빠른 확장은 그 자체로 일본인사회의 변화와 성장을 상징했다.[70]

이상 일본인의 집거 과정에서 한 가지 궁금한 것은 왜 한남·이태원·이촌 일대였을까 하는 점이다. 앞서 서술했듯 일제강점기 한강리 일대는 고급 주거지였지만 그렇다고 1960년대 이후 서울에 온 일본인들에게 그 시절의 인상 또는 기억이 남아 있었다고 보기는 어려울 것이다. 그보다 객관적인 요소로 생각되는 것은 우수한 입지조건과 거주환경이다. 입지의 경우 동부이촌동은 매립을 통해 새로 조성된 택지였지만 한남이나 이태원은 이전부터 지역이 넓고 경관이 수려하며 주위환경이 쾌적한 것으로 평가되었다. 게다가 교통도 편리한 편으로 이 일대는 시청까지 5~10km 이내, 자동차로 10분 거리였다.[71] 게다가 이 지역은 유엔군 주둔지와 가까웠다. 1950년대 이 지역에 외인촌이 조성되었던 것은 이 같은 요인들 때문이었을 것이다.

거주환경 면에서도 이 일대의 외인주택 및 아파트는 비교 대상을 찾기 어려울 만큼 좋은 편이었다. 우선 주택은 물론 아파트도 같은 시기 내

70 1988년 7월 서울일본인회 명부에 따르면 서울 및 근교에 거주하는 일본인회 등록자 884세대 가운데 단신이 482명(57.1%), 가족 동반 세대주는 362명(42.9%)이었다. 다른 국가 주재원들과 비교해 단신 거주자가 비교적 많은 편으로 주로 자녀교육 때문이었다(ソウル日本人會婦人會有志 編, 《ソウルに暮らす》, 日本貿易振興會, 1989, 188쪽). 학교가 개설되긴 했지만 여전히 애로사항이 있었던 것으로 보인다. 일본인학교는 현재도 중학과정까지만 개설되어 있다. 참고로 일본인학교는 1980년 강남구 개포동으로 확장 이전했지만 동부이촌동 등 기존 집거지는 그대로 유지되었다. 무엇보다 1980년 당시에는 개포동의 거주환경이 기존 집거지를 따라갈 수 없었던 것이 주된 이유였을 것으로 생각된다. 학생들은 통학버스를 타고 등하교했다. 여기에 기존 집거지의 장점인 서울 중심업무지구 접근성은 그대로였다는 점, 1970년대를 거치며 이 지역에 일본인들의 생활편의시설이 이미 어느 정도 갖추어졌을 거라는 점 등을 고려해야 할 것이다.

71 대한주택공사, 앞의 책, 1992, 111~112쪽. 지하철이 주요 대중교통수단이 되기 전의 관점으로 살펴볼 필요가 있다.

〈그림 4〉 남산 외인아파트 내부(1972)
출처 : 국가기록원.

국인을 대상으로 한 보통의 아파트보다 실내면적이 훨씬 넓어 여유 있는 생활이 가능했다.[72] 또 내부에는 최신시설이 완비된 경우가 보통이었다. 예컨대 힐탑의 경우 세대마다 실내냉방기·냉장고·레인지 등 가전용품이 비치되었고, 엘리베이터는 물론 각 층에 세탁기·건조기까지 있었다. 이는 선진국 아파트시설과 같은 수준이었다.[73] 뿐만 아니라 아파트단지의 경우 어린이놀이터와 같은 부대시설이 잘 갖춰진 것도 장점이었다. 한강외인아파트에는 놀이터 두 곳(493㎡)은 물론 정원과 주차장, 야외수영장(407㎡)·정구장(131㎡)까지 있었다.[74]

다만 입지나 주택 내외 시설의 편리함 같은 것은 일본인들에게만 적용될 수 있는 요소는 아니다. 이들은 거주지를 구하는 외국인 일반이 긍정적으로 여길 수 있는 부분이다. 그런 점에서 '집거지', '집단 거주'라고 하는 것 자체가 일본인들의 거주지 선택에서 중요하게 작용했을 가능성

72 앞서 서술했듯 이 시기 공영아파트는 대개 10평 내외였고, 1967년 이촌동에 건설되어 당시로서는 비교적 넓었던 공무원아파트도 12~25평이었다(서울특별시 시사편찬위원회, 앞의 책, 1996, 660~661쪽).

73 대한주택공사, 앞의 책, 1992, 86·108쪽. 한강맨션의 경우 중앙공급식 중온수보일러와 알루미늄 창호가 설치되었다.

74 임형선, 앞의 글, 2016, 74쪽.

을 생각해볼 필요가 있다.

외국인들이 특정 지역에 집거할 경우 무엇보다 상호교제에 편리하리란 것은 쉽게 짐작할 수 있다. 한 기사는 한강외인아파트를 중심으로 외인촌 생활을 소개하면서 적어도 1주일에 한 번씩 크고 작은 파티가 열린다고 했다.[75] 앞에서 서술한 서울일본인회와 상공회 외에 1971년경 주한일본대사관 직원 부인들 간에도 정기적으로 다도 또는 가든파티를 열고, 자선바자회, 꽃꽂이, 한국예술 관련 특강청취 등의 모임을 갖는 회원제 서클이 생겼다.[76] 대사관원 대부분이 한남동과 이태원에 거주했던 것이 모임의 한 동력이 되었을 것이다. 또 외인아파트 대부분은 관리실(경비실)을 설치해 경비가 철저하고 하자 발생 시 신속한 보수가 이뤄졌다.[77] 일본인들에게 특히 의미를 가진 것이 바로 이 부분이었다.

일본인들이 한남·이태원·이촌 일대 외인촌 및 외인아파트 집거를 선호했던 중요한 이유의 하나는 '집거', 특히 아파트와 같이 경비가 보다 철저한 주거시설·지역에 집거하는 것이 보다 안전하다는 판단 때문이었을 것으로 생각된다. 이것은 미국인 등 서구인들과는 분명 다른 일본인만의 특수성이었다. 보다 정확하게는 일본에 대한 한국인들의 탐탁지 않은 감정 또는 한일관계에 기인한 특수성이다.

일본인들이 안전 문제를 의식하고 있었으리란 것은 앞서 인용한 1960년대 초《요미우리 신문》특파원 시마모토의 서울 생활에 관한 잡지 글에서도 미루어 짐작할 수 있다. 그의 집은 이태원에 있었는데 그는 이

75 〈서울 새 풍속도 외국인촌(4)〉《경향신문》1971년 5월 12일; 〈한국 속의 일본인 動과 靜〉《동아일보》1971년 8월 14일.

76 〈서울 새 풍속도 외국인촌(18)〉《경향신문》1971년 6월 2일.

77 대한주택공사, 앞의 책, 1992, 111쪽.

곳이 일반시민의 주택가와는 격리되어 있기 때문에 한국을 보다 가까이 알고자 하는 이들에게는 적절치 않다고 적었다. 그러면서 가구 등이 준비되어 있다는 편리함보다도 한일수교 전이라는 시기상 안전에 만전을 기하길 원하는 한국정부의 강력한 요망이 있었던 것이 자신이 외인촌에 거주하는 이유라고 밝혔다. 이어 안전만 담보할 수 있다면 자신도 한국식 온돌 집에서 지내고 싶다고 덧붙였다.[78]

1969년 주택공사가 실시한 외국인 446명의 거주실태조사 중 국적별 주택종류 선호도 설문도 이 같은 정황에 무게를 더한다. 조사 대상은 '외국인 생활양식에 영합하지 못하는 지역에 거주하는 서울시내 외국인'이었다. 이에 따르면 아파트와 단독주택 선호자는 각각 186명(41.7%)과 210명(47.1%)으로 단독주택 선호자가 좀 더 많았다(무응답 50명, 11.2%). 국적별로 보면 미국인의 경우 아파트와 주택 각각 39.0%, 51.7%로 주택 선호도가 전체 평균보다 약간 더 높았다. 표본이 적지만 영국(각각 4명, 1명)을 제외한 독일·캐나다·프랑스·기타 국적자들도 각각 7명과 19명으로 단독주택 선호도가 월등히 높다. 일본인을 제외한 외국인의 아파트와 주택 선호도는 각각 37.8%, 51.6%가 된다. 전체 평균과 조정된 수치의 차이에서 추론할 수 있듯, 62명이 조사에 응한 일본인만 각각 41명(66.1%), 12명(19.4%)으로 아파트 선호도가 압도적으로 높았다. 이들의 단독주택 선호도는 1/5 미만으로 전체 평균(47.1%)에 한참 못 미쳤다.[79]

78 嶋元謙, 앞의 글, 1991, 40쪽.

79 대한주택공사, 〈주한외국인거주실태조사보고 1969〉, 22쪽(국가기록원, C12M36609), 22쪽. 이 조사는 장기거주 외국인의 주택난을 타개하기 위한 목적에서 주공이 수행했다. 1969년 3~6월, 연인원 258명을 동원해 서울시내 외국인 446명의 실태를 조사했다. 미국인이 전체의 약 77%에 달하는 344명, 다음 일본인이 62명

응답자들이 주택·아파트 각각을 선택한 이유까지 알 수는 없다. 그렇지만 유독 일본인의 아파트 선호도가 높았던 데는 역시 그 편이 안전하다는 고려가 있었을 것으로 생각된다. 더욱 앞서 확인했듯 이 시기 외인아파트는 경제적으로 여유 있는 외국인들의 생활수준을 감안해 고급주거시설로 조성되었다. 보안은 물론 내외 편리하고 우수한 시설을 갖춘 공동주택의 거주환경은 일본인들에게 괜찮은 거주지로 여겨졌을 것이다.[80]

좀 더 나중이긴 하지만, 1980년대 후반 서울일본인회 부인회에서 펴낸 서울생활 소개 책자는 서울의 주택사정에 대해 아파트의 경우 출입구 등에 경비원이 배치되어 살피고 있기 때문에 안심할 수 있다고 소개했다. 반면 단독주택 같은 경우는 걱정되는 경우도 많다고 덧붙였다. 외국인이 안전 문제를 체크하는 것은 어디에서든 일반적인 현상일 수 있지만 '한국 속의 일본인'이기에 조금 더 세심한 고려가 필요했을지 모른다.[81]

(14%)이었고, 그 외에 영국(6명), 캐나다·프랑스(각 4명), 독일(3명), 기타(23명) 순이었다. 일본인의 경우 외교관 1명과 기타 1명을 제외한 전원(60명)이 상업 종사자였다. 관련 항목을 좀 더 보면 주택공사 외인주택(아파트 포함) 인지 여부에 대해 일본인은 다른 외국인들(58.1%)보다 더 많이 인지(49명, 79.0%)하고 있었다(전체 평균은 61.0%). 외인주택에 입주하지 않은 이유로는 '비싼 임대료'(17.7%), '몰라서', '현재 만족', '무한정 기다릴 수 없어서'(이상 각각 9.1%) 등을 들었다. 시설·입지 등의 불편함 또는 조건 부적합을 든 비율(12.9%)은 상대적으로 다른 외국인들(15.9%)에 비해 낮았다.

80 당시 주택공사 총재였던 장동운의 1968년 체일 시 경험담을 참고할 만하다. 그는 한강맨션 건설·분양과 관련해 당시 일본 신문광고의 8할 이상이 맨션·하이츠 등 주택분양 광고였고 거기서 흥미를 갖고 연구했다는 언급을 남겼다(대한주택공사, 앞의 책, 1992, 116~117쪽).

81 ソウル日本人會婦人會有志 編, 앞의 책, 1989, 34쪽.

## 4. 1974년 8·15저격사건과 일본인사회의 위축

수교 후 양국의 활발한 교류와 1960년대 후반부터 본격화된 한남·이태원·이촌 일대 외인아파트 건설로 성장을 거듭했던 서울 일본인사회는 1974~1975년 작은 고비를 맞았다. 앞의 〈표 4〉에서 보듯, 1970년에서 1973년까지 10배 이상 급증하며 1973년 3,414명으로 정점을 찍었던 일본인 거주자가 1974년 3,185명으로 소폭 감소한 데 이어 1975년에는 1,742명으로까지 줄어들었다. 2년 새 1973년 거주자의 절반이 사라진 것이다.[82]

1974년을 앞뒤로 한 일본인 거주자의 감소가 무엇 때문이었는지는 쉽게 예단하기 어렵다. 단 한 가지 유력한 요소로 생각되는 것은 8·15저격사건의 후폭풍이다. 광복절 기념식장에서 재일동포 문세광의 대통령 저격으로 영부인이 사망하는 사건이 발생하면서 한일관계는 그 전 해 발생한 김대중 납치사건으로 인한 갈등을 미처 다 털어내기도 전에 다시 냉각기로 돌입했다. 양국은 사건의 책임 소재, 배후세력 존재 여부 등을 두고 강경히 대립했다.

한편 국내에서는 이 사건을 '제2의 을미사변'으로 간주하는 분위기 가운데 일본이 성의 있는 태도를 보이지 않는 데 대한 대대적인 반일 데모가 전개되었다. '일본인 사절'이나 '일본인(에게) 판매금지' 등을 써 붙인 식당 등 업장도 많았다. 이 같은 상황이 서울 일본인사회에 직접적인

82 이 기간, 외국인 전체 거주자도 큰 폭으로 감소했다. 불과 1년 새 외국인 거주인구가 대폭 줄어든 것은 해석하기 쉽지 않다. 서울시 통계에 따르면 1975년 이후 서울의 외국인 인구는 다소의 등락은 있지만 1990년(9,327명)까지 근 15년간 정체 상태였다. 다시 꾸준한 증가 추세로 전환되는 것은 3만 1,472명으로 급증한 1991년 이후부터이다.

영향을 미쳤다.

사건 직후부터 일본인 거주자들은 신경을 곤두세운 채 사태 변화를 주시했다. 무엇보다 주거지 외출이 부쩍 감소해 주부들이 직접 장을 보지 않고, 대신 가정부가 모든 일을 맡아 처리하는 경우가 많아졌다. 일본인학교는 간판을 내리는 한편 단축수업을 실시했다. 이에 따라 아이들도 집에서 노는 경향이 현저해졌다. 직장의 사정도 위태로웠다. 서울에 지점을 두었던 일본계 은행 4곳은 창문 셔터를 내렸고, 출입문에는 정사복 경찰의 경비가 삼엄했다. 일본인 직원들은 대부분 도시락으로 점심을 해결했고 퇴근 후 곧장 귀가했다. 서울일본인상공회는 9월 11일 이사회에서 일체의 행사를 무기 연기키로 했다.[83]

반일 분위기가 지속되면서 일본인 일부는 한국을 떠나게 되었다. 9월 13일 서울의 일본인회-일본인상공회-합작회사 등 3자 대표회의에서는 회사간부들은 계속 남아 사태를 관망하되 남편 출근 후 혼자인 주부를 비롯해 노약자·부녀자·유아·임산부 등 가족은 귀국을 서두르고 희망하는 경우 귀국 편의를 보아준다는 결정이 내려졌다.[84] 기사에 따르면 특히 한강맨션이나 한국인 집에서 기거하는 일본인들의 동요가 컸다. 위 회의의 결정 직후 이틀간 이들 단체의 가족 40여 명이 일본으로 돌아갔다.[85]

이처럼 이 사건이 서울일본인사회와 그들의 거주에 적지 않은 영향을 준 것은 분명하다. 단 그 파장이 어느 정도 지속되었는지는 보다 면밀

83 〈격화되는 반일데모 '사절' 회오리 신경 곤두선 한국 속 일인들〉; 〈서울일인회 등 결정〉《경향신문》 1974년 9월 14일.

84 〈긴급 간부회의 결정, 일본상공회의소에 연락〉; 〈가족 철수 결의, 주한일상의 등〉《동아일보》 1974년 9월 14일.

85 〈일본인가족 40명 귀국〉《조선일보》 1974년 9월 15일.

히 살펴볼 필요가 있다. 1976년 이후의 서울 거주자 수는 확인할 수 없지만 입국자의 경우 1972년 20만 6,000여 명에서 1974년 27만 5,000여 명, 다시 1975년 32만 5,000여 명, 1976년 48만 8,000여 명으로 계속 증가 추세를 보였다. 사건으로 인한 갈등이 곧 진정되는 것을 보더라도 1974~1975년의 서울 거주자 감소세 역시 오래가진 않았을 것으로 생각된다. 곧 멈추었을 것이다. 다만 이 사건은 일본인의 서울 거주가 거주의 역사와 별개로 양국관계의 동향에 쉽게 영향 받을 수 있는, 상당히 취약한 지반 위에 서 있음을 생생히 보여주었다.

## 5. 맺음말

한일 양국은 지난 20세기 식민지-피식민지관계로 시작해 1945년 해방과 패전이라고 하는 같으면서도 서로 다른 역사적 사건을 경험했다. 이어 10년이 훌쩍 넘는 긴 협상 끝에 1965년 가까스로 국교를 재개했고, 냉전기에는 미국이라는 우산 아래 반공과 경제성장을 매개로 긴밀한 준準동맹관계를 이어갔다. 현재도 양국은 표면적으로는 민주주의와 시장경제라는 가치를 공유하는 '가장 중요한 이웃나라[最も重要な隣国]'이다.[86] 그렇지만 동시에 정부 차원의 대립은 물론 사회적으로도 각각 반일 캠페인과 혐한 시위로 인해 긴장과 불안이 가득한 이웃이기도 하다. 식민지지배 청산 여부로 대표되는 상이한 역사인식, 소위 역사 문제가 기저에 놓

86 일본 외무성에서 매년 발행하는 외교청서 2017년판의 규정('전략적 이익을 공유하는 가장 중요한 이웃나라'). 단 2021년판은 '중요한 이웃나라'로 규정하는 데 그쳤다(日本外務省,《外交青書》, 2017 · 2021).

인 갈등요소로서 양국관계를 수시로 위협하고 있다.

한일관계가 극단을 오감에 따라 해방 후 오늘에 이르기까지 일본인들의 서울 거주 역사도 롤러코스터와 같은 부침을 겪었다. 1945년에는 서울에 거주 중이던 약 16만 명(한반도 전체로는 약 70만 명)의 일본인이 일시에 본국으로 돌아가야 했다. 이들은 그로부터 꼭 20년 후 수교를 전후로 다시 나타나기 시작해 1970년대 한때는 서울시 외국인인구의 17%를 점했고, 2010년대 이후로는 등록외국인 기준 7,000~8,000명 선을 유지하고 있다. 이 같은 거주사는 그 자체 양국관계의 축약이며, 다른 외국인의 경우와 비교해보더라도 특수성을 갖는다. 일본인 거주사의 역사적 성격과 그 의미를 적절히 이해하기 위해서는 이 같은 통시적 변천과정을 조망할 필요가 있다. 이 글은 이 점을 염두에 두면서 수교 이후 양국관계가 긴밀해지고 서울 거주자가 늘어났던 1960년대 후반에서 1970년대 초, 한남·이태원·이촌 일대 일본인의 집거지 형성과정을 살펴보았다.

본론에서는 다음과 같은 점을 유의하면서 논지를 전개했다. 먼저 논의의 대상 시기는 동부이촌동이 소위 재팬타운으로 불리기 전, 재팬타운의 첫 단계 또는 전사前史에 해당한다는 점이다. 오늘날 이 지역을 재팬타운이라 하는 것은 단순히 일본인이 많이 있기 때문만이 아니라 일본 식료품상점이라든지 그밖에 일본어가 가능한 점포 등 생활환경이 갖추어졌기 때문이다. 그러나 1970년 전후는 이들이 막 모이기 시작하던 시기로 미국인 등 다른 외국인과 뒤섞여 아직 일본인의 존재가 그리 두드러지진 않았다. 이 점에서 일본인의 '집거'와 '재팬타운'은 완전히 같지는 않다.

논의의 공간적 범위를 동부이촌동에 국한하지 않고 인접한 한남·이태원까지 포괄한 것도 이와 관련 있다. 현재를 기준으로 보면 이촌과 한남·이태원, 두 지역의 성격이나 인적 구성은 분명 다르다. 일본인도 전자에 집중되어 있다. 그러나 1970년 전후 기존 외인촌의 확대, 그 안에서 일본인의 집거지 형성이라는 역사적 맥락을 이해하기 위해서는 한남·이태원의 외인촌까지 시야를 넓혀야 한다. 힐탑이나 남산외인아파트 같이 이 지역 외인주택(아파트) 규모가 상당했을 때에는 이 일대에도 일본인이 많이 거주했고, 더욱 대일차관이 투입된 아파트의 경우 일본대사관 직원들을 우선 입주시키는 등 양국관계와 일본인 집거가 밀접히 맞물리는 측면이 있었기 때문이다.

또한 비록 충분히 깊이 있게 논의하진 못했지만 일본인의 집거가 왜 이 지역이었는가에 대해서도 생각할 거리들을 던져보고자 했다. 선행 연구나 매스컴에서 이 부분은 단지 일본인이 모이면서 각종 편의시설과 네트워크가 형성되었기 때문이라는 정도로 언급되는데 이는 질문에 대한 근본적인 답은 아니다. 이 글은 수교 직후 한국사회의 대일 불신·경계심이 진하게 맴돌던 상황에서 일본인들이 거주지를 선택할 때 '안전' 요소를 주요하게 고려했을 가능성과 그러한 정황을 드러냈다. 논의를 보강해야 하긴 하지만 이들의 집거지가 '외인촌'에서 점차 '외인촌 아파트'로 옮겨가는 것도 이 맥락에서 설명할 수 있다.

마지막으로 일본인들의 서울 거주양상과 한일관계 차원의 상호관계를 적극적으로 서술하고자 했다. 타국 거주민의 생활이 본국과 거주국 관계에 영향을 받을 수 있다는 것은 얼핏 당연해보이지만 한일관계에서 재일동포 또는 재한일본인의 거주와 생활은 국가관계란 외풍에 유난히 취약하다. 1974년 8·15사건으로 그전까지 확장일로에 있던 서울 일본인사회가 위축되는 것이 단적인 예이다. 그 외에도 대일차관 아파트를 비롯해 일본인학교, 입국·체재에 관한 제도적 조치 등 서울 거주에 영향을 미친 외연을 응시하고자 했다.

다만 이 글은 1970년 전후 서울 일본인들의 거주지가 용산 한강변 일대로 집중되는 과정을 분석했으나 그들이 누구였는지, 그들 자신 및 한국사회와 어떤 상호작용을 했는지, 한국사회는 이들의 집거양상을 어떻게 바라보았는지 등에 대한 더 깊은 논의로 나아가지는 못했다. 더하여 1970년대 중반 이후 일본인들의 집거양상이나 이 글의 논의가 구 식민자 집단의 귀환이란 보다 넓은 차원에서 시사하는 바가 무엇인지 등도 제대로 논의하지 못했다. 후속 연구를 통해 보완하고자 한다.

오늘날 서울 그리고 한국은 다인종사회로 나아가는 동시에 다문화를 향유하고 있다. 동부이촌동을 중심으로 한 세대 이상 집거지를 구축해왔던 일본인들도 최근에는 마포구 상암동 등지로 거주지를 넓혀가고 있는 추세이다. 이러한 경향은 앞으로 더 강해질 것이다. 단 '공간'에 다양한 집단이 섞이는 것과 서울'시민'이 '이방인'·'이異문화'를 받아들일 준비가 되어 있는가는 약간 다른 문제가 아닐까 한다.[87] '공간의 국제화'가 그 '국민의 세계시민화'를 담보하는 것은 아니다. 해방 후 일본인 집거의 첫 단계를 조명한 이 글은 궁극적으로 글로벌 서울의 구성원으로서 우리를 돌아보고 향후를 전망하는 작업으로 이어져야 할 것이다.

87 박천응에 따르면 다문화사회를 설명하는 담론은 '국가의 국제화', '기업의 세계화', '국민의 지구 시민화'로 구분할 수 있다(박천응, 〈한국사회의 다문화 현실 비판과 정책적 과제〉《선교와 신학》 29, 2012; 최윤영, 〈새로운 이방인 서울사람들〉《서울의 인문학》, 창비, 2016, 120~121쪽).

제6장

# 혜화동 외국인 커뮤니티의 어제와 오늘

## - '독일인 마을'과 '리틀 마닐라'를 중심으로 -

유슬기(서울대학교 환경대학원 박사수료)

## 1. 머리말

장소의 사전적 정의는 "어떤 일이 이루어지거나 일어나는 곳"[1]으로, 이것은 인문학, 지리학, 사회학 등 제반 연구 분야에서 논의되어 왔다. 그 결과 장소의 개념이 비로소 구체화되었다. Relph와 Tuan은 사람들이 특정 공간에서 체험한 경험을 강조하여, 반복적인 경험을 통해 해당 공간에 의미 또는 가치가 이입됨으로써 장소가 탄생된다고 말한다.[2] 또한 Kevin Lynch와 이석환·황기원은 공간과 주변 환경에 주목하여, 그 안에서 이루어지는 사람들 간의 상호 작용을 통해 장소가 만들어진다고 보았다.[3] 다른 대부분의 연구자들도 의심할 여지없이 공간과 사람들의 활동 간의 지속적인 교류를 장소 형성에 필수요소로 꼽았다. 나아가 장소성은 다른 장소와 구별 짓고 비교하는 과정을 꾸준히 반복하면서 발현된다.[4] 정리하자면, 공간 안에서 거듭해 이루어지는 사람들의 활동과 경험을 통해 물리적 공간이 비로소 장소가 되고, 이 과정에서 장소에 부여된 의미와 상징이 가시화되며 이것을 반복적으로 인지함으로써 장소성이 형성된다.

1 국립국어원 표준국어대사전(stdict.korean.go.kr).

2 Edward Relph, 김덕현·김현주·심승희 옮김, 《장소와 장소상실》, 논형, 2005; Yi-Fu Tuan, 윤영호·김미선 옮김, 《공간과 장소 : 공간에 우리의 경험과 삶, 애착이 녹아들 때 그곳은 장소가 된다》, 사이, 2020.

3 Kevin Lynch, *The image of the city*, MIT Press, 1960; 이석환·황기원, 〈장소와 장소성의 다의적 개념에 관한 연구〉《국토계획》 32, 1997.

4 이석환·황기원, 앞의 글, 1997; 최막중·김미옥, 〈장소성의 형성요인과 경제 가치에 대한 실증 분석 : 대학로와 로데오거리 사례를 중심으로〉《국토계획》 36, 2001; 백선혜, 〈장소마케팅에서 장소성의 인위적 형성 : 한국과 미국 소도시의 예술축제를 사례로〉, 서울대학교 박사학위논문, 2004; 어정연·여홍구, 〈장소개념에서의 장소가치에 대한 논의〉《국토계획》 45, 2010.

우리는 혜화동[5]에서 위와 같은 장소성 형성 과정을 순차적으로 확인할 수 있다. 혜화동에 자리한 성균관 주변으로 조성된 반촌泮村에서 천주교 모임이 있어왔고, 혜화동에서의 이 경험과 체험은 100여 년 뒤 독일 성 베네딕도회의 백동수도원 입지 결정에 긍정적인 요소 중 하나로 작용했다. 백동수도원에 모여든 독일인들과 독일 문화는 '독일인 마을'을 형성해 지역 주민들에게 각인되었다. 또한 백동수도원은 혜화동 내 천주교 종교 모임의 역사성을 이어나감과 함께 외국인 커뮤니티라는 새로운 경험을 구축하였다. 백동수도원이 떠난 자리에는 혜화동성당이 들어섰다. 그리고 또 100여 년 뒤 혜화동에는 천주교를 믿는 필리핀 사람들이 모여 '리틀 마닐라'를 형성하였다. '리틀 마닐라'는 지난 2세기 동안 혜화동에 쌓아온 천주교 모임과 외국인 커뮤니티 경험을 또다시 구현해내고 있다. 시간의 축적과 함께 천주교를 매개로 만들어진 혜화동의 장소성은 분명 다른 곳과는 구별되는 의미를 지녔다.

불과 10여 년 사이, 비교적 최근에서야 혜화동이 연구 대상지로 다루어졌다. 그렇기 때문에 그 연구 성과들이 아직 부족할 뿐만 아니라, 대부분의 연구가 각각 특정 시대만을 다루고 있어 혜화동의 장소성을 통시적으로 파악하기에는 한계가 있다. 조선시대 혜화동을 대상으로 한 연구는 한양 동부東部 관동館洞에 뿌리를 둔 연안이씨延安李氏를 다룬 오세현의 연구[6]와 영조英祖 시기 동촌東村에서 활동한 문인들의 교류를 밝힌 안순태의 연구[7]를 대표적으로 꼽을 수 있다. 또한 일제강점기의 경우, 혜화동 가구家口

5 이 글에서 언급하는 혜화동은 행정동으로, 법정동인 혜화동과 명륜1·2·3·4가를 포괄한다(〈표 1〉 참고).

6 오세현, 〈조선 후기 한양 東部 館洞의 인문지리와 延安李氏 館洞派〉《서울학연구》 61, 2015.

7 안순태, 〈英祖朝 東村派의 交遊樣相과 交遊詩 -吳瑗, 南有容, 李天輔, 黃景源을 중

와 필지로 도시조직의 물리적 변화를 서술한 강창우의 연구와[8] 관립 학교들이 들어선 후 나타난 도로 정비를 다룬 주상훈의 연구,[9] 그리고 경성 동부東部 일본인 토지소유 현황을 분석한 김윤경의 최근 연구가[10] 대표적이다. 이들의 연구는 특정 시기에 나타난 현상에 초점을 두고 있어 과거에서 현재로 이어져 오는 연장선상에서 지역의 특성을 유추하기 어려운 편이다.

이 글에서 혜화동 장소성 형성 요인을 살펴보기 위해 참고한 각각의 연구 주제들은 그 성과가 상당하다. 우선 조선으로의 천주교 유입에 관한 연구는 천주교가 들어온 과정부터 천주교 박해 시기 각 사건에 대한 분석, 그리고 이후 천주교가 한국 사회에 정착해 교세를 확장해가는 과정까지 이미 한국 천주교회사 전 범위를 다루는 총서 집필이 다수 이루어졌다.[11] 반촌의 형성과 특징에 대해서는 반촌에 거주하는 반인의 특수한 성격에서 비롯된 특징들을 그들의 거주공간인 반촌과 엮어 설명하고 있다.[12] 백동수도원의 경우, 이를 단독주제로 삼아 연구하기보다 수도원을

심으로〉《韓國漢詩硏究》 21, 2013.

8 강창우, 〈일제강점기 민간필지개발에 의한 도시조직 변화과정 연구 : 서울특별시 종로구 혜화동을 중심으로〉, 서울시립대학교 석사학위논문, 2015.

9 주상훈, 〈일제강점기 경성의 관립 학교 입지와 대학로 지역의 개발 과정〉《서울학연구》 46, 2012.

10 김윤경, 〈경성 도성안 동부지역의 토지변동 추이와 일본인 토지소유자들〉《서울과 역사》 107, 2021.

11 김성태 외, 《한국천주교회사》 1~5, 한국교회사연구소, 2009~2014; 이원순, 《韓國天主教會史 硏究》, 한국교회사연구소, 1986; Dallet, Charles, 안응렬·최석우 옮김, 《韓國 天主教會史》 上·下, 한국교회사연구소, 1980·1987.

12 장재천, 〈조선시대 성균관의 반촌과 주변 환경 연구〉《인문사회논총》 17, 2010; 장재천, 〈朝鮮後期 成均館의 泮村과 泮村人〉《鄕土서울》 77, 2011; 박지영, 〈조선후기 泮人의 존재양상과 泮村의 공간 변화〉, 부산대학교 석사학위논문, 2013.

건립한 성 베네딕도회의 조선 내 활동을 연구하면서 백동수도원을 이들의 활동공간으로 일부 그려내고 있다.[13] 필리핀 외국인 노동자의 생활에 대한 연구도 이주 배경과 현황 등 시기별로 상세히 다루고 있다.[14] 특히 김선임의 연구는 이들의 혜화동공동체 형성과 종교활동을 소개한 바 있어 이 글의 참고자료로 활용되었다. 그러나 기존 연구들은 특정 지역과 연관 지어 시공간을 유기적으로 연구하는 도시사 연구 방법으로서의 연구 성과는 미비하다. 기존 선행연구들의 한계점을 고려하여 이 글에서는 외국인 커뮤니티가 혜화동이라는 특정 지역에 집중해 나타난 잡거 현상을 역사적 과정 속에서 만들어져 온 혜화동 지역의 장소성에 초점을 두어 분석하고자 하였다.

이에 따라 이 글은 다음과 같은 구성으로 전개된다. 먼저 혜화동에 '독일인 마을'과 '리틀 마닐라'가 형성될 수 있었던 가장 근본적인 원인이 된 조선으로의 천주교 전파와 이와 더불어 혜화동 주변 마을에서 천주교 모임이 가능했던 이유를 알아볼 것이다. 여기서 혜화동 주변 마을이라 함은 성균관 반촌을 지칭하는데, 반촌은 성균관 노비들이 거주하는 마을로 특정 인물들이 특정한 목적에 의해 거주함에 따라 독특한 기능과 성격을 지녔다. 이 마을의 공간적 기능과 성격이 조선시대 천주교 모임에 어떤 영향을 끼쳤는지, 이로 인해 천주교는 혜화동에 어떤 의미로 작용하

13 박일영, 〈노르베르트 베버의 한국 선교정책 연구〉《종교연구》67, 2012; 선지훈, 〈'선교 베네딕도회'의 한국 진출과 선교 활동: 일제시대 한국과 만주에서의 활동을 중심으로〉《教會史研究》29, 2007; 장정란, 〈독일 베네딕도회의 한국 진출과 교육 활동〉《인간연구》5, 2003.

14 권종화, 〈한국 내 필리핀 이주자 공동체의 형성과 의미〉, 연세대학교 석사학위논문, 2004; 김선임, 〈필리핀 이주노동자 공동체의 형성과정: 혜화동공동체와 가톨릭을 중심으로〉《종교문화연구》14, 2010.

게 되는지 살펴볼 것이다.

다음으로 3장과 4장에서는 혜화동에서 경험한 천주교 모임을 바탕으로 외국인 커뮤니티를 창설하게 된 사례를 살펴볼 것이다. 3장에서는 2장에서 확인한 혜화동에서 천주교가 가진 상징성으로 인해 자리 잡을 수 있었던 백동수도원에 대해 이야기하고자 한다. 백동수도원은 독일 성 베네딕도회에서 교육을 목적으로 한국에 들어와 세운 최초의 남자 수도원으로, 당시 '독일인 마을'이라 불렀다. 혜화동에 천주교가 정착한 이후 종교를 바탕으로 생겨난 외국인 커뮤니티였다. 혜화동 '독일인 마을'은 어떠한 모습이었는지, 지역 사회에서 어떠한 의미가 있었는지 확인할 것이다. 그리고 100여 년 뒤, '독일인 마을'에서 필리핀 커뮤니티인 '리틀 마닐라'로 재탄생하게 된 과정과 현재의 현황 등 다룸으로써 혜화동에서 천주교를 바탕으로 포용하게 된 두 외국인 커뮤니티를 살펴볼 것이다.

## 2. 천주교의 전파와 반촌의 공간적 특징

천주교는 조선시대에 처음 한국으로 유입되었다. 임진왜란을 겪으며 일본으로부터 전해졌다는 '임진왜란 기원설'이 한때 제기되었으나, 이는 일본 교회사 연구자들에 의한 주장일 뿐 그 가능성은 매우 희박하다.[15] 대다수의 천주교회사 연구자들은 명明 말기부터 중국과의 교류를 통해 서양의 과학기술 및 천문학 등을 기록한 서학서西學書들을 접하면서 일찍이 천주교를 인지하고 있었다고 말한다. 그 후 1784년(정조 8) 조선인

15 이장우, 〈조선과 천주교의 만남〉《한국천주교회사》 1, 한국교회사연구소, 2009, 115~116쪽.

최초로 이승훈李承薰이 중국 북경에서 세례를 받고 돌아와 자발적인 신앙 공동체 모임을 만들어 이어나감으로써 천주교는 더 이상 학문으로 접하는 대상이 아닌 신앙생활을 실천하는 종교로 소수의 인원에 의해 조선 사회 안에서 작동되기 시작한다. 그러나 당시 천주교는 올바르지 못한 학문, 즉 사학邪學의 일종으로 여겨지며 조선 내 유교 질서를 어지르는 이념과 사상을 지닌 것으로 간주해 배척해야 하는 대상으로 구분되었다.

> 이른바 서양학이란 것을 보건대 이는 과연 어떠한 이야기입니까?… 대역무도한 점은 아비도 임금도 없다는 데 있습니다. 상을 당해서도 상복을 입지 않고 사당에 모셔야 할 신주를 불태우니 이는 곧 천지와 인간이 있은 이래 아직 있지도 들어보지도 못한 극히 흉패한 행위입니다. 대저 사람이란 천지에 마음을 세우고, 하늘은 차례를 정하여 법과 예를 두었는데, 이것이 없다면 오랑캐이며 금수입니다.[16]

위의 인용문은 성균관 유생 송도정宋道鼎 등 221인이 사학 엄금을 요청하는 상소문 중 일부로, 유교사회에서 당연시되는 것들을 서학에서 거부 또는 금지함에 따라 사회적으로 큰 파장이 야기되고 있음을 지적하였다. 실제 조선 최초 천주교 박해사건으로 꼽히는 1791년(정조 15) 신해박해辛亥迫害 또는 진산사건珍山事件은 천주교 신자인 윤지충尹持忠이 천주교에서 조상 제사를 금지한다는 조항에 따라 조상의 신주를 불태운 것을 계기로 그는 물론, 그와 관련된 인물들을 유배 보내거나 형벌을 내린 사건이다. 이 사건은 천주교 박해사건의 시초로 꼽힌다. 이후 신자들은 자신들의 터전을 떠나 외진 곳으로 숨어들어가면서 새로운 신앙공동체인 교우촌

16 《일성록》 정조 15년 11월 6일(정축).

을 형성해가며 신앙생활을 이어갔다. 그러나 오랜 기간 여러 차례에 걸쳐 천주교 박해가 있을 정도로 유교사회 조선에서 천주교는 금기시해야 하는 존재였다.

그런데 유학을 공부하는 성균관 바로 옆 반촌泮村에서 천주교 모임이 있었다. 이른바 1787년(정조 11) 정미반회사건丁未泮會事件이다. 반회사건은 반촌에 거주하고 있는 김석태金錫泰의 집에서 이승훈과 정약용丁若鏞을 필두로 과거 시험에 대비해 글을 짓는다는 거짓된 핑계를 들며 천주교 교리를 탐구 및 전파한 모임에서 비롯되었다.[17] 정약용의 지인인 이기경李基慶은 천주교를 사학으로 규정하는 인물 중 한 사람으로, 반촌에 들어가 확인한 이들의 글짓기 완성도가 형편없음을 이상하게 여겨 그들의 천주교 모임을 눈치챘다. 그는 이 사실에 대해 또 다른 천주교 배척자인 홍낙안洪樂安에게 폭로하여 반촌에서 있어 온 천주교 모임이 수면 위로 떠올랐다. 이때 천주교에 대한 실질적인 탄압은 발생하지 않았으나, 이 사건을 계기로 천주교 척사론이 더욱 부상해 천주교 박해의 단초가 되었다.[18]

이 사건에서 주목할 점은 천주교 모임이 있었던 반촌이라는 장소이다. 반촌은 성균관에서 문묘수호文廟守護와 유생공궤儒生供饋를 위해 일하는 성균관 노비들이 거주하는 마을로 성균관 주변 즉, 현재의 명륜동과 혜화동 일대에 위치한다.[19]

17 이 모임에서 시작해 나아가 그 일대 마을에까지 천주교를 확산시킨 것으로 보는 견해도 있다(天主教惠化洞教會, 《柏洞 半世紀 - 惠化洞聖堂50年史 -》, 天主教惠化洞教會, 1977, 49쪽).

18 이장우, 앞의 글, 2009, 265쪽.

19 반촌의 범위 및 경계는 《泮中雜詠》에 언급된 "舊時泮村 以自館峴 至惠化門之路爲界 當宁朝 立石於景慕宮前 蓮池邊以爲泮界 而蓮池以北皆爲泮村云"과 "東西泮村以大路分言之也 洞口有下馬碑 洞口之西 有碑石峴通梨峴大路 自碑石峴入洞口處有石橋 當宁朝命刻觀旂三字於橋頭 盖取詩言觀其旂之義也"를 바탕으로 추정하

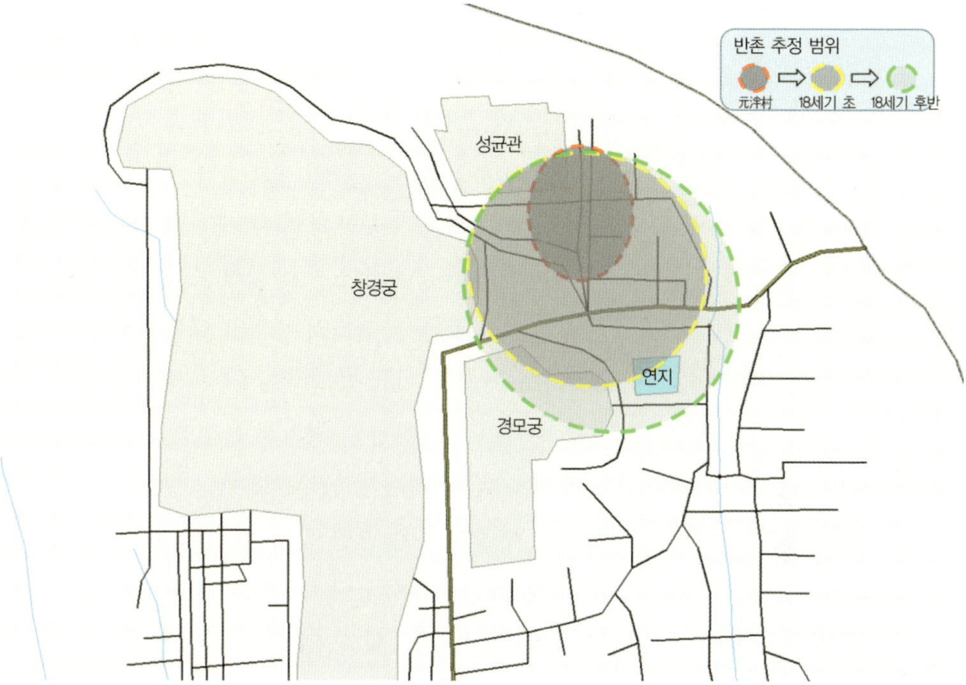


〈그림 1〉 반촌 범위 추정도
비고: 《首善全圖》(1861) 바탕 위에 확대되어 가는 반촌의 범위를 추정하여 표기.

성균관 노비들은 반궁泮宮이라는 성균관의 별칭에서 이름을 따서 반인泮人으로 불렸고, 그들의 거주지는 반촌으로 제한되어 있었다. 이들은 고려 말 안향安珦이 원나라로부터 성리학을 들여와 개성에 국학을 세우면서 노비 100명을 헌납한 것에서 출발해 그 후손들이 대대로 업을 이어받아왔다. 조선 건국 후 지금의 성균관으로 새롭게 재편해오면서 기존의 성균관 노비와 그 자손들 일부 약 300명을 조선 초기 반인으로 공식 인정하였으나, 시간이 갈수록 반인의 수는 점차 늘어났다. 이는 반인에게만

고, 박지영, 앞의 글, 2013의 연구를 참고하였다.

허용된 특수 업무였던 현방懸房 운영과 관련이 있다. 당시 우금정책牛禁政策을 펴고 있던 조선 사회에서 성균관 제향과 유생들의 식사에 필요한 쇠고기 조달을 위해 오로지 반인에게만 소를 도살할 수 있는 권한을 부여했고, 제사에 쓰이고 남은 쇠고기와 부산물은 그들이 현방을 운영하면서 판매할 수 있었다. 반인은 독점적으로 한양 곳곳에 20여 개소의 현방을 설치해 운영하면서 반인의 수를 확대해갔다.[20] 소를 구입해 도살하고 판매하기까지 현방 운영에 있어서 각 업무를 분업화하여 필요 인원을 배치해야 했고, 여전히 반인으로서의 본분인 성균관 업무를 위한 필요 인원도 확보해두어야 했다. 그 결과 반인들은 현방 운영의 효율성을 위해 전문 도살업자를 고용하기도 하고, 자신을 대신해 성균관에서의 일을 맡아줄 사람들을 고용하기도 했다.[21] 이들 모두가 반인 집단에 포함되어 17세기 후반 반인의 수는 약 2,000명으로 증가하였다.[22] 원칙적으로 반인은 반촌에 거주해야 했고 반촌에는 반인만 거주할 수 있었기에 반인의 증가에 따라 반촌의 영역도 확대되었다. 이 과정에서 본래 안향 노비의 후손이라는 혈연에 의해 대대로 이어져오던 반인들은 점차 외부에서 다양한 사람들을 충원하여 자신들의 집단으로 포용함으로써 일찍부터 기존 신분사회의 틀을 깨고 있었다.

반인들은 배움에 대한 열망도 컸던 것으로 짐작된다. 다음은 20세기 초 반인의 후손들이 지역 학교 설립에 기여했다는 기사이다.

시내 東小門 안 私立崇正學校를 유지하기 위하여 일전에 학부형회를 그

20 최은정, 〈18세기 懸房의 商業活動과 運營〉《이화사학연구》 23·24, 1997, 94쪽.
21 《승정원일기》 영조 1년 12월 18일(신사).
22 《승정원일기》 숙종 8년 12월 25일(무술).

> 학교 내에 개최하고 교장 兪星濬씨의 개회사가 있은 후 당석으로부터 시내 각 精肉商에 고용으로 있는 사람들이 말하기를 우리도 상당한 학업을 힘썼더라면 오늘날 남의 고용을 면할 수 있었을 것을 이와 같이 되었던즉, 지금에 당하여 우리에 힘으로 이 학교를 유지하여야만 하겠다고 즉시 수합한 금액이 50여 원에 달하였다는데 이를 본 유산 측에서는 더욱이 감촉되어 다 모아 기부한다하니 숭정학교는 종차로 유지하기는 어렵지 않겠다더라.[23]

기사에서 언급된 정육상을 운영하는 사람들은 조선 초부터 독점적으로 현방을 운영하고 있던 반인을 지칭한다. 기사 내용에 따르면, 이들은 우리도 교육을 받았다면 오늘날처럼 살고 있지 않았을 것이라 말했다. 즉, 이미 교육의 중요성에 대하여 인지하고 있었음을 의미한다. 이는 반인이 성균관의 가장 측근에서 유생들을 보필하며 몸소 체득한 것이 있었기 때문이다. 유생들이 교육을 통해 입신양명을 실현함으로써 유교의 덕목을 수행하고 더불어 교육을 통해 출세의 길이 열리는 것을 옆에서 지켜봐왔다. 1894년 갑오개혁으로 신분제가 폐지된 후 학교 설립에 적극적으로 나선 반인들의 행동은 지역 학교를 설립하여 자신들의 경제적 수입으로 운영 및 지원하면서 자녀들만큼은 배움을 통해 성공하길 바라는 부모의 마음이었다. 기사에 소개된 사립숭정학교는 현재 혜화초등학교의 전신으로, 1909년 숭교의숙崇敎義塾 설립에서 시작해 1913년 숭정보통학교崇正普通學校, 숭이공립보통학교崇二公立普通學校를 거쳐 1928년 혜화공립보통학교惠化公立普通學校로 이어졌다.

한편, 반촌의 역할 또한 다방면으로 확대되어 갔다. 반인은 성균관

23 〈崇正校의 維持〉《조선일보》 1923년 5월 8일.

입역을 위해 반드시 반촌에 거주해야 했으므로, 반촌의 주된 용도는 반인의 거주공간이다. 그러나 반촌의 역할 또한 본래 목적에서 나아가 지방에서 과거 시험을 위해 상경한 이들의 임시 거처가 되기도 하고, 성균관 내 기숙사 방이 부족하면 유생들이 밖에서 숙식을 해결할 수 있는 공간이 되기도 했다.[24]

주목할 점은 성균관 내에서 불가능한 장기나 바둑 같은 취미생활을 즐길 수 있었다는 것이다.[25] 관내에서 교칙에 의해 허용되지 않는 활동이 반촌에서는 가능했다. 이는 단순히 취미활동을 넘어 성균관 안에서 해왔던 유학경전에만 제한된 학문 연구가 아니라, 다른 분야에 관한 서적 모임이나 자유로운 주제 토론 등 폭넓은 학문을 다룰 수 있는 공간으로 반촌이 이용되어 왔음을 의미하기도 한다. 즉, 반촌은 유생들이 성균관 안에서 충족할 수 없었던 것들을 가능하게 해주는 공간으로 그 기능을 확대해나갔다. 이것이 곧 천주교 모임으로 발전된 것이다.

특기할 사항은 국가의 형벌이 진입할 수 없는 반촌의 성격이다. 일종의 치외법권 같은 반촌의 성격은 조선 초부터 여러 차례 작동된 바 있다.

> 성균관은 列聖朝로부터 우대하였던 까닭으로 순라군과 禁府 吏屬이 모두 감히 들어가지 못하였다. 인조 때 한 軍校가 밤에 순라를 돌다가 반촌에 들어갔는데, 임금이 듣고 그 군교를 치죄하기를 명하였다.[26]

> 반인의 행동이 매우 해괴합니다. 北部의 壯義洞 주위에 禁松의 명령이 행해지지 않아 사람으로 하여금 살펴봤더니, 반인의 무리가 소나무를 함부

24 장재천, 앞의 글, 2011, 88~90쪽.
25 장재천, 《조선조 성균관교육과 유생문화》, 아세아문화사, 2000, 278쪽.
26 《연려실기술》 별집7 官職典故.

로 베어가 사람들이 그들을 쫓아가니 도끼로 사람을 찍고 성을 넘어 도주하여 이내 반촌 안으로 숨어들었습니다. 무릇 禁亂에도 반촌엔 감히 들어갈 수 없었기에 잡아낼 길이 없다 하니, 지극히 민망할 따름입니다.[27]

捕校가 반촌에서 도둑을 잡았는데 聖廟 가까이에서 시끄럽게 하였으니 포도대장의 파직을 요청했고 이를 받아들였다.[28]

위의 인용문들은 그 몇 가지 사례를 보여준다. 범죄자가 반촌으로 도망가면 체포하러 갈 수 없었고, 순라군이 순라 중 반촌에 들어가면 징계를 받으며, 만약 성균관 인근에서 범인을 검거하였다고 하더라도 파직을 당했다.

아! 禁吏가 반촌에 감히 들어가지 못하는 것은 본디 400년 동안 전해오는 법규입니다. 근년 이래로 성균관이 조금씩 가벼워지는데 이번 형조의 사건에 이르러 극에 달했습니다. 저 宋洞과 하마비 모퉁이는 그 이름은 달라도 泮宮의 땅인 것은 똑같습니다. 典僕과 庫直은 하는 일은 달라도 반궁의 사람임은 매한가지입니다. 반궁 땅 안에서 반인을 붙잡고서 "금리가 泮中에 들어가지 않았다."라고 하는 말은 강이나 호수에 들어가 물고기를 잡고서 "나는 물고기를 잡지 않았다."라고 하는 말과 무엇이 다릅니까? 상말에 "반촌은 문묘의 行廊이다."라는 말이 있습니다. 금리가 반촌에 들어와 소란을 피우지 못하는 것은 문묘를 공경하기 때문입니다. 그렇지 않다면 유생들이 어째서 굳이 신에게 하소연하고, 신 또한 형조판서와 떠들썩하

27 《영조실록》 권28, 영조 6년 10월 11일(병오).
28 《영조실록》 권105, 영조 41년 5월 13일(정해).

게 언쟁을 반복하겠습니까?[29]

위 인용문을 통해 성균관이 들어선 조선 초 부터 반촌에 금리의 출입 제한이 있어왔음을 알 수 있다. 특히 "반촌은 문묘의 행랑이다."라는 말이 중요한데, 이는 곧 반촌을 성균관의 행랑 즉, 성균관 권역으로 여기며 반촌을 성균관과 동일시했음을 의미한다. 다시 말해, 문묘를 성스러운 공간으로 존중한다는 의미에서 성균관에 적용했던 금리의 출입제한을 반촌으로 그 범위를 확대했음을 시사한다.

이와 같은 반촌의 특별한 역할과 성격은 1785년 을사추조적발사건乙巳秋曹摘發事件 또는 명례방사건明禮坊事件으로 중단된 천주교 모임이 부활할 수 있는 장소로 제격이었다. 반촌으로 모임을 옮기기 전, 남산골 명례방에 위치한 김범우金範禹의 집[30]에서 정기적인 천주교 신앙 모임이 있어왔다. 그러나 어느 날 형조의 금리가 10여 명의 사람들이 한 장소로 모여드는 것을 보고 도박 장소로 오인해 김범우의 집에 들이닥쳤다. 바로 천주교도들의 비밀 모임을 적발한 을사추조적발사건이다. 이 사건으로 김범우가 유배돼 한국 첫 순교자가 되었고, 천주교 모임은 일시 중단되었다. 천주교도들은 이 사건을 계기로 한 장소에 여러 명이 모이는 것은 금리의 눈에 띌 수 있고 언제든 금리의 감시망에 포착될 수 있다는 점을 학습하게 되었고, 다음의 새로운 장소를 물색하는 과정에서 이전의 과오를 되풀이하지 않고자 했을 가능성이 크다. 정리하자면, 이들에게 반촌은 여러 명이 모여 교리를 탐구해도 이상하지 않은 곳, 무엇보다 국가의 사법권이 미치지 않는 곳이기에 명례방 다음의 모임 장소로 선택되었을 것이

29 안대회, 〈반촌과 반인〉《성균관과 반촌》, 서울역사박물관, 2019, 194쪽 재인용.

30 金範禹의 순교 이후 100여 년 뒤인 1898년, 김범우의 집이 있었던 명례방 안에 명동성당이 설립되었다(강준만, 《한국 근대사 산책》 1, 인물과 사상사, 2011, 28쪽).

다. 그런 점에서 반촌이 지닌 특수한 역할과 성격은 혜화동 내 천주교 비밀 모임 장소로 제격이었다.

## 3. 혜화동 외국인 커뮤니티의 기원, '독일인 마을'

### 1) 백동수도원의 역사

천주교가 배척의 대상으로 여겨졌던 시기를 지나고 조선 말기부터 조선 내 천주교에는 새로운 바람이 불기 시작했다. 파리외방전교회 소속의 프랑스 선교사들은 한국에 들어와 1831년 조선 내에서 교황의 위임으로 활동하는 교황대리감목敎皇代理監牧, Vicarius Apostolicus, 즉 조선대목구를 설치해 수차례의 천주교 박해 속에서도 신앙을 이끌고 있었다. 1880년 한국에 들어와 전교활동을 벌이고 있던 뮈텔 주교는 독일의 성 베네딕도 수도회에게 한국에 건너와 사범학교와 직업학교를 설립해줄 것을 요청했다. 그는 1906년 공포된 〈보통학교령〉에서 요구되었던 교원자격증을 소지한 교사가 부족함에 따라 고등교육기관을 설립함으로써 교사 수급 문제를 해결하고자 했고, 한국인 대상 실업교육을 토대로 한국 사회의 경제적 어려움을 극복하는데 도움을 주고자 했다.[31] 이에 베네딕도회는 1909년 보니파시오 사우어Bonifatius Sauer와 도미니쿠스 엔쇼프Dominikus Enshoff 신부 2명을 한국으로 파견하여 한국에 진출한 두 번째 외국 선교회가 되었다. 한국에 도착한 이들은 수도원과 학교를 설립할 부지를 물색했다. 베네딕도 사상에 따르면, 본당을 중심으로 선교활동을 해나가고 수도원 안에서

31 한국교회사연구소, 《서울대교구사 : 1831-2011》, 천주교 서울대교구, 2011, 98 · 125쪽.

삶의 학교라 여길 만큼의 생활환경을 구축하면 그리스도교의 가정 정신을 수행할 수 있다고 생각했기 때문에 수도원은 넓은 부지가 필요했다.[32]

수도원 부지 선정 과정에서 여러 후보지가 있었다. 한양도성 안에서는 경복궁 양옆으로 각각 청운동 일대와 삼청동 일대가 혜화동과 함께 부지 후보에 있었고, 도성 밖에서는 광희문 인근과 북아현동 주변이 후보지로 고려되었다. 최종적으로 독일 공사관과 일본 통감부의 도움을 받아 혜화동 약 3만 평의 부지를 2만 5,000원에 매입하여 수도원을 설립했다.[33] 혜화동은 앞서 2장에서 다룬 바와 같이, 정미반회사건이 일어났던 지역이었을 뿐 아니라, 사건 당시 천주교 모임이 일반 백성들이 살던 마을[34]에까지 전파되기도 했으며, 그 이후 천주교 박해 시기에도 은밀하게 천주교 신자들이 모일 수 있는 은신처 역할을 했을 정도로, 한국 천주교 역사상 위기 속에서도 신앙심을 잃지 않고 지속해나갔던 상징적인 의미를 지닌 지역이었다.[35] 보다 현실적인 이유에서 혜화동을 택한 것도 있었다. 후보에 있던 다른 부지들은 금액적인 면에서 큰 비용이 요구되기도 했고, 또는 위치상 왕실과 관련해 민감한 지역이거나 개인이 토지 매매

32 김정신, 〈선교 베네딕도회 수도원의 배치와 건축양식에 관한 연구 : 백동수도원, 덕원수도원 및 왜관수도원의 비교〉《한국건축역사학회 학술발표대회논문집》 2015(추계), 2015, 53쪽.

33 장정란, 앞의 글, 2003, 127쪽; 天主教惠化洞教會, 앞의 책, 1977, 79쪽.

34 조선시대 혜화동을 포함한 동부 일대에는 사람들이 집단을 이뤄 마을을 형성한 곳이 드물었다. 조선 초부터 존재해 온 성균관 반촌과 조선 후기 정조 즉위 후 그의 명에 따라 경모궁(사도세자의 사당, 현재의 서울대병원 자리) 주변으로 들어선 인가들이 동부에 있었던 마을이라 할 수 있겠다(유슬기 · 김경민, 〈조선시대 한양도성 안 동부 지역의 상업도시화 과정〉《서울학연구》 67, 2017a). 따라서 본 글에서 언급한 천주교가 전파된 일반 백성들이 사는 마을이라 함은 성균관 반촌과 경모궁 주변, 즉 혜화동과 명륜동이 되겠다.

35 天主教惠化洞教會, 앞의 책, 1977, 48～52쪽.

〈표 1〉 혜화동 행정구역 변화

| 행정동 | 법정동 | 1936년 | 1914년 | 조선시대 |
|---|---|---|---|---|
| 혜화동 | 혜화동 | 혜화정 | 혜화동 | 송동·상토교·하토교·상백동일부 |
| | 명륜동 | 명륜정1정목 | 숭1동 | 송동일부·홍덕동일부·피마동일부·식당동·수지동·도덕동·포동·상정동 |
| | | 명륜정2정목 | 숭2동 | 송동일부·상토교동일부·광례교동일부·궁내정동·사현동·피마동일부·선문동·산천동·홍덕동일부·궁내동·박정동·관기교동 |
| | | 명륜정3정목 | 숭3동 | 양현동·서반동·제옥동·홍문동·영동·이문동 |
| | | 명륜정4정목 | 숭4동 | 한정동·광례교동일부·사악교·전석현 |

출처: 〈朝鮮總督府京畿道告示第7號〉《朝鮮總督府官報》 1914년 4월 1일; 〈朝鮮總督府京畿道告示制32號〉《朝鮮總督府官報》 1936년 3월 30일.

를 원치 않는 등 다양한 이유에서 토지 매입을 진행하기 어려웠었다.[36] 이에 반해 혜화동의 경우, 당시 한양도성 안 지역들 중에서 상대적으로 개발이 미비한 지역으로 남아있었기에 여전히 저렴한 가격으로 대규모 부지를 확보하기 용이했다.[37]

베네딕도회는 1909년 8월 토지 매입을 완료한 후에 목공소와 대장간, 철공소 그리고 학교와 본관 등 3만 평의 넓은 땅에 선교 활동에 필요한 시설들을 갖춰나갔다. 마침내 완공된 수도원은 혜화문에서 한양도성을 따라 내려오는 능선 위에 자리해 그 남서쪽으로 현재의 혜화동성당 및 가톨릭대학교 성신교정 부지를 포함하는 큰 규모를 이루었다. 수도원의 이름은 1914년 경성부 행정구역 개편 과정에서 혜화동으로 일부 편입된 상백동上栢洞과 하백동下栢洞의 당시 지역명을 붙여 백동수도원으로 불렸다.

36 서울역사박물관, 《동소문별곡》, 2014, 25쪽.

37 유슬기·김경민, 〈일제강점기 한양 도성 안 동북부 지역의 중상류층 지역화 과정〉 《서울과역사》 97, 2017b, 168~169쪽.

〈그림 2〉 백동수도원과 혜화문
출처: 서울역사박물관, 《성 베네딕도 상트 오틸리엔 수도원 소장 서울 사진》, 2014, 40쪽.

〈그림 3〉 혜화문 측면에서 본 혜화문 안
출처: 서울역사박물관, 앞의 책, 2014, 39쪽.

〈그림 4〉 수도원 부속건물과 혜화동 일대
출처: 서울역사박물관, 앞의 책, 2014, 36쪽.

## 2) '독일인 마을'의 형성 과정

양식洋式 건물로 지어진 수도원 건물들은 크기 면에서 큼직할 뿐 아니라 위치상 언덕 위에 자리해 있어 더욱 이목을 끌었다. 〈그림 2〉와 〈그림 3〉 그리고 〈그림 4〉에서 확인할 수 있듯이, 당시 초가집이 즐비하던 혜화동 인근 경관과는 대비되는 이국적인 풍경이었다.

1924년 7월 24일 《동아일보》 기사에서는 다음과 같이 혜화동의 명물로서 백동수도원의 풍차를 꼽았다.

> 동소문[38] 안 혜화동에 덕국사람들 사는 데가 있습니다. 그 안에 공장이 있고, 학교가 있고, 기숙사가 있고, 나물밭이 있고, 가지각색의 것이 다 있고, 교당까지 있습니다. 덕국사람의 촌입니다. 아니올시다, 덕국을 줄여다 놓은 것입니다. 물산장려를 주창하고 자작자급을 말씀하는 이들을 본떠올 만합니다.

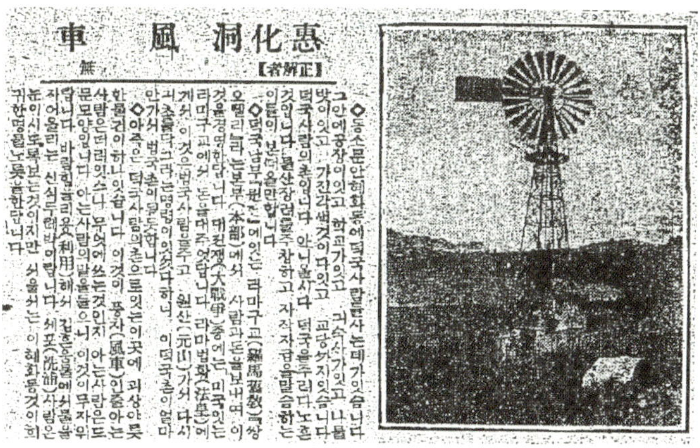

惠化洞 風車

【正解者】 無

◇동소문안혜화동에덕국사람들사는데가잇슴니다 그안에공장이잇고 학교가잇고 긔숙사가잇고 나물밧이잇고 가진각색것이다잇고 교당까지잇슴니다 덕국사람의촌입니다 아니올시다 덕국을주려다노흔것입니다 물산장려를주창하고 자작자급을말슴하는이들이 본떠올만합니다

◇덕국남부[illegible]에잇는 라마구교(羅馬舊敎)[illegible]라는본부(本部)에서 사람과돈을보내여 이것을경영한답니다 대전쟁(大戰爭)중에는 미국잇는라마구교에서 돈을대주엇답니다 라마법왕(法王)에게서 이것은법국사람을주고 원산(元山)가서 다시[illegible]라는명령이잇섯다하니 이덕국촌이얼마만가서 법국촌이될듯합니다

◇아주[illegible] 덕국사람의촌으로잇는이곳에 괴상야릇한물건이하나잇슴니다 이것이 풍차(風車)인줄아는사람은더러잇스나 무엇에쓰는것인지 아는사람은드문모양입니다 아는사람의말을들으니 이것이무자위랍니다 바람힘을리용(利用)해서 깁흔우물에서물을자어올리는 신식두레박이랍니다 세포(洗浦)사람은눈이시도록보는것이지만 서울서는 이혜화동것이희귀한명물노[illegible]한답니다

〈그림 5〉 수도원 안에 설치된 풍차를 소개한 기사
출처: 〈惠化洞 風車〉《동아일보》 1924년 7월 24일.

38 東小門은 한양도성 성곽을 따라 건설된 8개의 성문 중 동북방향에 건설된 弘化門의 속칭으로, 홍화문은 1511년(중종 6) 현재의 惠化門으로 명칭이 바뀌었다.

덕국 남부 〈뮌헨〉에 있는 羅馬舊教 〈쌍오텔리〉라는 本部에서 사람과 돈을 보내어 이것을 경영한답니다. 大戰爭 중에는 미국 있는 라마구교에서 돈을 대주었답니다. 法皇에게서 이것은 법국사람을 주고 元山 가서 다시 기초를 닦으라는 명령이 있었다 하니 이 덕국촌이 얼마 안가서 법국촌이 될 듯합니다.

아직은 덕국사람의 촌으로 있는 이곳에 괴상야릇한 물건이 하나 있습니다. 이것이 風車인 줄 아는 사람은 더러 있으나, 무엇에 쓰는 것인지 아는 사람은 드문 모양입니다. 아는 사람의 말을 들으니 이것이 무자위랍니다. 바람 힘을 利用해서 깊은 우물에서 물을 올리니 신식 두레박이랍니다. 洗浦) 사람은 눈이 시도록 보는 것이지만, 이 혜화동 것이 희귀한 명물 노릇을 한답니다."[39]

당시 수도원 안에는 풍차가 세워져 있었는데 무슨 용도로 사용하는지 조차 알 수 없을 만큼 한국 사람들에게 생소한 시설물이었다. 사람들은 풍차가 있는 이 수도원을 "덕국사람의 촌" 즉, "독일 사람들의 마을"이라 칭했고, 신기해서 들여다본 수도원 안에는 밭과 학교, 기숙사, 공장 및 작업장 등 여러 가지 시설들이 모두 모여 있었다. 기사에는 이곳을 "물산장려를 주창하고 자작자급"하며 생활하고 있는 곳이라 설명했다. 당시 희귀했던 풍차를 비롯해 서양식 외관으로 지어진 눈에 띄는 건축물과 그것들이 자아내는 이국적인 분위기, 그리고 거대한 규모는 지역 주민들에게 관심의 대상이 되기 충분했다. 성당 안에는 이러한 새로운 문화를 구경하러 오는 사람들로 항상 붐볐다.[40] 당대 서양 국가를 방문해 작성한 기

39 〈惠化洞 風車〉《동아일보》 1924년 7월 24일.

40 장정란, 앞의 글, 2003, 134쪽.

행문을 통해 보더라도 당시 한국인들은 지하철과 높이 솟은 건물들 등등 그동안 접하지 못한 문물에 대한 호기심과 관심을 드러냈다.[41] 새로운 것으로 대표되는 서구 문물들은 19세기 이후부터 문명-서양-진보의 관념으로 보고, 서양식을 문화文化라고 표현할 만큼 그것들을 쉽게 접하지 못했던 일반 주민들에게 굉장한 반응을 불러일으킬 만 했다.[42] 지역 주민들은 낯설지만 새로운 문화로 받아들이며 근거리에서 만나는 작은 독일 마을이 신기했었을 것이다.

수도원의 존재감은 언덕 위 높이 솟은 풍차를 제외하더라도 수도원의 면적만으로도 사실 지역 안에서 큰 위용을 발휘했을 것이다. 3만 평에 달하는 수도원 부지는 그 역사를 기록한 자료를 통해 범위를 짐작할 수 있다.

> 당시 낙산 수도원 아래를 굽어보면 그 일대(동숭동 전 서울대학교 문리대와 현 동성 중·등학교, 혜화동성당, 대·소신학교)가 모두 수도원 땅이었는데 수도회는 덕원으로 옮겨 가게 됨에 따라 재정 곤란으로 동숭동 포도원 땅은 경성제대 기지로 매각하였으나, 나머지 땅은 정부나 일반에 매각 처분하기가 아까워 서울 교구에서 매입해 주도록 권유했다.[43]

이 기록에 의하면 수도원은 현재 혜화동성당을 비롯해 그 남쪽으로 동성중·고등학교와 마로니에 공원 일부를 포함할 정도의 크기였다.

41 朴勝喆, 〈獨逸地方의 二週間〉《개벽》 26, 1922; 朴勝喆, 〈倫敦求景〉《개벽》 56, 1925.

42 이경아, 〈日帝强占期 文化住宅 概念의 受容과 展開〉, 서울대학교 박사학위논문, 2008; 한상철, 〈근대 초기 지식인들의 '문명-서양' 인식 – 번역어 '天演'과 '進化'를 중심으로〉《현대문학이론연구》 51, 2012.

43 天主教惠化洞教會, 앞의 책, 1977, 81쪽.

〈표 2〉 독일 성 베네딕도회 및 독일인 소유지

| | 번지수 | 1917년 토지소유자 | 1927년 토지소유자 |
|---|---|---|---|
| 혜화동 | 58 | 독일성분도회 | Bonifatius Sauer |
| | 59 | 개인 | Bonifatius Sauer |
| | 60 | 개인 | Bonifatius Sauer |
| | 61 | 독일성분도회 | Bonifatius Sauer |
| | 64-1 | Bonifatius Sauer | Bonifatius Sauer |
| | 65 | 개인 | Bonifatius Sauer |
| | 66 | Bonifatius Sauer | Bonifatius Sauer |
| | 67 | Bonifatius Sauer | Bonifatius Sauer |
| | 68-1 | 개인 | Bonifatius Sauer |
| | 85-1 | 개인 | Bonifatius Sauer |
| | 90 | 독일성분도회 | Bonifatius Sauer |
| | 91 | 조선인 단체 | Bonifatius Sauer |
| | 93-1 | Bonifatius Sauer | Bonifatius Sauer |
| | 97 | Bonifatius Sauer | Bonifatius Sauer |
| | 98 | 개인 | Bonifatius Sauer |
| | 99 | 독일성분도회 | Bonifatius Sauer |
| | 118 | Cassian Niebauer | Cassian Niebauer |
| | 149 | 독일성분도회 | Bonifatius Sauer |
| | 156 | Bonifatius Sauer | Bonifatius Sauer |
| | 157 | Bonifatius Sauer | Bonifatius Sauer |
| | 158 | 개인 | Bonifatius Sauer |
| | 159 | 독일성분도회 | Bonifatius Sauer |
| | 160 | Bonifatius Sauer | Bonifatius Sauer |
| | 161 | 독일성분도회 | Bonifatius Sauer |
| | 165 | 독일성분도회 | Bonifatius Sauer |
| | 185 | Bonifatius Sauer | Bonifatius-Sauer |
| | 194 | 독일성분도회 | 국유 |
| | 195 | 독일성분도회 | 국유 |
| | 196 | 독일성분도회 | 국유 |
| | 200 | Bonifatius Sauer | 국유 |
| 동숭동 | 1 | 독일성분도회 | 국유 |
| | 7-1 | 독일성분도회 | 국유 |
| | 60 | 독일성분도회 | 국유 |
| | 61 | 독일성분도회 | 국유 |
| | 65 | 독일성분도회 | 국유 |
| | 69 | 독일성분도회 | 국유 |
| | 73 | Bonifatius Sauer | 국유 |

출처: 《京城府管內地籍目錄》, 1917; 1927.

〈그림 6〉 베네딕도회 및 독일인 소유지 위치

〈그림 7〉 백동수도원 추정 범위

1917년과 1927년 발행된 《경성부관내지적목록》에서 베네딕도회 소유지와 베네딕도회 신부로 한국에 온 보니파시오 사우어명의의 소유지가 다수 확인되는데, 이를 통해 당시 수도원의 위치와 범위를 추정 가

〈표 3〉 경성 거주 외국인 수

| 연도 | 중국 | 미국 | 영국 | 프랑스 | 독일 | 러시아 | 기타 |
|---|---|---|---|---|---|---|---|
| 1910 | 11,818 | 513 | 160 | 88 | 49 | 21 | 45 |
| 1911 | 11,837 | 568 | 183 | 100 | 49 | 26 | 41 |
| 1912 | 15,517 | 630 | 212 | 103 | 55 | 24 | 48 |
| 1913 | 16,222 | 661 | 215 | 106 | 67 | 23 | 55 |
| 1914 | 16,884 | 687 | 230 | 97 | 53 | 19 | 57 |
| 1915 | 15,968 | 562 | 375 | 71 | 55 | 21 | 48 |
| 1916 | 16,904 | 700 | 239 | 68 | 48 | 12 | 41 |

출처 : 京城商業會議所, 《朝鮮經濟雜誌》 第23號, 1917.

능하다(〈그림 6〉과 〈그림 7〉 참고). 특히 1917년과 1927년 토지소유자 비교를 통해 위 인용문에서 언급된 것처럼 수도원 부지가 1927년 국유지로 변경되어 경성제대 부지로 활용됨이 확인된다.

〈그림 6〉은 《지형명세도地形明細圖》(1929) 지도 위에 1917년 《경성부관내지적목록京城府管內地籍目錄》에서 도출한 베네딕도회 및 독일인 소유지의 위치를 확인한 것이다. 그 위치를 보면 대체로 한 곳에 밀집해 모여 있는 양상을 보인다. 이를 통해 백동수도원의 위치와 범위를 대략적으로 추정할 수 있고 이를 표기한 것이 〈그림 7〉 이다.

〈표 3〉에서 보는 바와 같이, 기록에 따르면 경성 내 독일인 거주 인구수는 서양 국가들 중 미국과 영국, 프랑스에 이어 4번째로 많았다.

앞서 인용한 신문기사에서 "독일인 마을"이라 불리던 것으로 보아, 다수의 독일인 수도자들이 수도원에서 집단생활을 한 것으로 짐작된다. 현존하는 경성 거주 외국인 수 집계 자료에 한계가 있기 때문에, 매년 각 국적별 외국인 수의 추이를 확인하기 어렵고 게다가 이들이 어디에 거주하였는지 세부적인 파악이 불가능하여 정확하게 말할 수는 없지만, 경성 안 독일인 마을이라 칭해도 이상하지 않을 만큼 이 넓은 곳에서 독일인과 한국인 수도자들, 그리고 학교 생도 100여 명도 함께 생활했다.[44] 당시 경성 내 외국인 집단거주지로 꼽히는 정동에는 서양인이 많았고 충무로 일대에는 일본인, 그리고 서소문동과 태평로 인근에는 중국인이 모여 거주지를 형성한 반면, 종교 활동을 위해 수도원이라는 경계 안에서 공동생활한 점은 특기할 만하다.

3만 평의 넓은 수도원 공간 안에서는 모든 것을 해결할 수 있었다. 처음 베네딕도회에 한국 진출을 요청했던 뮈텔 주교의 선교활동을 포함한 요청사항 중 하나가 교육 사업이었으므로 베네딕도회는 수도원 안에 학교를 설립했다. 1910년 실업 교육을 위한 숭공학교崇工學校와 1911년 교사 양성을 위한 숭신학교崇信學校가 그것이다. 한국인의 생활을 향상시킬 수 있는 방법으로 실업 교육의 필요성을 제기하고 한국인의 꾸준한 교육 활동이 이루어질 수 있는 방안을 고안한 결과였다. 숭공학교는 건축과 목공, 철공, 제차製車 등 학과에서 독일 도제식 실습을 진행하며 1914년 재학생 수가 70여 명, 입학 지원자 수가 200여 명으로 꾸준히 학생 수가 증가하고 있었고, 학생들의 기술력을 인정받아 교내 작업장으로 들어오는 주문량이 많아서 마감 기한을 넘기는 때가 흔할 정도였다.[45] 이들의 뛰어난 목공 실력으로 명동성당 강론대를 제작해 이것은 지금까지도 현존하고 있다. 그러나 두 학교는 오래가지 못했다. 1차 세계대전 발발로 수사들이 전쟁에 징집되기도 하고 일본이 적산으로 분류해 몰수하려는 바람에 운영위기를 겪게 되었다. 수도원의 덕원 이전을 결정한 후, 1921년 숭공학교는 폐교되었다. 한편, 숭신학교는 사범학교로 유지하기 위해 고등중학교로 개편해야 했으나, 한국인 고등교육과 한국인 교사 배출을 허용하지 않은 일본의 교육정책으로 1913년 폐교를 결정하였다. 1921년에도

44 朴勝喆, 〈獨逸地方의 二週間〉《개벽》 26, 1922.

45 장정란, 앞의 글, 2003, 139~142쪽.

한국인 성직자 양성을 위한 신학교를 개교하였으나 수도원을 덕원으로 이전하면서 함께 옮겨갔다.

한국에 온 베네딕도회는 선교뿐 아니라 자신들이 진출한 지역 사회와의 소통에 힘쓰며 지역 주민들에게 다가갔고 한국 정세에 관심을 가졌다. 베네딕도회 목적 자체가 수도원을 중심으로 한 선교활동이었고, 그 일환으로 수도원 안과 밖에서 학교 운영이나 예술 활동과 같은 문화사업으로 확대되어 지역 주민들의 생활수준 향상을 이끌고자 했다.[46] 백동수도원 소속의 수도자들은 각 개인마다 전문 직종을 가지고 있었다. 건축, 원예, 철공, 재단, 간호, 축산 등등 다양해 이들의 재능을 토대로 교육 활동이 가능했다.[47] 특히 이들 직종은 실생활에서 활용할 수 있는 분야들로 구성되어 있기에 이를 필요로 하는 지역 주민들에게 제공되고 이 과정에서 상호 간 교류가 활발했을 것으로 예상된다. 실제로 한국 최초의 양봉책인 《양봉요지養蜂要誌》(1918)를 제작하기도 하고, 최초로 조성한 포도밭에서 포도주를 만들기도 했으며, 독일어-조선어 사전을 편찬하기도 했다.[48] 한편 당시 베네딕도회 독일 본부 총원장으로 있던 노르베르트 베버Norbert Weber 역시 한국에 대하여 꾸준한 관심을 보였다. 그는 짚신을 신고 금강산을 등산할 정도로 한국 문화를 이해하려는 자세를 가졌고, 고아원과 공예 공방 등 한국 사회를 들여다볼 수 있는 곳곳을 다니며 한국 사람들의 발전을 고민하기도 했다.[49] 그가 한국을 방문해 이곳저곳 돌아다니며 사람들의 모습을 영상으로 촬영해 제작한 〈고요한 아침의 나라에서〉

46 장정란, 앞의 글, 2003, 118~120쪽.
47 장정란, 앞의 글, 2003, 128쪽.
48 서울역사박물관, 앞의 책, 2014, 60쪽.
49 박일영, 앞의 글, 2012, 118~122쪽.

라는 영화는 한국에 대한 그의 관심과 애정이 지대했음을 짐작할 수 있는 기록물이다.

한국의 천주교는 꾸준히 성장하여 1910년 당시 신자 수가 7만 명을 넘어섰다.[50] 이에 한반도에 하나의 교구를 두던 것에서 1911년부터는 여러 대목구로 분리해 선교활동을 펴나가기로 했다. 1920년 함경도에 원산 대목구를 신설하고 베네딕도회가 이를 담당하기로 했다. 백동수도원은 원산에 있는 덕원 수도원이 완공된 1927년 막을 내렸다.

그러나 백동수도원이 떠난 후에도 혜화동에는 여전히 천주교의 영향이 남아있었다. 파리외방전교회는 수도원의 일부 부지를 매입해 종현鐘峴과 약현藥峴에 이은 제3본당을 백동에 설립하였는데 그것이 지금의 혜화동성당이 되었다. 초기 혜화동성당은 본래 수도원 내 목공소 건물을 개조해 사용하였고, 부설 혜화유치원은 철공소 건물을 사용하였다. 1929년에는 남대문상업학교(현재 동성중·고등학교), 1945년에는 대신학교(현재 가톨릭대학교 성신교정)가 이곳으로 이전해 일부 수도원 건물을 그대로 사용하기도 했다. 수도원의 나머지 부지는 앞서 밝힌 바와 같이 경성제국대학 기지로 매각되었다.

## 4. 혜화동 외국인 커뮤니티의 현재, '리틀 마닐라'

### 1) 필리핀 커뮤니티의 출현 배경

혜화동은 매각된 수도원 일부 부지를 포함해 설립한 경성제국대학을 위시하여 본격적인 학교촌과 문화촌으로의 발전을 이루었다.[51] 새로

50 한국교회사연구소, 앞의 책, 2011, 104쪽.

운 시설이 들어섬에 따라 그 주변부로 주거 공간 및 상권 형성을 이루어 다양한 사람들의 지역 유입이 발생하였다. 경성 도심부에 중상류층의 직업군을 가진 한국인과 일본인이 혼재되어 생활하는 지역이었던 점은 특기할 만하다.[52] 해방 후 혜화동은 서울대학교 캠퍼스 이전을 전후로 하여 변화가 있었다. 경성제대 폐교 후 이를 흡수하여 설립된 서울대는 '대학로'라는 현재의 도로명이 생겨날 정도로 지역 내 하나의 앵커시설로 작용하면서 혜화동의 학교촌 명성을 이어갔다. 1975년 서울대 동숭캠퍼스를 관악캠퍼스로 이전한 후, 1980~1990년대 이곳에는 공연예술 시설들이 대거 들어서게 되었고 혜화동을 공연장 밀집지역으로 재탄생시켰다.

한편, 비슷한 시기 나타난 세계적 경제체제의 변화는 혜화동에 또 다른 변화를 불러일으켰다. 1970년대 신자유주의 경제체제로의 전환은 자유시장과 자유무역을 기반으로 국가 간 경제적 상호의존도를 높이고 있었다. 이는 점차 상품의 국가 간 이동에서 나아가 노동력으로 확대되어 갔고, 1980년대 중반 이후 필리핀 사람들의 타국으로의 이주노동 바람이 불기 시작했다.[53] 1980년대 당시 한국은 3M 업종에 대한 노동력 부족 현상에 직면해 있었고 이를 해결하기 위해 국가 정책적으로 기업에게 외국인 취업을 종용하는 추세였다. 그 결과, 외국인 노동자를 대거 수용하고자 했고, 필리핀 사람들은 자신의 노동력으로 본국보다 높은 소득을 보장받을 수 있는 국가로의 이주를 희망하였다.[54] 이에 따라 외국인 노동자 신분으로 국내에 체류하는 필리핀 사람들의 수는 증가했다.[55] 시간이 지

51 유슬기·김경민, 앞의 글, 2017b, 202쪽.

52 유슬기·김경민, 앞의 글, 2017b, 200쪽.

53 최병두, 〈초국적 이주와 한국의 사회공간적 변화〉《대한지리학회지》 47-1, 2012, 30~31쪽; 권종화, 앞의 책, 2004, 27~34쪽.

54 권종화, 앞의 책, 2004, 54~55쪽.

나 1990년대 이후 전 지구적으로 점차 세계화 되어가면서 국내로 유입되는 필리핀 사람들의 이주 목적은 기존의 이주 노동 외에도 유학 및 결혼 등 다양해졌다.[56] 국내 체류 중인 필리핀 사람은 매년 중국과 베트남에 이어 가장 많은 수를 차지하고 있고, 그 수는 꾸준히 4만 명을 웃돌고 있다.[57] 그리고 이들은 자신들의 공통된 고향과 공통된 종교를 매개로 한 공동체를 형성해 지금까지 유지해오고 있다.

1990년 필리핀외방선교회를 초청해 한국에서 첫 선교활동을 전개한 이후 본격적으로 한국 내 필리핀 공동체가 만들어진 계기는 1992년 착한목자수녀회의 도움으로 자양동에서 시작한 타갈로그Tagalog 미사였다.[58] 자양동 주변에는 당시 한국으로 건너온 필리핀 사람들이 주로 일하는 중소기업들이 밀집해 있었기에 자양동 성당으로 필리핀 사람들이 모여들기 용이했다.[59] 또한 필리핀 전체 인구 중 80% 이상이 가톨릭 신앙을 가진 만큼 한국에 체류하는 필리핀 사람들 도 가톨릭 신자의 비중이 상당할 것으로 추정된다. 그런 이들에게 필리핀 고유 언어인 타갈로그로 이루어지는 미사는 고향을 떠나 타국살이 중인 이들에게 잠시나마 고향을 느낄 수 있는 시간이 되었다. 한 주 동안 각자의 자리에서 생활하다가 일요일 오후가 되면 일제히 성당으로 모이고, 서로의 안부를 물으며 자연

55 송종래, 〈世界化와 國際勞動力移動〉《經商論叢》 12, 1994, 205쪽.

56 최병두 · 이경자, 〈외국인 이주자의 거시적 이주 배경에 관한 인지〉《한국경제지리학회지》 13-1, 2010, 65쪽.

57 2009년부터 매년 분기마다 집계한 법무부 출입국 외국인정책본부의 자료를 참고하여 국내 체류 중인 필리핀 인구수를 확인하였다. 그러나 법무부에서 제공하는 자료는 2009년 이후의 것으로, 연구자가 그 이전의 필리핀 사람 수를 시계열적으로 확인하는데 한계가 있었다.

58 천주교 서울대교구 노동사목위원회 편, 《서울대교구 노동사목 50년사》, 2008, 403쪽.

59 김선임, 앞의 글, 2010, 54쪽.

스레 만남이 이어졌다. 8명의 필리핀 사람이 참석하던 미사는 점차 그 규모가 확대되어 매주 타갈로그 미사를 찾아오는 2,000여 명의 필리핀 신자들을 수용할 수 없는 상황에 이르렀다. 이에 서울대교구의 요청으로 1996년 12월부터는 자양동을 떠나 혜화동성당에서 필리핀 사람들을 위한 타갈로그 미사가 진행되었다. 본래 3개월 동안 혜화동성당으로부터 미사 장소를 제공받기로 했던 계약이었지만, 이는 현재까지도 지속되고 있어 매주 일요일 오후 1시 30분에 타갈로그 미사가 있다.

1992년부터 1996년까지 자양동성당에서의 활동은 초창기 필리핀 사람들의 공동체 구성에 발판이 됨에 의의가 있다. 자양동에서 시작된 타갈로그 미사였고 이때부터 각지에 흩어진 필리핀 사람들이 모여드는 계기가 되었음은 분명하다. 그러나 자양동 내에서 성당 미사 외에 이들의 다양한 활동을 펼쳐나가기엔 다소 짧은 시간이었다. 반면 지금까지 약 25년간 유지되어 온 혜화동성당에서의 미사는 이들의 커뮤니티가 지역사회 안에서 새로운 지역성을 만드는 구심점이 되었다. 혜화동성당 측에서는 단순히 장소를 제공할 뿐이라 하지만, 타지 생활을 하는 이들에게 오랜 시간 한 곳에서 꾸준히 자신의 신앙생활을 이어갈 수 있는 고정된 장소가 있다는 심리적 안정감을 심어준 점에서 상당한 의미를 지닌다.

또한 본격적으로 혜화동 내 필리핀 공동체를 형성하고 이끈 1998년에 조직된 '필리핀 이주자를 위한 사목회(일명 가톨릭센터)'의 역할도 크다. 가톨릭센터에서 주일미사를 주관하면서 종교활동 외에도 필리핀 사람들을 위한 노동법이나 컴퓨터 등의 교육 활동, 노동 상담, 육아 지원 등을 진행하면서 필리핀 사람들의 한국 생활을 도왔다.[60] 모임의 시작은 이주민들로 이루어진 종교 모임이었으나, 그 활동 영역이 확대된 것이다.

60 권종화, 앞의 책, 2004, 64~65쪽; 김선임, 앞의 글, 2010, 57~59쪽.

즉 필리핀 사람들에게 혜화동은 성당을 찾는 곳이라는 의미 이상으로, 고향 사람들을 만나는 공간과 더불어 현재의 답답함을 토로할 수 있는 혹은 더 나은 한국 생활을 위한 여러 활동이 가능한 곳이 되었다.

### 2) '리틀 마닐라'의 현황

지역 내 필리핀 사람들의 공간적 생활 반경은 혜화동성당을 기준으로 퍼져나갔다. 특히 이들의 혜화동에서의 생활은 성당 미사가 있는 일요일에 집중된다. 성당을 기점으로 성당에서부터 동성고등학교 앞 100m 남짓한 거리에는 매주 일요일 필리핀 장터가 열린다. 성당 건너편에는 필리핀 음식점을 비롯하여 식료품점 및 잡화점 그리고 필리핀 고국으로 송금하거나 물건을 보낼 수 있는 은행과 택배사가 들어서 있어 일요일에도 운영을 하고 있다. 점차 국내 거주 중인 필리핀 사람들을 위한 공간으로의 혜화동 변화는 더 이상 가톨릭 종교를 가진 필리핀 이주노동자들에게만 국한된 것이 아닌 다양한 이유로 한국에 들어와 있는 필리핀 사람들에게 개방되었다. 이러한 변화는 일정한 조건에 의해 형성되었던 공동체 집단이 지역 사회 내에서 꾸준히 활동하면서 그 범주를 확대하여 좀 더 포괄적인 네트워크를 구축해감을 의미한다. 매주 일요일 혜화동으로 모여드는 이들의 풍경을 두고 언론에서는 '리틀 마닐라'라는 별칭을 붙이기 시작했고, 이는 지금까지 이어져 혜화동의 지역성 중 하나로 자리 잡아가고 있다.[61]

61 〈혜화동의 '작은 필리핀' 노동자장터 "와글와글"〉《동아일보》 2000년 5월 3일; 〈[우리들의 해방구] 서울의 '리틀 마닐라' 혜화동〉《조선일보》 2002년 5월 17일; 〈서울 대학로는 일요일마다 '리틀 마닐라'〉《오마이뉴스》 2005년 10월 5일; 〈일요일에 만나는 '작은 필리핀'… 혜화동서 매주 거리시장 열려〉《스포츠조선》 2006년 9월 6일; 〈[수도권/우리동네 작은 외국]〈7〉혜화성당 '미니 마닐라'〉《동아일보》 2007년 10월 15일;

〈그림 8〉 필리핀 커뮤니티 관련 시설
비고: 포털사이트 NAVER에서 제공하는 지도를 바탕으로 필자가 각 주요 시설 위치 표시.

지도에서 보는 바와 같이, 혜화로터리 부근의 혜화동성당을 기준으로 하여 그 인근에 필리핀 커뮤니티 시설들이 집중되어 있다. 이러한 공간들은 초기 성당 미사를 목적으로 모인 이들에 맞춰 자리 잡아간 것으로 보인다. 그러나 점차 종교 활동을 하지 않는 필리핀 사람들까지 혜화동으로 커뮤니티 시설을 이용하기 위해 방문하면서 매주 일요일 혜화동 거리에는 필리핀 사람들이 삼삼오오 모여 있는 모습을 확인할 수 있다.[62] 실제 통신데이터 사용을 기반으로 추계한 지역별 생활인구[63]를 확인해보면 일요일에 혜화동에서

〈[서울속의 다문화거리]⑤혜화동(끝)〉《연합뉴스》 2010년 12월 12일; 〈[서울] 연극의 메카 혜화동, 일요일엔 작은 마닐라로 변신〉《조선일보》 2012년 7월 4일; 〈"서울에서 필리핀을 즐겨요" 혜화동 '리틀 마닐라'〉《연합뉴스TV》 2014년 1월 12일.

62 서울시 통계에 따르면, 혜화동의 관할구역인 종로구에 등록된 필리핀 인구수는 2021년 2분기 기준 63명으로 서울에 등록된 전체 필리핀 인구수(3,218명)의 약 2%에 불과한 것으로 보아, 혜화동으로 모여든 필리핀 사람들은 혜화동에 거주하지 않더라도 서울 전역에서 또는 대중교통으로 왕복이 용이한 서울 인근 수도권에서 방문하는 것으로 추정된다.

63 서울시 생활인구 데이터는 이동통신사의 통신데이터 사용을 기반으로 추계한 것으로, 주로 특정 지역 및 특정 시간대 유동인구를 파악하는 연구에 활용된다. 외국인의 경우, 90일 이상 체류하는 장기체류자와 90일 미만 체류 목적인 단기체류자를 구분

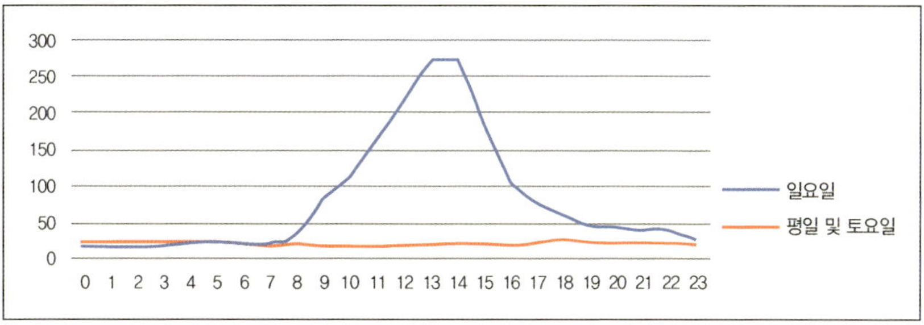


〈도표 1〉 시간대별 필리핀 생활인구(혜화동)

비고: 이 글에 첨부한 사진을 촬영했던 2021년 5월 23일(일)을 기준으로 하여 해당 주의 전후 1주일을 포함하는 2021년 5월 10일~30일 기간 동안의 필리핀 생활인구 데이터를 추출하였다. 추출한 데이터 상에 해당 기간 동안 혜화동에 필리핀 단기 체류자가 머물지 않았던 것으로 추계되므로, 해당 그래프에 사용된 생활인구수는 필리핀 장기 체류자임을 밝힌다.

출처: 서울시 빅데이터캠퍼스.

활동 중인 필리핀 사람들이 많음을 알 수 있다. 〈도표 1〉의 그래프를 보면, 평일과 토요일에는 혜화동에 머물고 있는 필리핀 사람들이 거의 없는 반면, 일요일에는 많게는 250여 명의 필리핀 사람들이 혜화동에 머물고 있음을 확인할 수 있다. 특히 일요일 시간대별로 체크해 보면, 성당 미사가 진행되는 13~14시 시간대에 가장 많은 필리핀 사람들이 혜화동에 있었다. 미사시간인 13시 30분부터 15시 사이를 기준으로 그래프 선이 등락을 이루는데, 미사시간을 제외하고 혜화동에 머물고 있는 사람들은 그 앞뒤 시간동안 지역 내 여타 시설들 그 중에서도 필리핀 커뮤니티 시설들을 방문 중인 것으로도 해석할 수 있다.

일요일, 혜화동 '리틀 마닐라'의 모습을 살펴보자. 일요일에 성황을 이루는 '리틀 마닐라'의 모습은 은행에서 유독 돋보인다. 보통 은행은 평

하여 생활인구 수를 추계한다. 장기체류자는 외국인등록증을 소지하고 이동통신사에 가입한 외국인을 대상으로 외국인 LTE시그널데이터를 이용해 생활인구 수를 파악하고, 단기체류자는 국내 로밍서비스를 이용하는 외국인 대상으로 로밍데이터를 이용해 그것을 파악한다.

일에만 운영하지만 혜화동 은행은 다르다. 혜화동성당 주변으로 있는 우리은행과 하나은행, 그리고 메트로은행은 일요일에도 문을 열어 필리핀 사람들에게 서비스를 제공한다. 평일 은행 업무시간에 근무 중인 필리핀 사람들을 위해 이들이 공통적으로 모이는 장소(혜화동)와 시간(일요일)에 한하여 추가 업무를 연장한 것이다. 본래 혜화동성당 안 사무실 공간에서 임시 출장소 개념으로 일요일 미사 전후로 송금업무를 진행하기도 했는데, 2009년부터 성당 주변으로 새로 공간을 마련하여 서비스를 이어가고 있다.[64] 매주 일요일 은행을 찾는 200여 명의 필리핀 사람들, 특히 매월 급여가 들어오는 때에 그 배 이상으로 증가하는 이용객을 위해 은행에서는 따로 필리핀 사람을 고용하여 업무의 효율을 높일 정도라고 한다.[65] 우체국에서도 2011년 필리핀 사람들의 국제송금 서비스를 위해 일요일 업무를 시작했고, 우리은행에서는 혜화동 지점을 외국인노동자 송금 특화 점포로 선정하여 2006년부터 매주 일요일에도 운영하며 송금 서비스 외에도 이들을 위한 휴식의 공간을 제공한다.[66] 은행 2층에 올라가면 '필리핀 근로자를 위한 작은 쉼터'라는 이름으로 공간을 만들어 간단한 다과와 함께 필리핀어로 된 책들과 영화 DVD 등 대여물품을 진열해 두었다. 이 외에도 혜화동에 있는 필리핀 사람 대상으로 운영 중인 메트로은행에서는 필리핀 소식지를 발행하는 한편, 외환은행에서는 송금수수료 할인을 적용해주거나 필리핀 커뮤니티에 기부금을 전달하는 방식

64 〈"리틀 마닐라 송금특수 잡아라"〉《서울신문》 2009년 12월 28일.

65 김선임, 앞의 글, 2010, 64쪽; 〈[은행원의 특별한 하루①] 우리은행 혜화점, "필리핀 고객, 따뜻한 감성으로 맞이해요"〉《메트로신문》 2016년 2월 16일.

66 〈우리은행 혜화지점 일요일도 국외송금〉《한겨레》 2006년 6월 22일; 〈우리銀, 필리핀 근로자를 위한 쉼터 개설〉《연합뉴스》 2009년 12월 6일; 〈"일요일에도 우체국에서 국제송금 하세요"〉《파이낸셜뉴스》 2011년 5월 19일.

으로 '리틀 마닐라' 공간에서 은행 역할을 수행하고 있다.

혜화동성당 맞은편에는 필리핀 사람들을 상대로 한 상점들이 입점해있다. 택배 서비스와 항공권 티켓팅 서비스, 모바일 서비스 등 각종 서비스를 제공하는 상점들과 필리핀 음식점들, 그리고 식료품 및 잡화점까지 필리핀 사람들이 한국 생활에 적응해나갈 수 있도록 기본적인 것들이 갖추어져 있었다. 일요일에 방문한 필리핀 상점가는 식당 안에서 노래를 부르고 춤도 출 수 있는 유흥 공간의 역할도 겸하고 있었다. 일요일의 혜화동은 평일과는 확실히 다른 모습이었다. 이곳을 방문한 한 필리핀 여성은 혜화동성당에 다니지는 않지만 이곳으로 모여드는 필리핀 사람들을 위한 송금 서비스 업체 취업으로 혜화동에 오게 되었다고 한다. 지금의 '리틀 마닐라'는 혜화동성당에 다니는 필리핀 천주교 신자에게만 국한된 것이 아님을 짐작할 수 있다. 이는 아래에서 소개할 필리핀 장터에서 더욱 극명히 드러난다. 한편, 일요일에만 외국인 노동자를 대상으로 운영하는 의료서비스도 있다. 서울대학교 가톨릭의사회와 적십자병원의 자원봉사로 1997년 혜화동성당 안에서 시작한 라파엘클리닉은 동성고등학교 강당에서 약 16년을 이어오다가 2014년 성북동 지금의 자리로 옮겼다. 외국인 노동자를 대상으로 한 무료 진료이지만, 위치상 필리핀 커뮤니티 권역에 인접해있어 필리핀 사람들의 이용이 많았다. 일요일 단하루 진료인데 일일 320여 명 넘게 방문한다고 한다.[67]

67 〈[김병준 대담] 안규리 서울의대 교수/ 라파엘클리닉 대표〉《매일신문》 2016년 4월 3일.

〈그림 9〉 우리은행 필리핀 근로자를 위한 작은 쉼터

〈그림 10〉 쉼터 안 대여물품 비치

〈그림 11〉 영문 은행 서류양식 안내서

〈그림 12〉 필리핀 이용객들로 꽉 찬 하나은행

〈그림 13〉 필리핀 음식점 메뉴

〈그림 14〉 택배 및 모바일 서비스 제공 상점

출처: 2021년 8월 15일 · 23일 필자 촬영.

그림 15〉 필리핀 식료품 및 잡화 판매점

〈그림 16〉 모바일 및 항공권 티켓팅 제공 상점

그림 17〉 필리핀 장터를 방문한 한국인

〈그림 18〉 필리핀 먹거리 제조 및 판매

그림 19〉 필리핀 산지 재료 및 필리핀어 안내

〈그림 20〉 필리핀 장터 풍경

출처: 2021년 5월 23일 필자 촬영.

필리핀 장터의 경우, 자양동에서 시작되었던 것을 혜화동으로 옮겨왔다. 텐트 10여 개 동을 길 따라 설치한 뒤, 그 안에서 필리핀 음식을 직접 만들어 판매하거나 한국에서 흔히 볼 수 없는 필리핀 야채나 과일, 필리핀 식료품 및 잡화 등을 취급한다.

필리핀 장터는 필리핀 커뮤니티를 대표해 지역 사회와 소통하는 창구 역할을 하기도 한다. 장터에 모이는 상인과 소비자들은 다양하다. 장터 상인들 중에는 가톨릭 신자가 아닌 필리핀 사람도 있고, 한국인도 있다. 필리핀 상품을 수입해 판매하는 한국인을 비롯하여 필리핀 사람과 결혼해 다문화가정을 이룬 한국인 등 필리핀 사람이 아니어도 필리핀 커뮤니티가 조성된 혜화동으로 찾아와 장터를 운영하고 있다. 장터 이용객도 마찬가지이다. 장터 초창기에는 성당 미사를 온 필리핀 사람들을 대상으로 형성된 것이었으나, 점차 고국의 상품을 필요로 하는 국내 거주 필리핀 사람을 대상으로 그리고 필리핀 문화를 경험하러 온 한국인을 대상으로 장터 이용객 범주가 확대되었다. 혜화동성당을 방문하는 필리핀 가톨릭 신자들만 이용하는 폐쇄적인 장터가 아니라, 지역 사회를 구성하고 있는 모든 사람들에게 열려있는 개방된 공간으로서 필리핀 문화를 알리고 경험할 수 있는 장소로 이용되고 있다.

필리핀 장터는 혜화동의 즐길거리 중 하나로 소개되고 있다. 이곳을 방문한 사람들의 SNS 후기를 살펴보면 아래와 같다.

> 고향 음식이 고픈 이주민과 지난 여름 휴가에서 칼로리 걱정 없이 먹던 동남아 음식이 그리운 사람들 모두 부담 없이 즐길 수 있는 시장이 선다. 학교 급식을 먹을 때 사용하던 네모난 식판에 필리핀식 볶음국수나 고기 스튜 등 원하는 음식을 푸짐하게 담아도 1만원을 넘지 않는다.[68]

필리핀 사람들은 고향의 음식을 먹고 사람들을 만나 얘기를 나누기 위해 이곳에 온다. 일요일이면 혜화역 근처에서 필리핀 사람을 많이 마주치는 것은 이 때문이다. 또 지나가는 사람들이나 외국인들은 단순 호기심이나 필리핀 음식을 경험해보고 싶은 마음에 이곳에 들르기도 한다.[69]

시장 거리는 필리핀 말소리로 가득 찼다. 간판 역할을 하는 박스에 있던 글씨부터 흥정까지 필리핀어로 이루어지고 있었다. … 관광지라고 예상했던 생각은 금세 잊혀졌다. 정말 삶의 터전인 시장이었다. … 이국적이며 이색적이다.[70]

이곳을 방문한 한국인들은 여러 종류의 필리핀 상품들과 저렴한 필리핀 음식, 그리고 필리핀 언어로 구성된 표지판과 말소리 등을 통해 이곳이 필리핀 사람들이 대거 모이는 공간임을 확인할 수 있었다. 필리핀 장터를 이용한 사람들 중에는 필리핀에 다녀온 추억을 회상하고 싶어 이곳을 이용한 경우가 많았고, 지나가는 길에 많은 사람들이 모여 있어 호기심에 들리는 경우도 많았다. 이들의 후기에서 나타나는 공통점은 이곳에서 필리핀 현지 분위기를 느꼈다는 것이다. 현지 방문 경험 유무와 상관없이 사람들은 장터를 계기로 필리핀 문화에 대해 익혀가고 혜화동 필리핀 커뮤니티의 존재를 인지하게 된다.

68 TimeOut 홈페이지(www.timeoutkorea.kr).

69 〈서울에서 느끼는 이국 정취 … 이색 외국인 거리 4선〉《이데일리》 2019년 4월 23일.

70 고함20 홈페이지(www.goham20.com).

## 5. 맺음말

지금까지 살펴본 혜화동과 천주교, 그리고 외국인 커뮤니티는 그 연결고리를 과거 혜화동의 역사에서 출발하여 혜화동의 장소성을 만들어 가는 핵심 요소였다. 천주교는 서학서와 함께 한국에 전래된 후 당시 사학으로 치부되며 금기시되었으나 성균관 반촌에서는 천주교 비밀 모임이 성사될 수 있었다. 반촌에 거주하는 성균관 반인들은 일찍부터 노비 신분에 제약을 두지 않고 이를 초월한 태도와 활동들을 보였기에 새로운 문물로서 천주교를 수용할 준비가 되어 있었고, 반촌 또한 국가의 감시로부터 벗어나 다양한 활동이 이루어질 수 있는 공간이었기 때문이다. 반촌의 공간적 특징과 그 안에 거주하는 반인의 태도를 기반으로 배척의 대상이던 천주교를 포용할 여지가 충분했다. 이후 1909년 독일 베네딕도회가 수도원 부지를 선택하는 과정에서 이러한 역사적 배경을 바탕으로 혜화동에 남겨진 초기 한국 천주교의 상징적 의미를 배제하지 않았다. 이들이 설립한 백동수도원은 그 안에서 생활에 필요한 학교, 기숙사, 성당, 밭, 과수원 등 모든 것들을 다 갖춘 마을로 일컬어지며 독일에서 온 선교단체, 즉 독일인들이 거주하는 공간이니 독일인 마을이라 불렸다. 독일인들이 떠난 그 자리에는 혜화동성당이 설립되고 그로부터 100여 년 뒤, 독일인이 머물던 이곳에는 또 다른 외국인-필리핀 사람들에 의한 커뮤니티가 작동되고 있었다. 종교 모임에서 시작해 타지 생활로 인한 향수를 치유할 수 있는 공간으로 그 의미가 확대되어 혜화동 '리틀 마닐라'를 형성하였다. 혜화동성당은 단순히 필리핀 천주교 신자들을 위한 미사 장소를 제공할 뿐이라고 하지만, 반복적인 경험으로 형성된 혜화동의 장소성은 또 다시 외국인 커뮤니티-필리핀 사람들에 의해 지속해가고 있다. 다시 말해, 반촌의 지역적 특수성으로 생겨났던 천주교 모임은 20

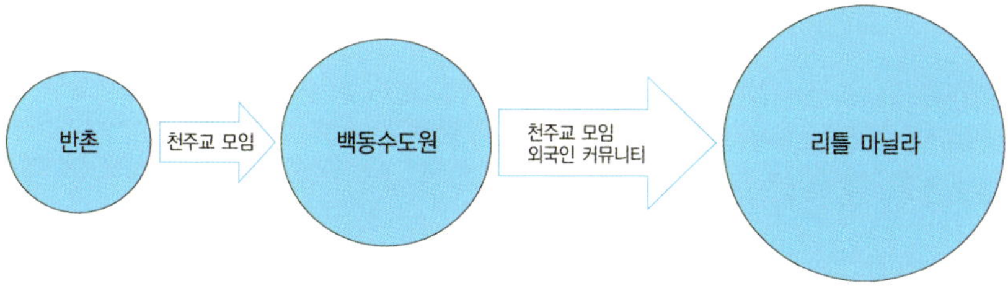


〈그림 21〉 혜화동 외국인 커뮤니티의 의미

세기 초 백동수도원이 설립됨으로써 지역 내에서 그 명맥을 이어갔고, 백동수도원으로 자리 잡게 된 서울의 초창기 외국인 커뮤니티는 21세기 '리틀 마닐라'를 형성하며 천주교 모임과 외국인 커뮤니티의 역사성을 동시에 이어나가고 있다.

혜화동에 천주교가 자리를 잡고, 종교를 기반으로 한 외국인 커뮤니티가 100여 년이라는 시간의 간극을 두고 터를 이루었다. 두 커뮤니티 모두 당시 시대적 상황 속에서 보면 낯선 외국인들이었지만, 이국적인 모습은 오히려 지역 주민들에게 관심의 대상으로 여겨졌다. 외집단을 수용하는 태도는 그들에 대한 사회적 편견이 존재하지 않을 때 발현되고, 이때의 사회적 편견은 개인 및 사회가 경험한 것이 많을수록 넓은 포용 범위를 소화하게 되면서 사라지기 마련이다.[71] 외국인을 흔히 만날 수 없었

71 외집단에 대한 수용 정도를 알아보는 연구는 주로 다문화에 대한 인식의 차이와 그 원인을 분석하는 연구에서 이루어졌다. 그들의 연구 결과에서 다문화 태도를 결정짓는 것으로 국민정체성의 근간을 어디에 두는지 그리고 사회적 편견 혹은 거리감이 존재하는지를 주목했다. 국민정체성은 국민이 되기 위해 혈통 같은 귀속적인 것을 따지는지 아니면 법과 제도에 의해 취득 가능한지를 따지는지에 따라 민족적 요인과 시민적 요인으로 구분한다. 민족적 요인을 중시하는 사회 및 개인은 외집단에 대한 배타적 태도를 보이는 반면, 시민적 요인을 중시하는 사회 및 개인은 외집단에 대한 포용적 태도를 보인다. 한편 사회적 편견 및 거리감은 외국인 또는 그들의 문화를 접촉한 경험이 많을수록 부정적 인식, 고정관념을 줄여 외집단에 대한 거부감을 낮

던 당시 혜화동에서 독일인 마을을 포용할 수 있었던 것은 이미 지난 날 사학으로 여겨지며 부정적 선입견을 가지고 있던 천주교를 반촌에서 수용한 경험이 있었던 반인의 후손들이 여전히 혜화동 일대에 머물며 지역 주민으로 있어왔기 때문이다.[72] 이들의 스스럼없는 태도는 다른 문화에 대한 낯섦도 이내 친숙함으로 바꿔나갔다. 더욱이 경성 도심부 속에서 다양한 사람들이 혼재되어 살고 있던 혜화동은 문화촌으로서 여러 새로운 문화를 포용할 준비가 되어 있었다. 필리핀 커뮤니티가 혜화동에서 확산될 수 있었던 것도 마찬가지이다. 혜화동은 이미 오래 전부터 낯선 문화에 대하여 개방된 장소로 있어왔고, 다른 집단의 문화를 받아들이고 이해하는데 익숙했다. 이러한 의미에서 혜화동 필리핀 장터는 혜화동에서 나타나는 필리핀 문화를 보여주고 체험할 수 있는 대표적 공간으로 작용함으로써 혜화동의 장소성을 표현함과 동시에 지속해나가고 있다 하겠다.

---

춘다(정하나, 〈다문화 사회의 위협인식에 대한 영향요인: 한국인과 거주 외국인의 인식차이를 중심으로〉《한국사회정책》 23-2, 2016 재인용).

72 "시내 東小門 안에 있는 사립 崇正學校는 이로부터 십년 전에 洪命修씨 외 유지 인사 제씨의 발기로 설립되었는데 그동안 경비는 獸肉販賣業을 하는 사람들로 조직된 集成組合에서 소 한 마리 잡는데 10전씩과 '설넝탕' 집에서 매일 5전씩을 기부하여 총액 200원가량과 기타 유지 제씨의 기부금을 합하여 매월 평균 350원 가량으로 오늘날까지 유지하여 내려오는 중…"(〈熱誠으로 結晶된 崇正校〉《朝鮮日報》 1923년 3월 8일)과 "…지금으로부터 27년 전의 옛날인 명치 42년 7월 귀여운 자녀들의 초등교육을 열망하는 이 지방 유력자들이 걱정하고 공론을 한 결과 교육단체로서 贊務會를 조직하고 유지방법을 결정한 다음에 崇二洞四賢祠에다 崇敎義塾을 열기로 하였으니…"(〈[우리아들딸 學園돌이] 崇敎, 崇正, 崇二, 惠化 四次改名코 今日에〉《朝鮮日報》 1936년 5월 12일) 두 기사 내용을 통해 쇠고기를 판매하던 반인들이 수육판매업자로서 그리고 지역 유지로서 지역 내 초등교육기관-崇正學校 또는 崇敎義塾-을 설립하고 운영을 지원하고 있음을 통해 20세기 초까지도 혜화동 일대에서 반인들의 후손이 거주하고 있음을 짐작할 수 있다.

이 글은 현재 혜화동에서 나타나고 있는 '리틀 마닐라'의 모습을 두고 이러한 사회적 현상이 발현될 수 있었던 배경을 100년 전의 백동수도원과 독일인 마을, 그리고 또한 이것이 생겨나게 된 배경을 이로부터 100년 전인 반촌에서의 천주교 모임에서 찾음으로써 혜화동의 장소성을 확인하였다. 혜화동 지역의 장소성을 기존의 연구들에서 보였던 것처럼 어느 특정 시기에 한정해 읽어낸 것이 아니라 긴 시기를 관찰하여 장소성을 도출해내려 시도함에는 의의가 있겠으나, 이를 찾아가는 과정에서 그리고 장소성을 유추해가는 과정에서 각각 1세기씩 나타난 시간차로 인해 서술에 한계가 있었음은 분명하다. 그럼에도 불구하고 서울에 자리한 여러 외국인 커뮤니티와 그 기반을 둔 지역 연구를 동일한 방법으로 시도해 볼 수 있을 것이고, 좀 더 정립된 연구 방법으로 발전해 한국적인 서울의 평범한 일상과 글로벌한 서울의 다채로운 모습의 공존을 보여줄 수 있으리라 기대한다.

## 찾아보기

### ㄱ



### ㄴ



### ㄷ



### ㄹ



### ㅁ

서울역사중점연구 12

# 서울 내 외국인 집단활동지의 역사

| | |
|---|---|
| 발행인 | 서울역사편찬원장 이상배 |
| 발행처 | 서울역사편찬원(history.seoul.go.kr) |
| | 서울특별시 송파구 올림픽로 424 올림픽공원 내(전화 02-413-9622) |
| 기획 · 편집 | 박명호(시사편찬과장), 김윤정, 심예인 |
| 발행일 | 2022년 3월 30일 |
| 판매가 | 10,000원 |
| 편집 · 인쇄 | 학고방(전화 02-353-9908) |

| | |
|---|---|
| 발간등록번호 | 51-6113542-000074-01 |
| ISBN | 979-11-6071-139-4 |
| | 979-11-6071-023-6(세트) |